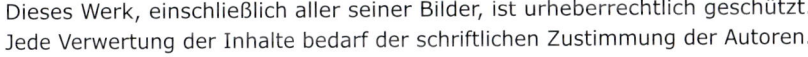

hobo-team.de - Martina Kaspar & Günther Holzmann GbR
2. komplett aktualisierte und erweiterte Auflage 2019

Baumgarten 18 a
83236 Übersee am Chiemsee
Deutschland

Texte, Recherche:
Martina Kaspar

Layout, Fotografie, Gesamtgestaltung:
Günther Holzmann

Quelle Karten:
OSM, Freytag-Berndt u. Artaria KG

Druck: PrintHouseDB.com

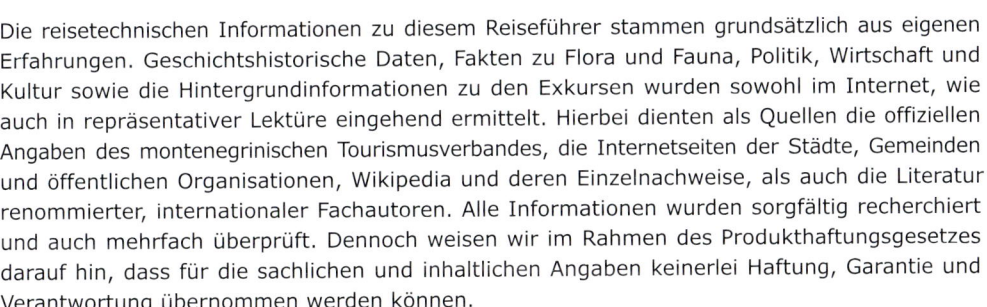

AF288663

Die reisetechnischen Informationen zu diesem Reiseführer stammen grundsätzlich aus eigenen Erfahrungen. Geschichtshistorische Daten, Fakten zu Flora und Fauna, Politik, Wirtschaft und Kultur sowie die Hintergrundinformationen zu den Exkursen wurden sowohl im Internet, wie auch in repräsentativer Lektüre eingehend ermittelt. Hierbei dienten als Quellen die offiziellen Angaben des montenegrinischen Tourismusverbandes, die Internetseiten der Städte, Gemeinden und öffentlichen Organisationen, Wikipedia und deren Einzelnachweise, als auch die Literatur renommierter, internationaler Fachautoren. Alle Informationen wurden sorgfältig recherchiert und auch mehrfach überprüft. Dennoch weisen wir im Rahmen des Produkthaftungsgesetzes darauf hin, dass für die sachlichen und inhaltlichen Angaben keinerlei Haftung, Garantie und Verantwortung übernommen werden können.

Wir freuen uns über die Meinung unserer Leser! Sämtliche Anregungen, Verbesserungsvorschläge, Infos, Kritik und Kommentare erbitten wir per E-Mail an: **info@hobo-team.de**

Die beiden Autoren und Herausgeber des Reiseführers bereisen seit 2011 Montenegro, Albanien und deren Nachbarländer sehr intensiv, daraus ist 2016 die erste Auflage dieses Reisehandbuches entstanden. Um den vorliegenden Montenegro-Reiseführer aktuell zu halten, werden die Routen, Attraktionen und Veränderungen im Zuge ihrer häufigen Tourenaktivitäten immer wieder überprüft und ergänzt oder ausgetauscht.

Titelbild: Perast - Bucht von Kotor;
ISBN: 978-3-9819273-7-5

Cover hinten: die "Promenade" von Bigove,
rote Kirche in Mojkovac,
Durmitor Nationalpark;

Inhaltsverzeichnis - Reiseteil

Viele Mythen, Legenden und unaufgeklärte Theorien ranken sich um die Herkunft des geheimnisvollen Namens „Crna Gora - Schwarzes Gebirge". Berge gibt es - hauptsächlich sogar - aber richtig schwarz ist keiner von ihnen, eher grau und grün und sie wirken zudem überaus einladend.

Lord Byron, ein britischer Dichter des 18. Jahrhunderts, schrieb über Montenegro: „Als die Perlen der Natur gesät wurden, erhielt dieses Land eine Handvoll davon."

Weltoffener, einladender und bezeichnender können auch die offiziellen Werbeslogans nicht klingen: „Perle der Adria" oder „Wilde Schönheit", diese wenigen Worte sagen fast alles über den kleinen Staat aus. Montenegro ist ein Landschaftsjuwel fast ohne Makel, ein Land voller Widersprüche und Gegensätzlichkeiten, mit Ecken und Kanten und doch mit Sicherheit eines der schönsten in ganz Europa.

Es ist ein Land der Rekorde, der Superlative und der Extreme. Europas südlichster Fjord und die tiefste Schlucht sowie einer der ältesten Urwälder des Kontinents liegen hier. Es hat den Hauptanteil am größten Binnensee des Balkans und besitzt den längsten Strand der Adria. Es beherbergt das größte Vogelschutzgebiet Europas und weist die höchste Niederschlagsmenge auf. Die fast 300 Kilometer lange Küstenlandschaft mit der einmaligen Bucht von Kotor, mit ihren unzähligen, von schroffen Felsen umrahmten, traumhaften Badebuchten und langen Sandstränden gehört mit Sicherheit zu den stimmungsvollsten und faszinierendsten der ganzen Welt. Nirgendwo sonst an der Adria ist das Meer von einem tieferen Blau und das Wasser so glasklar wie hier. Doch Einsamkeit sucht man dieserorts vergeblich, denn geschichtsträchtige Städte und quirlige Ortschaften, deren sagenhafte Architektur reichen Kaufleute, Kapitäne und Seefahrer über Jahrhunderte prägten, säumen die belebten Abschnitte vor den eindrucksvollen Steilfelsen der Küstengebirge. Fünf Nationalparks wie sie unterschiedlicher nicht sein können, schützen auf einer Fläche von 126.250 Hektar eine unglaublich reichhaltige und teilweise auch selten gewordene Flora und Fauna. Die Wälder beherbergen wilde Braunbären und Hirsche, welche man jedoch kaum zu Gesicht bekommt. Ein phantastisches und im wahrsten Sinne großartiges Hochgebirge mit bizarren Kalksteinformationen, mit saubersten Gebirgsflüssen, idyllisch und einsam gelegenen Gletscher- und Bergseen, beeindruckenden Schluchten und Canyons, sucht seinesgleichen. Montenegro ist ein großartiges Wander- und Kletterparadies und verfügt über eines der ausgedehntesten, markierten Wegenetze, die ein Land dieser Größe vorweisen kann. Keine schwere Entscheidung für die UNESCO, ihr wertvolles Prädikat zweimal zu vergeben.

Soviel Schönheit und Individualität benötigt Raum und den gewinnt das kleine Land aufgrund seiner mangelnden Größe durch seine Höhe, keines in Europa liegt durchschnittlich höher. Über zwei Drittel der Landesoberfläche erstrecken sich über 1.000 Meter. So findet man in einem Land, in dem die Wege meist nur nach oben führen, viele der bedeutsamen Kulturdenkmäler auf den weiten Hochplateaus oder Gipfeln der unzähligen Berge und Gebirgsketten.

Das kleine Westbalkanland verfügt über eine der faszinierendsten und bewegtesten Historien Südeuropas. Die geschichtliche Vergangenheit reicht über Jahrtausende zurück. Manche Gebiete waren bereits weit in der vorchristlichen Epoche besiedelt und alle bedeutenden Großmächte, einflussreiche Stämme und Völker hinterließen ihre eindrucksvollen Zeitzeugen. Das Land musste eine lange und bittere Entwicklungsgeschichte durchleben, bis hier sämtliche Religionen und Menschen konfliktfrei nebeneinander leben konnten. Die Umstände der Vergangenheit machten Montenegros Bevölkerung zu etwas ganz Besonderem - wie auch ihr Land.

Die Menschen hier sind einzigartige und schroffe, doch charaktervolle Gestalten. Sie besitzen einen rauen und wilden Stolz, sind besessen von einem ausgeprägten Freiheitsdrang und strahlen gleichzeitig eine enorme Güte aus. Die Montenegriner schätzen und verehren ihre alten Brauchtümer, die sie vehement überliefern. Uralte Riten haben sich besonders in den Bergregionen bis heute erhalten. Die Menschen dort leben immer noch das Leben wie es vor ein- oder zweihundert Jahren war. Ganz im auffälligem Gegensatz zum modernen und zeitgemäßen Treiben in der Hauptstadt und der Küstenregion. Zugleich zeichnet diese Menschen eine typisch südländische Lebensweise aus. Sie sind nicht nur äußerst lebensfroh, weltoffen und gesellig, sondern auch von einer ausgesprochenen Herzlichkeit und fast unübertroffenen Freundlichkeit und Hilfsbereitschaft Fremden gegenüber.

Doch leider kann Montenegro nicht nur mit Glanzleistungen aufwarten. Es ist eines der ärmsten Länder Europas, was wirtschaftliche Zahlen anbelangt. Die Spuren der politischen Vergangenheit ziehen sich trotz Selbständigkeit und Reformen bis in die Gegenwart und Korruption und Vetternwirtschaft sind immer noch allgegenwärtig und bestimmen den innerpolitischen Alltag. Man muss erwähnen, dass der winzige Ex-Jugoslawienstaat auch bereits eine große touristische Vergangenheit hinter sich hat. Schon in den 70er und 80er-Jahren galt das Balkanland bei den Westeuropäern als beliebtes Reiseziel, wenngleich sich der Tourismus damals lediglich auf die Küstenregionen beschränkte. Hier kann man das Land auch jetzt nicht mehr - im Gegensatz zu den noch ursprünglichen Bergregionen - als Geheimtipp bezeichnen. Naturkatastrophen, Kriege und letztendlich der Selbstfindungsprozess warfen Montenegro in der touristischen Entwicklung aber um Jahrzehnte zurück. Vieles hat man zwischenzeitlich aufholen können und die touristische Zukunft des Landes ist sicher, der kleine Staat steuert mit ganz großen Schritten einer glänzenden Karriere entgegen. Montenegro besitzt mit seinen Ressourcen ein unglaubliches Potential eine Top-Destination unter den Reiseländern des Westbalkans zu werden. Die gezielte Unterstützung und strenge Kontrolle der Regierung, die touristische Entwicklung im vernünftigen Rahmen zu halten, die vielfältige Landschaft und Natur Montenegros zu schützen, vorausgesetzt. Noch ist es die ideale Zeit, dieses außergewöhnliche und wundervolle Fleckchen Erde zu entdecken und kennenzulernen, bevor der Massentourismus und Pauschalurlauber es komplett für sich beanspruchen.

Der serbische Dichter Nenadović meinte treffend: "Mich wundert es, dass hier die Sonne untergeht. Eine solche Schönheit wird sie sonst nirgendwo finden."

Đurđevića-Tara-Brücke   Seite 138   **(Top-Tipp)**
Ein verhängnisvolles Bauwerk über die Tara bietet den schönsten Blick in die tiefe Schlucht!

Biogradska-Gora-Nationalpark   Seite 145   **(Highlight)**
Einer der letzten europäischen Urwälder verleitet zu vielen ausgedehnten Entdeckungstouren!

Prokletije-Nationalpark   Seite 153   **(Highlight)**
Ein Wanderabenteuer zu einsamen Gletscherseen und auf ergreifend geformte Berggipfel!

Gusinje   Seite 156   **(Top-Tipp)**
Albanisches Lebensgefühl und Naturgeheimnisse vor den höchsten Spitzen des Prokletije!

Zum besseren Verständnis - Benutzerhinweise

Dieses Montenegro-Reisehandbuch richtet sich vorwiegend an all jene, welche zum ersten Mal dieses Land individuell bereisen, etwa zwischen einer und drei Wochen Zeit mitbringen, die eindrucksvollsten und interessantesten Ziele des Landes kennenlernen und Eindruck in das Leben der Bevölkerung gewinnen möchten. Unser wichtigstes Bestreben war es, mit diesem Reiseführer die bedeutendsten Destinationen aufzuführen sowie ganz besondere Ziele hervorzuheben. Etliche sind in dieser zweiten Auflage neu hinzugekommen.

Der Reisebegleiter ist sowohl geeignet für Selbstfahrer im PKW oder Wohnmobil, als auch für Backpacker, die auf öffentliche Verkehrsmittel zurückgreifen müssen. Zwar führen wir keine Fahrpläne auf, doch sind die Ziele allesamt problemlos mit Bussen und im Sommer auch mit privaten Minibussen zu erreichen. In den größeren Städten gibt es zentrale Busbahnhöfe (siehe Städteinfos), die Fahrzeuge sind mit dem Ziel bzw. einer Nummer gekennzeichnet. Ansonsten werden die Reisenden balkantypisch auch am Weg eingesammelt und am Wunschziel wieder rausgelassen. Näheres siehe A-Z im hinteren Infoteil ab Seite 160.

Neu an dieser zweiten Auflage sind die Städteinfos mit Angaben zu Touristeninformationen, Parkplätzen und einer kleinen Auswahl an besonderen Unterkünften sowie empfehlenswerten Restaurants. In der Regel speist man aber überall dort sehr gut und zu moderaten Preisen, wo auch Einheimische im Lokal sitzen. Im Hinterland ist das Preisniveau generell recht niedrig.

Die Hotels und Privatunterkünfte verfügen über einen sehr guten Standard und sind stets sauber und gepflegt. Eine umfassende Auswahl gibts auf den Buchungsportalen.

Ein Campingplatzverzeichnis mit den relevantesten Pätzen befindet sich am Ende des Reiseführers. Achtung: nicht alle Plätze, vor allem die in den Bergen, sind für Wohnmobile geeignet - Ausnahmen: Ivan do/Žabljak, Lake Views/Plav und Krojet/Gusinje).

Im ersten und im dritten Teil des Reiseführers befinden sich ausführliche Informationen zu Land und Leuten, geschichtliche Daten, Wissenswertes über die Küche Montenegros, die Feiertage und die Einkaufsmöglichkeiten, Reisetipps von A-Z und ein kleiner Sprachführer.

Zwischen diesen beiden Teilen beschreiben wir detailliert die Ziele mit den Sehenswürdigkeiten und lohnende Zusatzdestinationen in der Umgebung, Highlights und Top-Tipps sind extra gekennzeichnet. Erstere stellen bei einer Montenegroreise ein vorrangiges Ziel mit hohem touristischen Wert dar, die Top-Tipps beschreiben äußerst sehenswerte Plätze, kleine Geheim- oder Insidertipps, woran leider viel zu oft vorbeigefahren wird. Beide Kennzeichnungen findet man auch in der Beschreibung im Reiseteil in grün und in rot, sowie auf der gegenüberliegenden Seite 6 und auf 7 "Highlights und Top-Tipps" wieder.

Für den allgemeinen Reiseteil liegt die Straßenkarte "Montenegro" von "freytag & berndt" im Maßstab 1:150.000 zugrunde. Zu jedem beschriebenen Ziel findet man in der Überschrift das zugehörige Planquadrat auf der Karte. Für die größeren Städte helfen kleine Übersichtskarten mit Kennzeichnung der Sehenswürdigkeiten bei der Orientierung.

Das Inhaltsverzeichnis befindet sich am Anfang des Buches - auf den Seiten 2 + 3

Name: Crna Gora (= Schwarzes Gebirge)
Staatsform: Parlamentarische Republik
Staatsoberhaupt: Milo Đukanović (2018)
Regierungschef: Duško Marković (Nov. 2016)

Fläche: 13.812 km²
Küstenlinie: 260 Kilometer
Hauptstadt: Podgorica (ca. 151.000 EW ohne Vororte, Zensus 2011, ehemals Titograd)
Weitere größere Städte: Nikšić, Pljevlja, Bijelo Polje, Bar, Cetinje, Herceg Novi, Budva, Ulcinj, Tivat;
Flughäfen: Podgorica, Tivat;
Staatsgrenzen: Kroatien (HR), Bosnien-Herzegowina (BiH), Serbien (SRB), Kosovo (RKS), Albanien (AL);
Höchster Berg: Bobotov Kuk im Durmitor-Gebirge mit 2.522 Meter
Grenzberge im Prokletije-Gebirge zu Albanien: Zla Kolata (2.534 m) und Maja e Rosit (2.528 m);
Längster Fluss: Tara mit 141 Kilometer
Weitere große Flüsse: Drina, Lim, Zeta, Piva, Morača, Ibar;

Einwohnerzahl: 642.550 (2017),
fast ebenso viele Montenegriner leben als Arbeitsmigranten im Ausland;
Bevölkerungsdichte: 48,7/km²

Bevölkerung: 45% Montenegriner, 29% Serben, 8,5% Bosniaken, 5% Albaner, Rest: Kroaten, Roma, Sinti und andere;
Religion: etwa 72% Serbisch-Orthodoxe, 16% Moslems, Rest: Katholiken, Protestanten, Juden und die Anhänger der nicht anerkannten, unabhängigen "Kirche Montenegros";
Sprache: Montenegrinisch
(auch Serbisch, Kroatisch, Albanisch), gebräuchlich ist sowohl das lateinische als auch das kyrillische Alphabet;
Unabhängigkeit: 13.07.1878 vom Osmanischen Reich, 03.06.2006 von Serbien;
Nationalfeiertage: 21. Mai - Unabhängigkeitstag (Tag des Referendums = Abstimmung aller wahlberechtigten Bürger), 13. Juli - Tag der Eigenstaatlichkeit;

Wirtschaftswachstum: ca. 4,2 %
Inflationsrate: 2,78 %
BIP/Kopf: 7.647 US$ (2017)
Arbeitslosigkeit: ca. 16 % (2017) Jedoch geben die offiziellen Zahlen nicht annähernd den hohen Grad der Unterbeschäftigung auf dem montenegrinischen Arbeitsmarkt wieder. Zahlreiche nicht registrierte Arbeitslose werden von ihren im Ausland arbeitenden Familien unterstützt. Durchschnittslohn: ca. € 750,00.

Klima: mediterran geprägt mit heißen, trockenen Sommern und gemäßigten, regenreichen Wintern, in den Bergen alpin mit viel Schnee;
Touristen jährlich: 1,87 Mio. (2017)
Landeswährung: Euro,
1 und 2 Cent-Münzen sind nicht im Umlauf;
Zeitzone: UTC + 1 St. (=MEZ)
Autokennzeichen: MNE
Vorwahl: +382 - **Internetkennung:** .me
Mitglied: NATO, UNO, WTO, OSZE, Europarat;

die Kluft zwischen arm und reich ist groß

Montenegro ist kein Land, um einen geruhsamen Strandurlaub zu verbringen. Montenegro will erforscht und entdeckt werden. Hierzu stehen dem Besucher vier unvergessliche und spektaku-läre Panoramarouten zur Verfügung. Diese wurden in den letzten Jahren von der Nationalen Tourismusorganisation erarbeitet, sind zum größten Teil auch bereits ausgewiesen und werden werbewirksam und intensiv präsentiert.

Die Krone von Montenegro - Kruna Crne Gore. Die längste Route (No. 1) erstreckt sich über das gesamte Hinterland von Podgorica mit seiner spektakulären Bergwelt, hin zu den ein-drücklichsten Schluchten und kulturellen Höhepunkten. Die richtige Route für alle, die Zeit haben und Montenegros Ursprünglichkeit und wertvolle Schätze entdecken wollen.
Die Highlights: Morača-Schlucht und Kloster - Komovi-Gebirge - NP Prokletije - Kloster Đurđevi Stupovi bei Berane - Tara-Schlucht - NP Biogradska Gora - Nevidio Canyon - NP Durmitor - Stećci Grabsteine - Piva Naturpark und Piva Kloster.
Länge: 842 Kilometer, noch nicht komplett ausgeschildert.

Der Durmitor-Ring - Durmitorski prsten. Die Route (No. 2) ist eine der schönsten Strecken im Land, sie durchquert die einzigartig wilden Landschaften und die faszinierende Natur des Durmitor-Nationalparks und hält Begegnungen mit der warmherzigen Bevölkerung bereit.
Highlights: Žabljak - Mala Crna Gora - Nedajno - Trsa - Pišče.
Länge: 76 Kilometer (oder 83 Kilometer inkl. Ćurevac), gut als Tagestour machbar, die Route ist komplett beschildert.

Das Meer und die Höhen - More i visine. Das ist eine abwechslungsreiche Route (No. 3) durch historische Altstädte und liebenswerte, malerische Fischerdörfer, entlang der schönen Adriaküste mit ihren traumhaften Stränden und über das küstennahe Gebirge mit fantastischen Ausblicken sowie zum eindrucksvollen Skadar-See.
Die Highlights: Herceg Novi - Kamenari - Risan - Kotor - Tivat - Luštica-Halbinsel mit Rose - Kotor - Lovćen - Cetinje - Rijeka Crnojevića - Skadar-See - Virpazar - Ostros - Ulcinj - Bar - Rumija - Petrovac - Budva - Bigova.
Die Länge der Strecke beträgt 590 Kilometer und greift auf das vorhandene, gut ausgebaute Straßennetz zurück.

Die Runde über Korita - Krug oko Korita. Sie ist die erste, komplett ausgeschilderte Panora-maroute (No. 4) unmittelbar östlich der Hauptstadt Podgorica. Eine Entschläunigungsroute, eine Reise in die Vergangenheit für Geist und Seele. Ein Tagesausflug in die Bergwelt von Kuči an den Rand der Cijevna-Schlucht durch verschiedene Landschaftsformen und Vegetationszonen.
Die Highlights: Novak Milošev-Denkmal, Medun - Ubli - Orahovo - Kučka Korita - Grlo sokolovo - Delaj - Stjepovo - Rudine - Fundina.
Die Route ist 65 Kilometer lang und führt auf über 1.400 Meter, die Straße ist vorwiegend gut ausgebaut und auch das letzte Drittel in Kürze komplett saniert (s. auch S. 113)

Für die No. 2 und No. 4 ist ein Audioguide auch in deutscher Sprache vefügbar. Diesen kann man über die izi.travel-App downloaden: www.izi.travel/de

Obwohl das Straßennetz gut ausgebaut ist, sind die Panoramarouten an vielen Stellen für größere Wohnmobile über 7 Meter Länge, 2,30 Meter oder breiter und über 2,90 Meter Höhe, bedingt durch teilweise sehr schmale Straßen und enge Serpentinenabschnitte nur eingeschränkt geeignet.

Ausführliche PDF-Dateien mit Beschreibung der Sehenswürdigkeiten entlang der Strecken und Karten zum Download auf unserer Homepage:

www.hobo-team.de/hobo-team-de/montenegro/panoramarouten/

Juni - vormittags skifahren...

...nachmittags baden

Die geografische Struktur - Der kleine und recht dünn besiedelte Balkanstaat Montenegro ist ein gebirgiges Land, darauf lässt der klangvolle Name bereits schließen. Doch wirklich schwarz sind die Berge nicht. Zum großen Teil handelt es sich um stark verkarstetes Gestein, besonders im Süden und Westen des Landes, wobei die Bergwelt mit Hochgebirgsniveau im Norden und Osten neben den kahlen und hohen Gipfeln des Drinarischen Gebirges durchzogen ist von endlos grünen Mischwäldern. Unzählige Schluchten und Canyons prägen das Land, die Tara-Schlucht gilt als die tiefste Europas, der gleichnamige Fluss ist mit 141 Kilometer der längste des Landes. Die Küstenlänge beträgt 293 Kilometer, unmittelbar im Hintergrund ragen die Berge bis zu 2.000 Meter hoch auf. Nur im Süden um Ulcinj konnte sich unterhalb des Rumija-Gebirges eine breitere Küstenniederung entwickeln, hier dominieren Sand- und Kiesstrände, unter anderem der längste der Ostadria - Velika plaza. Das Durmitor-Gebirge, hier befindet sich auch der höchste Berg Bobotov Kuk mit 2.522 Metern innerhalb der Landesgrenzen, beherbergt zahlreiche Hochebenen, das Prokletije-Gebirge weist unzählige schroffe Gipfel und tiefe Täler auf. Der höchste Berg hier ist der Zla Kolata mit 2.534 Metern - ein Grenzberg zu Albanien. Große Teile des verkarsteten Gebirges bestehen aus Poljen, sogenannten Feldern, entstanden durch Gletscherauflösungen. Diese bieten Grundlage für ein wenig Landwirtschaft. Selbst im Sommer ist das Hochgebirgsland durchzogen von Gletscherabschnitten und Firnfeldern, Montenegro war in der Vorzeit ein stark vergletschertes Land, hiervon zeugen unzählige Karseen, Moränen und Trogtäler. Um das fruchtbare Tal des Flusses Lim im Nordosten ist das Land recht dicht besiedelt. Ebenso um die Stadt Nikšić, hier dient das weitläufige Polje mit seinen Stauseen der Gewinnung von Hydroenergie. Montenegro hat einen Anteil von 2/3 am größten Binnensee des Balkans (der Rest liegt im Norden Albaniens), dem Skadar-See mit 391 km², dieser liegt im Landesinneren und fast auf Meereshöhe. Durch den Karst herrscht trotz der zahl- und wasserreichen Flüsse oft Wassermangel, im Sommer erfolgen daher öfter Importe aus den Nachbarländern Kroatien und Bosnien.

Tektonische Prozesse, durch die übrigens auch die sagenhafte Bucht von Kotor entstand, führen immer wieder zu schweren Erdbeben, das letzte suchte Montenegro im April 1979 heim.

Klima und Wetter - Trotz seiner geringen Größe unterteilt man Montenegro in drei klimatische Zonen mit stark variierenden Verhältnissen. Der schmale Küstenstreifen ist geprägt vom typisch mediterranen Mittelmeerklima. Das sind heiße und trockene Sommermonate und unbeständige, windige und meist milde Winter - hierzu gehört jedoch auch das Bild des schneebedeckten, bis zu 2.000 Meter hohen Küstengebirges. Die Winde Jugo, Bora und Mistral prägen hier die Wetterlage. Dieses Klima beschert den Orten an diesem Adriastreifen warme Wassertemperaturen (um 28°) bis in den Oktober. Unmittelbar hinter der Küste erstreckt sich ein etwa 50 Kilometer breiter Gürtel von submediterranem Klima mit jahreszeitlich bedingt höheren Temperaturschwankungen. Die Sommer sind noch heißer und trockener, in den Ebenen um Podgorica, Nikšić und den Skadar-See weht kaum ein Wind. Dafür sind die Winter kälter, niederschlagsreicher und es fällt Schnee. Im Bergland, welches den größten Teil des Landes einnimmt, herrscht die gemäßigte Klimazone vor, hier sind die Jahreszeiten noch ausgeprägt. Zudem entstehen im

Sommer zahlreiche Gewitter, der Winter ist kalt und schnee-reich. Zu dieser Zone gehört auch das alpine Klima der Hoch-gebirgsregionen. Manche Gipfel (mehr als 120 davon sind über 2.000 Meter hoch!) sind das ganze Jahr über schneebedeckt. Für einen sehr abwechslungsreichen Urlaub wählt man das Frühjahr ab Mai: morgens im Durmitor Ski fahren, nachmit-tags an der Küste baden!

Nebenbei bemerkt: Montenegro weist die höchste Nieder-schlagsmenge Europas auf: In Crkvice im Orjen-Gebirge im Südwesten fallen jährlich 5.000-6.400 Liter/m².

Die facettenreiche Flora - Montenegros Planzenwelt ist eine der vielfältigsten aller gemäßigten und subtropischen Regionen. Durch die geringe Bevölkerungsdichte und die unterschiedlichen Vegetationsräume konnte sich ein enormer Artenreichtum erhalten, der vor allem in den Natio-nalparks geschützt ist. Von den 6.500 auf der Balkanhalbinsel geschätzten Pflanzenarten kommen über 3.150 Exemplare hier im Land vor, mehr als 200 davon sind endemisch. Die Flora lässt sich, klimatisch bedingt, in drei grobe Vegetationstypen einteilen. An den Küstenabschnitten findet man kennzeichnend subtropische und mediterrane Vegetation vor. Es überwiegen prächtig gedeihende Zitrus-, Oliven- und Obstbäume, Palmen, Oleander, Lorbeerbüsche und Granatapfel-sträucher neben stattlichen Pinien, Steineichen und Zypressen. Anmutige Zierpflanzen wie Bougainvilleen und Rosen zieren üppig Promenaden und Gärten und blühen teilweise ganz-jährig. In den Bergregionen, deren Hänge bis weit über die übliche Baumgrenze hinaus bewachsen sind, findet man ausgedehnte Mischwälder vor, wobei der Hauptanteil sich aus Buchen, Fichten und Kiefern zusammensetzt. So gedeihen sogar auf 1.500 Metern Höhe noch Panzerkiefern und auch Schwarzkiefern sind neben robustem Buschwerk recht häufig anzutreffen. Aber auch andere Laubbaumarten wie Ei-chen, Ulmen, Ahorne, Kastanien, Weiden und Walnussbäume sind landestypisch. In den Wäldern florieren zahlreiche Kräu-ter und Pilze, letztere sind jedoch hauptsächlich dem Export vorbehalten. Viele der Pflanzen finden in der Naturheilkunde und Medizin Verwendung.

Auf den sogenannten Poljen (Feldern) zwischen den hohen Bergen wird bestmöglich Landwirtschaft betrieben, wobei in höheren Regionen fast nur noch Kartoffeln, Mais, Zwiebel- und Krautgewächse gedeihen. Die Ebenen im Süden und auch im Westen des Landes sind ganz hervorragende Weinanbau-gebiete. Hier werden natürlich auch die typisch südländi-schen Gemüsesorten wie Paprika, Auberginen, Tomaten, Gurken kultiviert. Selbst Tabak wird angebaut und getrocknet. Überall im Land finden sich weite Areale, nach Thymian, Rosmarin, Bergbohnenkraut und Salbei duftend. Und selbst die alpine Bergwelt bietet Abwechslung. Auf den steinigen Karstböden wachsen Wildkräuter, Edelweiß, Silberwurz und Enzian. Einen sehr schönen Anblick bieten die blütenüberströmten Alm-wiesen im Frühjahr bis Mitte Juni. Trotz des ausgedehnten Holzabbaus in den vergangenen Jahrzehnten wird zum Glück zugleich wieder aufgeforstet und so sehr gut zum ökologi-schen Gleichgewicht beigetragen.

die Pflanzenwelt am Meer...

...und in den Bergen

hier wird für den Erhalt gesorgt

Pelikan - ein seltenes Fotomotiv

Eine mannigfaltige Fauna - Die absichtliche Verminderung der Holzbestände hat in Montenegro vielen Tieren den natürlichen Lebensraum entzogen. Dennoch bieten die verbleibenden Waldareale mit über 40% Fläche, vor allem auch in den Nationalparks und entlang der Grenzen, zahlreichen Arten Heimat und Zuflucht. Dazu gehören Bären, Wölfe, Hirsche und Rehe, Gemsen, Wildschweine, Schakale und sogar der vom Aussterben bedrohte Balkanluchs. Ein verwunderlicher Aspekt ist, dass viele dieser Tierarten, gerade Bären und Wölfe, zur offiziellen Jagd freigegeben sind, obwohl deren Population gerade nur noch etwa 200 Exemplare pro Art beträgt. Der Reiz des Geldes von zahlungskräftigen (meist italienischen) Jagdtouristen (die das Fleisch dann auch ungeniert und teuer weiterverkaufen) ist wohl zu groß, es werden sogar staatliche Abschussprämien gezahlt. Um ein offizielles Argument lässt sich der Ökologische Staat nicht bitten - es entstehen zu viele Schäden durch das Reißen der Nutztiere. Doch dies passiert aber nur sehr vereinzelt und z.B. in Kroatien werden die Schäden der Bauern durch den Staat ersetzt, dort ist die Jagd auf Wildtiere längst verboten. Die Vogelwelt des Landes ist eine der artenreichsten Europas und zieht schon aus diesem Grund zahlreiche Ornithologen an, über 270 Arten wurden bislang gezählt. Besonders am Skadar-See und an den Salzsalinen bei Ulcinj können viele einheimische und auch Zugvögel beobachtet werden. Hinzu kommen seltene Entenarten, Eulen, Kormorane und Pelikane, Adler und Geier. Ebenso entlang der Tara-Schlucht und in den Nationalparks ist die Artenvielfalt der Vögel bemerkenswert.

In Montenegro gibt es relativ viele Schlangen, jedoch sind nur zwei davon giftig. Die Kreuzotter und Sandviper, beide mit einem ähnlich auffälligen Hautkleid gekennzeichnet. Ein Biss kann jedoch innerhalb von 30 Stunden mit einem Serum in jedem Krankenhaus behandelt werden. Zu Montenegros Nutztieren zählen häufig Schafe und Ziegen, seltener Rinder und Schweine. Für die Bestellung der Felder werden noch oft Esel und Maultiere herangezogen und dem Pflug vorgespannt. Die sauberen Flüsse, Seen und das noch relativ unbelastete Küstengewässer bieten zahlreichen Fischen und anderen Meerestieren eine sagenhafte Unterwasserheimat. Entlang des kurzen Adriaabschnittes wurden bislang an die 740 Arten registriert, der Skadar-See umfasst offiziell 40 Süßwasserarten.

Die stolzen Montenegriner - Montenegros Bevölkerung ist sehr lebensfroh und meist extrovertiert, aufgeschlossen, äußerst hilfsbereit und gastfreundlich. Und wie die meisten Südländer auch in Alltagsangelegenheiten sehr temperamentvoll. Die über 640.000 Bürger setzen sich zusammen aus Montenegrinern, Serben, Bosniaken, Kroaten, Albanern und einigen wenigen Minderheiten. Diese bunte Mischung aus Südslawen prägt das lebhafte Bild eines multiethnischen Staates. Doch der Ur-Montenegriner war und ist im Grunde ein einfacher Naturmensch, zugleich aber stolz auf sich und sein Land und ungemein selbstbewusst. Stammestraditionen und Bruderschaften, durch endlos anhaltende Fremdherrschaften immer wieder erneuert, haben bis in die Gegenwart des modernen Montenegro einen hohen Stellenwert und sind die Grundlage gesellschaftlichen Zusammenlebens. Jeder Montenegriner weiß, welchem Stamm er angehört und in den Bergen und abgelegenen Gebieten gibt es Unterschiede in Sprache und den Bräuchen. Dort bildet auch die gerne tot geschwiegene Blutrache ein immer noch wichtiges Element bei Verstößen gegen ungeschriebene Gesetze. Erheblich sind daher die Unterschiede zwischen der etwas zurückhaltenden Bevölkerung im Landesinneren und den weltoffenen Bewohnern unterschiedlicher Ethnien an der Küste und in den Städten. Die Familie bildet überall immer noch das Zentrum des Einzelnen, die Familienehre und -zugehörigkeit zählt zum Selbstverständnis der Bevölkerung und sind unauflösliche Bande. Meist wohnen, wie in vielen Ländern des Südens üblich, mehrere Generationen unter einem Dach. Auch die Religionszugehörigkeit und -ausübung spielen im Alltag eine große Rolle, Frömmigkeit und geistige Werte werden besonders bei einem Besuch in Kirchen und Klöstern gelebt. Die Frauen können sich erst langsam aus traditionellen Gepflogenheiten lösen, bislang waren sie ausschließlich für den Nachwuchs, den Haushalt und sogar für die Arbeit auf dem Feld verantwortlich. Zum Leid des Mannes, dieser fand seinen Lebensinhalt bislang vorrangig in den Bars und Cafés beim Meinungsaustausch oder in den Kriegen. Gerne würden diese natürlich noch lange am montenegrinischen Sprichwort festhalten: „Helden arbeiten nicht!"

Die politische Situation heute - Seit 03. Juni 2006 ist Montenegro ein unabhängiger Staat, damit der jüngste Europas und der 192. Mitgliedsstaat der Vereinten Nationen (völkerrechtlich komplett anerkannt). Laut Verfassung handelt es sich um eine parlamentarische Demokratie, das Parlament wird direkt vom Volk gewählt. 55,5% der 87% zur Wahl angetretenen Bevölkerung stimmten damals per Referendum für die Loslösung von Serbien, mit dem das Land seit 2003 in einem Staatenbund existierte. Das war knapp, die nötige Mehrheit betrug 55%. Das war am 21. Mai 2006. Am 10. September fanden die ersten freien Parlamentswahlen statt, die Wahlbeteiligung lag bei über 70%. Seither bildet die DPS (Demokratische Partei der Sozialisten) mit wechselnden Koalitionspartnern die Regierung. Seit November 2016 ist erstmals Duško Marković der amtierende Ministerpräsident.

Am 19. September 2007 wurde zum ersten Mal seit 1905 wieder eine Verfassung festgelegt, ein politischer Meilenstein. Montenegrinisch gilt seither als Amtssprache. Ein wichtiger Bestandteil ist die freie Meinungsäußerung und Pressefreiheit sowie die Gleichstellung aller Sprachen, Religionen und Kulturen. In der Praxis muss diesbezüglich noch viel Arbeit geleistet werden, z.B. werden den Roma-Angehörigen wirtschaftliche und soziale Rechte immer noch oft vorenthalten, obwohl es seit 2011 sogar ein Antidiskriminierungsgesetz gibt.

Am 06. April 2008 fanden die ersten Präsidentschaftswahlen statt. Seit 2018 ist Milo Đukanović Staatsoberhaupt.

fleißiger Handwerker

Ein sehr zweifelhaftes Programm verbirgt sich unter dem Titel „Erster ökologischer Staat der Welt". Hier hat sich das Land Umweltschutz im großen Stil auferlegt. Der aufmerksame und kritische Besucher sucht selbst die ersten Ansätze vergeblich. Hier wird das Image lediglich auf dem Papier gepflegt.

Große Probleme stellen die organisierte Kriminalität und Korruption des gesamten Staatswesens dar. Dies stellt unter anderem das größte Menschenrechtsproblem dar und platziert das Land laut Korruptionsindex 2018 auf einen für Europa unrühmlichen Platz 67. Montenegro spielt seit den 1990er Jahren immer wieder eine zentrale Rolle im internationalen Zigarettenschmuggel. Bis heute noch muss sich das Land vermehrt mit Schwarzhandel von Narkotika, Waffen, Menschen, gestohlenen

Randabbruch - noch unrepariert

Strand in der Hauptsaison...

und ein Strand Mitte Mai

Fahrzeugen aus der EU und unaufgeklärten Auftragsmorden auseinandersetzen und nicht selten sind hochrangige Politiker darin verwickelt. Die politischen Ziele der Zukunft sind die Entwicklung der Landwirtschaft, der Anschluss im Bereich der Schifffahrt und dem Fremdenverkehr sowie die Investition in umweltschonende Energien. Angedacht ist der Ausbau Montenegros zu einer Freihandelszone und zu einem Offshorezentrum im Bereich der Windenergie. Investoren werden mit Steuervergünstigungen bereits jetzt schon vermehrt ins Land gelockt. Seit dem 17.12.2010 ist Montenegro offizieller Beitrittskandidat der Europäischen Union, am 26.06.2012 begannen die Beitrittsverhandlungen, 2025 könnte es soweit sein.

Wirtschaftliche Entwicklung und Tourismus - Seit der rasanten Abwertung des jugoslawischen Dinars in den 1990er Jahren und vor der Einführung des Euro nutzte Montenegro die Deutsche Mark als Zahlungsmittel. 2002 wurde der Euro noch im Staatenbund mit Serbien gleich mit übernommen, das Land ist aber kein Mitglied der Europäischen Währungsunion und darf somit kein eigenes Geld herstellen. Doch auch hier ist die gemeinsame Währung ein Teuerungsfaktor und eine starke Devise macht noch keine Wirtschaftsstärke aus. Montenegro hat einiges aufzuholen und verzeichnet durchaus bemerkenswerte Erfolge. Durch die Kriege und Sanktionen mussten viele Industriebetriebe aufgeben und der Tourismus brach ein. Man stellte sich der Situation. Die Straßennetze wurden schnellstmöglich saniert und die Flughäfen in Podgorica und Tivat modernisiert. Viele privatisierte Bereiche lockten Investoren in das Land, vor allem im Tourismussektor, über 12.000 Betriebe sind in ausländischer Hand. So erlebte das Land in den Jahren nach der Unabhängigkeit einen rapiden Wirtschaftsboom mit 9% Zuwachsraten des Bruttoinlandproduktes. Grund hierfür war der rasante Ausbau des Tourismussektors und die eben daraus entstehenden Investitionen, vor allem von russischen Unternehmern. Das beflügelte auch den Bausektor. Dies war zu schnell zu viel, 2012 wurde nur mehr ein Wachstum von 0,3% erreicht, derzeit wieder gut steigend, obwohl sich russische Unternehmen mit weiteren Einlagen durch den NATO-Beitritt Montenegros bedeckt halten.

Was die Industrie betrifft, hinkt der Fortschritt noch hinterher, teils veraltete Anlagen und die Infrastruktur stellen große Probleme dar und können den internationalen Anforderungen nicht Stand halten, daher findet man auch heute noch in Montenegro recht wenig Industriebetriebe und Niederlassungen großer ausländischer Firmen. Dies ändert sich nur sehr langsam, vor allem auch durch die unsichere Rechtslage und die Korruption. Aber immerhin entfallen inzwischen etwa 19% des BIP auf diese Sparte.

Der Dienstleistungssektor erwirtschaftet etwa 72% des BIP. Innerhalb dieser Sparte generiert der Tourismus etwa ein Fünftel der Wirtschaftsleistung, Tendenz steigend. Bereits vor den Jugoslawienkriegen zog es zahlreiche deutschsprachige Besucher nach Montenegro. Mit den Unruhen fielen diese komplett weg und es kamen fast nur noch Besucher aus Osteuropa, Russland und den angrenzenden Ländern. Seit wenigen Jahren ist eine Trendwende erkennbar, es kommen wieder mehr Westeuropäer und Reisende anderer Kontinente. 2018 besuchten weit über 2 Millionen Touristen das kleine Land (andere Zahlen sprechen sogar von 2,5 Mio.). Montenegro ist derzeit weltweit unter den wachstumsstärksten Reiseländern der Welt und setzt bewusst auch auf den Ganzjahrestourismus. Somit bleibt der sich dynamisch entwickelnde Fremdenverkehr die wichtigste Einnahmequelle und der Anteil am BIP soll in den nächsten Jahren dank eines Tourismus-Masterplanes um weitere 5% steigen. Dies möchte und kann man jedoch nicht durch den Neubau von Ferienanlagen erreichen, was zukünftig einen geringen Stellenwert einnehmen wird, gesetzt wird auf nachhaltigen Naturtourismus im Bereich Wandern und Radfahren sowie umweltfreundliche Beherbergungsbetriebe. Gefördert werden hierbei letztendlich auch die schwachen Regionen.

Industrieanlage in Bar am Hafen

Die Agrarwirtschaft bildet das Schlusslicht in der wirtschaftlichen Wertschöpfung, 9% macht das BIP aus und nur 6% aller Beschäftigten sind hier tätig. Doch der Entwicklung wird große Beachtung beigemessen, immerhin erwirtschaftet jeder Arbeiter etwa 11.000 Euro pro Jahr.

Ebenso obliegt der Ausbau der Hafenkapazitäten und Werften gesteigerter Aufmerksamkeit. Hinzu kommen große Investitionen in „umweltschonende" Energien, geplant sind umfassende Ausgaben für den Bau von Wasserkraftwerken und Windparks, gefördert von der EU. 2015 wurde der Energiemarkt für alle Verbraucher liberalisiert. Für große Industrieanlagen besteht seit Ende 2017 eine Emissionsbegrenzung. Montenegro besitzt wichtige Bodenschätze, darunter Bauxit, Braunkohle, Eisenerz, Erdöl und -gas. Exportiert werden hauptsächlich Aluminium, Stahl und Treibstoff sowie landwirtschaftliche Produkte (darunter auch Tabak) nach Kroatien, Serbien, Slowenien, Italien und Deutschland. Importiert werden Fahrzeuge und Maschinen, Mineralöle, Brennstoffe, chemische Produkte und Nahrungsmittel, hauptsächlich aus der EU (Italien, Griechenland, Deutschland) und China. Russland spielt ausschließlich auf dem Immobiliensektor eine große Rolle. Das Außenhandelsdefizit ist mit 1,8 Milliarden Euro sehr groß. Auch die Arbeitslosenquote ist mit ca. 17% extrem hoch, das durchschnittliche pro Kopf Einkommen beträgt nur etwa € 280,- bis € 860,-- pro Monat, je nach Beschäftigungssparte.

Serbisch-Orthodox gegen Montenegrinisch-Orthodox - ein Kirchenkrieg

Der echte Montenegriner fühlt sich der Orthodoxen Kirche stark verbunden. 70% der Bevölkerung bekennen sich leidenschaftlich zur serbischen Variante dieser Glaubensrichtung, deren Ursprung bis ins frühe Mittelalter zurückreicht. Zu jener Zeit dann, als der Einfluss der Fürstbischöfe zunahm, entwickelte sich eine davon unabhängige orthodoxe Glaubensgemeinschaft mit Sitz in Cetinje, das damals Erzbistum war. Man wollte sich deutlich vom unabhängigen Serbenstaat der Nemanjiden abgrenzen. Beide Religionen beanspruchten seither die Alleinvertretung des Christentums in Montenegro. Nach dem I. Weltkrieg wurde dieser Bund im Zusammenhang mit der Angliederung Montenegros an Serbien unter Zwang in die Serbisch-Orthodoxe Kirche integriert. Doch schon lange vor der Loslösung von Serbien versuchte man 1993 bereits die Montenegrinisch-Orthodoxe Religion als autokephale Kirche (d.h. mit eigenem Oberhaupt) zu etablieren, das Erzbistum Cetinje wurde erneuert. Sie wurde 1997 dann lediglich als Verein bzw. NGO (Nichtregierungsorganisation) ohne selbständige Rechte registriert und weder von anderen orthodoxen Kirchen, noch vom ökumenischen Patriarchen in Istanbul anerkannt. Man sieht in ihr lediglich ein politisches Instrument zur Untermauerung der Unabhängigkeit. In Belgrad unterstellt man den Initiatoren sogar Ketzerei und Glaubensspaltung. Bis heute konnte die Montenegrinisch-Orthodoxe Kirche zwar einen von der Regierung anerkannten Status einer Religionsgemeinschaft erlangen, doch von den insgesamt 650 bestehenden Kirchen im Land wurden ihr von Regierungsseiten lediglich 50 zugesprochen und 16 wieder aberkannt. Es gibt einen Erzbischof und vier Priester, die allerdings vorher aus ihrem Priesteramt in der Serbisch-Orthodoxen Kirchen enthoben wurden. Über die aktuelle Zahl der Gläubigen ist nichts bekannt.

5000 v. Chr.	Eine erste Besiedelung des heutigen montenegrinischen Staatsgebietes fand nachweislich bereits im Neolithikum bzw. der Jungsteinzeit statt.
1200 v. Chr.	Frühe illyrische Stämme siedeln sich in der Küstenregion des heutigen Montenegro und rund um den Skadar-See im Südwesten des Landes an. Sie bildeten in der Regel kurzlebige Königreiche. Mit dem Vorrücken der Römer werden sie verdrängt bzw. vermischten sich mit ihnen.
168 v. Chr.	Die gesamte Ostadriaküste steht unter römischer Vorherrschaft.
395 n. Chr.	Das Gebiet des heutigen Montenegro fällt bei der Teilung des Römischen Reiches vorerst dem Weströmischen Reich bzw. Rom zu.
535 n. Chr.	Unter Kaiser Justinian I. wird Montenegro Teil des Oströmischen Reiches bzw. Byzanz. Diese Herrschaft dauert offiziell bis 1071 an.
7./8. Jhd.	Im 7. Jhd. verdrängen südslawische Stämme Teile der romanisierten Bevölkerung, im 7. und 8. Jhd. fallen Araber in das Gebiet ein und unterwandern die byzantinische Kontrolle.
ab 869	869 kann die Makedonische Dynastie mit Dalmatien wieder die Führung über die montenegrinischen Küstenstädte gewinnen. Es entsteht reger Handel. Unter Basileios II. (aus der Dynastie Makedoniens) erreichte das Oströmische Reich seinen Höhepunkt, bis Seldschuken (eine türkische Fürstendynastie) in das Gebiet einfallen und die Herrschaft übernehmen.
ab 9. Jhd.	Serbische Stämme bilden in den Regionen Raszien und Zeta unabhängige Fürstentümer, die ab dem 10. Jhd. unter bulgarischem und im Anschluss unter byzantinischem Einfluss stehen. Ab 1071 können diese sich wieder von Byzanz lösen und 1077 bekommt Fürst Michael von Zeta von Papst Gregor VII. die Königswürde verliehen, er war der erste König der Serben.
ab 11. Jhd.	Venedig entsendet vermehrt seine Flotten in den ostadriatischen Raum und weitet somit seinen Einfluß in diesem Gebiet aus.
1089	In Bar wird ein katholisches Erzbistum gegründet.
ab 1166	Zusammenfassung der serbischen Fürstentümer, woraus der serbische Nemanjiden-Staat hervor geht. Stefan Nemanja, 1113 geboren in der Zeta, gilt als Urheber der Dynastie. 1217 wird das Königreich Serbien gegründet. Sein Enkel, König Stefan Uros II. Milutin, verlegt den Regirungssitz Ende des 13. Jhd. nach Skopje und Montenegro bzw. die Zeta war nur noch ein Randgebiet im Serbischen Großreich, zuletzt unter der Dynastie der Crnojević.
ab 1455	Nach und nach erobern die Osmanen Teile des Serbischen Reiches, 1479 besetzen sie die Zeta-Tiefebene um den Skadar-See, die Crnojevići fungieren als osmanische Vasallen. 1496 gliedern die Türken die Zeta an den Sandschak an, die Crnojević-Dynastie löst sich auf.

ab 16. Jhd. Immer wieder kommt es zu Aufständen gegen die türkischen Herrscher, womit man auf dem Territorium eine gewisse Autonomie erlangt. Ab 1528 stehen die Bischöfe von Cetinje formell an der Spitze der Region und 1603 wird die Selbstverwaltung vom Sultan anerkannt. Allerdings besteht zu dieser Zeit die Gesellschaft im Land nur aus rivalisierenden Clans.

ab 1684 Die Venezianer nehmen den Osmanen einen Großteil der Küstenstädte ab und im Frieden von Karlowitz erhalten sie 1699 einen Großteil der Küste offiziell zugesprochen.

ab 1697 Mit Beginn der Amtszeit von Danilo I. Petrović-Njegoš als Fürstbischof startet die Ära der Petrovic-Njegos-Dynastie, der vierten des Landes. 1701 gründet er das Kloster in Cetinje. Unter ihm ensteht, mitunter auch durch die Vereinigung der Bergstämme, ein halbwegs selbständiger Staat Montenegro. (Das Amt des Fürstbischofs wurde dann stets an einen Neffen weitergegeben, die Bischöfe selbst blieben kinderlos.)

1797 Im Frieden von Campoformio (im Nordosten Italiens) werden die venezianisch besetzten Küstengebiete bis Budva österreichisch. 1815 wird im Wiener Kongress dem Kaiserreich der Besitz bestätigt.

1831 Petar II. Njegoš übernimmt das Amt als Bischof und Landesfürst (bis 1851).

ab 1852 Die Ära der Fürstbischöfe endet und Danilo II. wird erster weltlicher Regent des Fürstentums Montenegro (er trug fortan den weltlichen Titel Danilo I.).

1878 Im Berliner Kongress wird Montenegros und auch Serbiens Unabhängigkeit bestätigt.

1910 Danilos Nachfolger, Fürst Nikola I., wird zum König gekrönt. Den Titel hat er bis 1918, dann endete die Herrschaft der Dynastie Petrović-Njegoš.

1912/13 Im Ersten Balkankrieg besiegt Montenegro zusammen mit Serbien, Bulgarien und Griechenland die Türken. Im Zweiten Balkankrieg, als Serbien dann gegen Bulgarien, Griechenland und Rumänien kämpft, bleibt Montenegro neutral. Im Frieden von Bukarest werden Montenegro Gebiete des ehemaligen Sandschak zugesprochen.

1914-18 In den Ersten Weltkrieg zieht Montenegro als Verbündeter Serbiens gegen den Dreibund Deutschland, Österreich-Ungarn und Italien und wird von k.u.k.-Truppen besetzt. König Nikola muss ins Exil fliehen. Obwohl Montenegro am Ende des Krieges auf Seiten der Sieger steht, wird das Land mit Serbien vereinigt und Teil des Königreiches Serbien, Slowenien, Kroatien unter Petar I. Karađorđević. Ein Aufstand Montenegros 1919 bleibt erfolglos.

1923 Loslösung der Boka von Dalmatien und Angliederung an das Königreich.

1929 Umbenennung in Königreich Jugoslawien unter Aleksandar I. Karađorđević.

1941-45 Im Zweiten Weltkrieg wird Jugoslawien gezwungen den Achsenmächten bei-zutreten und von deutschen Truppen besetzt. Im Partisanenkampf von 1944 kann Montenegro befreit werden. 1945 wird Josep Broz Tito zum Ministerprä-sidenten der Sozialistischen Republik Jukgoslawien gewählt.

1948 Nach einem Konfikt mit Moskau gründet Jugoslawien die Bewegung "Blockfreie Staaten". Es entstehen touristische Einrichtungen und Staatsbetriebe.

1979 Im April 1979 verwüstet ein verheerendes Erdbeben weite Teile der Küste (S. 40).

1980 Am 04. Mai 1980 stirbt Präsident Tito an den Folgen einer arteriellen Thrombose. Der Staatspräsident wird zukünftig jährlich bestimmt.

1991/92 Beginn des jugoslawischen Bürgerkrieges, Slowenien und Kroatien erklären sich als unabhängig, ebenfalls das damalige Mazedonien. Im Januar 1992 erfolgt die Anerkennung durch die EU. Im März verkündet Bosnien-Herzegowina seine Unabhängigkeit. Der Bürgerkrieg weitet sich aus und findet sein Ende erst im November 1995 mit dem Friedensvertrag von Dayton/Ohio (USA).

1999 In Folge des Kosovo-Konfliktes fliehen Tausende Albaner aus der serbischen Teilrepublik. Es folgen Luftangriffe der NATO auf Serbien. Erste Spannungen treten zwischen Serbiens Präsidenten Milošević und Montenegros Präsidenten Milo Đukanović auf. Zahlreiche Sanktionen von serbischer Seite lassen den Tourismussektor in Montenegro einbrechen.

2000 Als weiteres politisches Signal zur Loslösung von Serbien wird in Montenegro die D-Mark eingeführt, 2002 dann der Euro.

2002 Auf Druck der EU, um eine weitere Zersplitterung des Balkans zu verhindern, geht Montenegro einen Staatenbund mit Serbien ein, behält sich jedoch das Recht auf Unabhängigkeit vor.

2006 Am 21.05.2006 wird ein Unabhängigkeitsreferendum durchgeführt, 55,5% der Wahlberechtigten (bei einer Wahlbeteiligung von 86%) stimmen für die Eigenstaatlichkeit. Serbien erkennt das Ergebnis offiziell an. Sämtliche inter-nationalen Verträge müssen neu abgeschlossen werden. Im September finden die ersten Parlamentswahlen statt, aus der die Demokratische Partei der Sozia-listen als Sieger hervorgehen.

2007 Am 19. Oktober tritt die neue Verfassung in Kraft.

2009 Eine internationale Wirtschaftskrise läßt die Einnahmen im Tourismussektor drastisch zurückgehen. Ab Dezember können die Montenegriner visafrei in die Schengen-Staaten einreisen.

2012 Die Beitrittsverhandlugen zur Aufnahme in die EU beginnen im Juni.

2017 Am 05. Juni 2017 wird Montenegro das 29. NATO-Mitglied.

Montenegros Küche - ein Streifzug durch eine kulinarische Vielfalt von mediterran leicht an der Küste bis hin zu deftig in den Bergregionen

Vorneweg bemerkt: Die Mehrheit der Montenegriner sind leidenschaftliche Fleischesser, so spielen die Beilagen und Gemüsegerichte eine eher untergeordnete Rolle. Und trotzdem hat das kleine Land ein reichhaltiges Angebot an kulinarischen Köstlichkeiten zu bieten. Wie in allen anderen Ländern der Westbalkanregion auch wurde die Küche von zahlreichen Völkern und geografischen Gegebenheiten beeinflusst. Daher ist auch selbstverständlich, dass an der Küste die mediterrane Küche dominiert. Fische (ribe) gibt es reichlich, über 100 Sorten, darunter der St. Peters-Fisch, Barben, Brassen, Barsche, Drachenkopf, Makrelen uvm. Meist kommen sie gegrillt (na žaru/sa roštilja) auf den Tisch, verfeinert mit Olivenöl und vielen Kräutern, unter anderem auch Rosmarin und Petersilie sowie reichlich Knoblauch. Die klassische Beilage dazu ist ein gemischter Salat mit Tomaten, Zwiebeln, Paprika und etwas Schafskäse oder/und Kartoffeln. Auch Meeresfrüchte (riblja) - Muscheln, Garnelen, Tintenfische und Krebse werden auf diese Art zubereitet. Brodetto ist ein Fischtopf mit gemischten kleinen Fischen. Auch die klare Fischsuppe, verfeinert mit Olivenöl und Wein, ist eine Küstenspezialität. Richtig günstig sind die Preise hier aber dank des Euro nicht mehr. Ebenso berühmt für wirklich gute Fischgerichte ist die Region um den Skadar See. Hier wird Karpfen besonders wohlschmeckend zubereitet, oft serviert mit Obst wie Pflaumen, Quitten und Äpfeln. Auch Aal, gegrillt oder mit Reis, ist eine Spezialität dieser Region. Gleichermaßen schmackhaft zubereitet werden getrocknete und geräucherte Fische, wie z. B. Ukeleien, Aale und Makrelen. In flussnahen Regionen legt man Forellen gerne in Sauermilch ein, sie werden kalt gegessen, mit frischem Brot als Beilage.

Abseits der Küste und in den Bergregionen geht es schon deftiger zu, alles was der eigene Hof hergibt, kommt dort auf den Tisch - in Bioqualität natürlich. Hier spielt Fleisch (meso) eine sehr große Rolle, es dominieren kräftig zubereitete Gerichte. Lamm, Rind und Schwein werden oft am Spieß gegrillt oder zu zahlreichen Hackvariationen verarbeitet. Auch Wild bereichert den Speiseplan.

gemütlich: Fisherman Hari in Ulcinj

Kochen mit dem Sartsch

Eine sehr typische Zubereitungsart ist das Garen von Fleisch unter dem Sartsch. Dies ist ein Metalldeckel in Form einer flachen Glocke, der mit Glut und Asche bedeckt wird. So bleibt das Fleisch saftig und die Beilagen werden schonend mitgegart. Ursprünglich handelte es sich dabei um eine traditionelle Kochmethode aus ländlichen Gebieten, zahlreiche Restaurants haben sie übernommen. Sehr beliebt ist die Variante mit Rind oder Lamm, oft serviert mit Kartoffeln oder einer Käsepolenta. Lamm in Milch oder getrocknetes Schaffleisch gehört ebenso zu beliebten Fleischgerichten. In muslimischen Regionen wird zum Teil auf Schweinefleisch verzichtet.

Vegetarische Abwechslung bieten rustikal und nahrhaft zubereitete Gemüseeintöpfe (povrće). Eine Salatspezialität besteht aus geraspeltem Kraut mit schwarzen Oliven und Olivenöl.

Ferner sind gesunde Milchprodukte (mjileko) sehr beliebt und werden oft mit warmen Fladenbrot serviert. Brot (hleb) schmeckt übrigens überall etwas anders, jede Familie hat ihr eigenes Rezept für Hausgebackenes. Zu den traditionellen fleischlosen Berggerichten zählen der Kačamak, eine Art Polenta mit Kartoffeln und Käse sowie Cicvara, ein Brei aus Weizen-, Maismehl und Käse.

Berühmt für seinen luftgetrockneten Schinken (njeguški pršut) und andere herzhafte Wurstspezialitäten sowie Käse ist das Bergdorf Njeguši im Lovćen-Nationalpark. Das Fleisch erhält seinen besonderen Geschmack durch die kontinentale Luft, Meereswinde und das Räuchern mit einer speziellen Art von Nadelhölzern. Auch der Honigwein von hier ist eine Delikatesse. Leider zahlt man das Ambiente und die Umgebung mit - günstiger bekommt man die Spezialitäten in einem der hervorragend sortierten Supermärkte. Dort gibt es zudem zahlreiche andere schwarzgeräucherte Wurstspezialitäten zu erschwinglichen Preisen.

Pasta, Pizza & Co. findet man nicht nur in den Küstenorten, Italiens Spuren ziehen sich durch das ganze Land. Ferner hat Fast-Food schon lange flächendeckend Einzug gehalten, besser man hält sich an die montenegrinische Variante: Pita oder Burek. Hier sind das Jufka-Blätter mit Käse, Spinat oder Fleisch gefüllt, in Bäckereien wird oft ein Glas Joghurt dazu angeboten.

Ein landestypischer Nachtisch ist „Rozata", ein reichhaltiger Pudding mit Karamell. Genauso lecker ist der Käsekuchen „Sirnica". Manchmal gibt es aber auch einfach erfrischendes saisonales, heimisches Obst (voće).

Und für den Durst? Das landeseigene „Nikšićko pivo" aus der großen Brauerei in Nikšić ist überaus schmackhaft und erfrischend. Gebraut wird auch eine dunkle Variante. Nach dem Essen trinkt man gerne einen Espresso oder einen türkischen Kaffee, man nennt ihn „Einheimischer" (domaća kafa), dazu gibt es stets ein Glas stilles Mineralwasser. Der Süden ist reich an Weinanbaugebieten. Von hier stammen sehr gute Weine wie der rote Vranac oder der weiße Krstac. Die Region Duklija ist bekannt für die lieblichen Sorten. Auch der Merlot, Sauvignon und Chardonay sind hier eine gute Wahl. Wie überall auf dem Balkan setzt man auch in Montenegro gerne auf Hochprozentiges. Im Norden des Landes bevorzugt man den Pflaumenschnaps Šljivovica, an der Küste genießt man eine montenegrinische Version des Grappa mit mindestens 45%, den Rakija. Beide Schnäpse werden in kleinen Betrieben mit hervorragender Qualität angeboten. Rein antialkoholisch aber sehr lecker sowie erfrischend ist die frische, dickflüssige Schafsmilch Jardum. Das Leitungswasser ist meist trinkbar, wirklich hervorragendes Trinkwasser spenden die wenigen natürlichen Berg- und auch Klosterquellen.

Balšica tava - Kalbfleischstreifen mit einer Sauce aus Milch, Sahne und Eiern;

Brodet - mehrere Sorten Kleinfische im Sud aus Zwiebeln, Knoblauch, Kräutern, Wein und Olivenöl als Eintopf, mit Polenta serviert;

Buzara - Meeresfrüchte mit Kräutern, Olivenöl und Wein;

Crni Rižot - von Tintenfisch schwarz gefärbter Risotto;

Imam bajeldi - gebratene Auberginen mit einer deftig-würzigen Knoblauch-Zwiebel-Tomaten-Kräuter-Mischung;

Jagnjetina u mlijeku - in Milch geschmortes Lammfleisch;

Japraci - Kalbsrouladen mit Grünkohl oder Kraut;

Kajmak - Schichtkäse aus frischem Rahm, oft mit Kräutern;

Krap u tavu - Karpfen aus der Pfanne (oder andere Großfische);

Njeguška šnicla - Schweineschnitzel mit Schinken und Käse;

Pašticida - geschmortes Rindfleisch mit Zwiebeln und Karotten;

Paštrovski makaruli - Vollkornnudeln mit Olivenöl und Schafskäse aus der Lake, auch überbacken;

Pastrmka u kiselom mlijeku - Forelle in Sauermilch oder Joghurt eingelegt, wird kalt gegessen mit frischem Brot;

Priganice - in Öl frittierte Teigbällchen mit Honig oder Sirup serviert;

Riblja juha - Fischsuppe - regional unterschiedlich;

Rižot - Risotto mit verschiedenen Zutaten, Meeresfrüchten, Gemüse oder Pilzen;

Anders als in anderen südlichen Ländern legen die Montenegriner Wert auf ein Frühstück, oft mit frischem Brot, Käse, Milch und Joghurt, daher gibt es diesbezüglich auch ein umfangreiches Angebot. Die Hauptmahlzeit ist das späte Mittagessen, meist mit warmen Speisen und für das gesellige Beisammensein wählt man das ebenso recht späte Abendmahl ab 20 Uhr, jedoch mit kalten Gerichten. Die authentischsten Gerichte bekommt man wohl in den sogenannten Konobas, rustikalen Gaststätten, welche auch die Einheimischen gerne besuchen.

Broschüre für Kulinariker: www.montenegro.travel/files/multimedija/87748519.pdf

Na dann: Prijatno und Živjeli! (Guten Appetit und Zum Wohl!)

Die Montenegriner sind, wie alle Südländer, ein lebensfrohes Volk und Feierlichkeiten jeglicher Art gehören zum festen Bestandteil des Alltags. Je nach Region oder Stammeszugehörigkeit fallen diese, abgesehen von den landesweit Einheitlichen, recht unterschiedlich aus. Während des ganzen Jahres finden über das Land verteilt Festivitäten statt, dies ist auch eine gute Möglichkeit, einen Einblick in das Leben dieser fröhlichen und gastfreundschaftlichen Menschen zu gewinnen.

Die Religionszugehörigkeit spielt im Rahmen von Festveranstaltungen eine große Rolle. So ist für die Orthodoxen Christen der Tag des Schutzheiligen Sava (27. Januar) der höchste Feiertag, er wird mit der gesamten Familie gefeiert. Jedem Arbeitnehmer wird generell an dem Tag ein Feiertag gewährt, an dem er seinen Schutzheiligen verehrt, so fallen die persönlichen Feiertage sehr individuell aus. Weihnachtsfestlichkeiten werden recht sparsam gestaltet, wobei das Osterfest eines der größten Feierlichkeiten darstellt. Ebenso ist der Karneval ein Top-Spektakel, wie auch für die Moslems das Ende des Ramadan, dieser wird über mehrere Tage und Nächte ausgiebig zelebriert. Silvester wird besonders in den Wintersportorten extensiv gefeiert. Feste sind in Crna Gora immer ein großes Ereignis. Musikalische Events erfreuen sich auch großer Beliebtheit, die Bandbreite reicht von Folklore, Volksmusik, Pop, Rock, Techno bis hin zu Klassik und Jazz.

Offizielle Feiertage:
1. + 2. Januar - Neujahr
7. + 8. Januar - Orthodoxes Weihnachtsfest
März / April - Orthodoxes Osterfest mit Karfreitag, Ostersonntag und -montag
1. + 2. Mai - Tag der Arbeit
9. Mai - Tag des Sieges
21. Mai (und zusätzlich 22. Mai) - Unabhängigkeitstag
13. + 14. Juli - Tag der Unabhängigkeit; Nationalfeiertag
29. November - Tag der Republik
24. + 25. Dezember - Weihnachten

Dazu Ramazan Bayram - Ende des Ramadan, über 3 Tage, jährlich wechselnd.

Eine Auswahl an sehenswerten und ereignisreichen Festen:

Februar: Am ersten Samstag im Monat Mimosenfest in Herceg Novi - großer Festzug an der Uferpromenade zu Ehren der ersten Mimosenblüten; es gibt Stände mit frischem und geräuchertem Fisch und Wein vom Fass.

Februar: Prachtvoller Karneval in Kotor mit zahlreichen Maskenbällen, Umzügen, kulinarischem Angebot und Auszeichnung des schönsten Kostüms.

März: Tag der Kamelie (prächtige Blütenpflanze) in Kotor mit Wahl der Miss Kamelie.

April: Mehrere mehrtägige Theaterfestivals in Podgorica und Herceg Novi mit unzähligen Aufführungen unterschiedlichster Richtungen.

Mai: Karneval und Volksfest in Budva mit Themenabenden, Umzügen, Konzerten, Kultur- und Unterhaltungsprogrammen mit Karnevalsgruppen aus 12 Ländern und über 3.000 Teilnehmern, zusätzlich 1.100 Kindern aus 5 Ländern. An den steilen Hängen bei Kotor und in Nikšić wird der "Freeclimber Cup" Kletterwettbewerb ausgetragen.

Juni: „Montenegro Busker Fest" in Budva - eine originelle 10-tägige Veranstaltung mit Akrobaten und Artisten aus aller Welt vor der Altstadt. Ebenfalls in Budva: großes Musikfestival mit Rock, Pop und Folk.

Juli: (22.07.) „Fasinada" in Perast - Fischerprozession zur Kircheninsel Gospa od Škrpjela, seit 1452 werden dort Steine zur Befestigung des kleinen Eilandes abgeworfen. Die Feierlichkeiten sind verbunden mit viel Musik, Tanz und Wein. Am Plavsko jezero findet eine Segelregatta statt.

August: Sommerkarneval in Kotor mit Bootsfahrten in der gesamten Bucht und viel Musik in der Innenstadt. Folklorefestival in Cetinje und Techno- bzw. Rocktage in Rose.

Oktober: Sirun Fest (Tag des Fisches) am ersten Samstag des Monats in Budva, alle Besucher werden kostenlos mit frisch gegrilltem Fisch verköstigt, dazu gibt es Musik und Tanz sowie unterschiedliche Sportveranstaltungen.

Dezember: Fisch- und Weintage in Virpazar, Olivenfest in Bar, Silvesterfeiern in den größeren Städten, entlang der Küste und in den Skigebieten.

Weitere interessante Events unter: www.waytomonte.com/en/events

Die Termine und Feste ändern sich von Jahr zu Jahr - Angaben ohne Gewähr.

Kulinarisches, Modisches, Kunsthandwerk und auch jede Menge Kitsch

Eines sollte man sich in Montenegro auf keinen Fall entgehen lassen: Streifzüge durch die bunten und lebhaften Märkte, egal in welchem Landesteil. Die Stände mit den frischen Produkten der jeweiligen Region sind überaus verlockend - Gemüse in Hülle und Fülle, an die 110 Obst- und Gemüsesorten sind erhältlich, je nach Saison, besonders im Herbst. Natürlich alles in Bioqualität und ausnahmsweise nicht nur ein Privileg für wohlhabende Konsumenten, sondern erschwinglich für jedermann. Eine echte Chance für Kleinbauern, hier kauft jeder ein und die Auswahl ist meist größer als im gut sortierten Supermarkt. Ebenso gibt es meist auch Fleisch, Fisch, Gewürze, Käse und Wurst, zudem Blumen und hausgemachte Produkte wie Honig, getrocknete Feigen und Datteln, Oliven und Olivenöl sowie Tabak. Ergänzt wird das Angebot durch Handwerksarbeiten, Haushaltsutensilien, Kleidung, Stoffe, Kleinmöbel uvm. Eine richtige Augenweide bietet sich dem Besucher und allein das rege und bunte Treiben sowie gelegentliches Handeln sind alleine schon überaus unterhaltsam.

Auch am Straßenrand bieten die Bauern ihre selbstgemachten Produkte zu geringen und fairen Preisen an. Hier kann man häufig besondere Delikatessen erstehen, wie z.B. geräucherten Schafs- oder Ziegenkäse. Ebenso bekommt man oft frische und getrocknete Früchte. Mit dem Kauf unterstützt man direkt deren ohnehin geringes Einkommen. Des Weiteren werden überall im Land, meist auf jenen Märkten, frische und getrocknete Kräuter wie Rosmarin, Salbei, Lavendel, Thymian, Bergbohnenkraut, auch Heilkräuter und Tees angeboten. Diese sind alle ein gutes Mitbringsel. Das gilt auch für Gewürze wie z.B. Paprika. Selbstgebrannten Schnaps wie „Rakija, Loza oder Slivovica", kauft man am besten privat. In der Gegend um Njeguši ist der Honigwein eine beliebte Spezialität, ebenso der berühmte, auf eine besondere Art getrocknete und geräucherte Schinken, allerdings ziemlich teuer. Sechs magere Scheiben gehen hier gerne für € 5,- über die Theke an den Touristen (Handeln ist möglich), die Bergluft wird gleich mit verkauft und hat eben ihren Preis. Gute Weine sind die bekannten Sorten Vranac und Krstac, diese sind sogar preisgekrönt. Auch sonst hat das Land eine große Auswahl an sehr guten Weinen wie Merlot, Riesling und Chardonnay.

Für Selbstversorger bieten aber auch die großen Supermärkte eine gute Auswahl an frischen Lebensmitteln und Tiefkühlkost. Riesig ist der Naš-Diskont (Ul. 4. Jul.) in Podgorica, ansonsten geht man zu den landesweit verbreiteten Märkten Voli, Franca oder Idea.

In den Touristenorten gibt es zahlreiche Boutiquen mit wirklich sehr modischen Outfits. Meist erscheint das Angebot etwas zu up to date, mancher Stil ist bei uns noch recht unbekannt (oder schon wieder out?), gewöhnungsbedürftig und echte Geschmackssache. Die Preise jedoch sind kaum günstiger als in Westeuropa. Wer Bezahlbares sucht, wird sicher in den kleinen Läden und Ständen an den Uferpromenaden der Küstenstädte fündig, oder eben auch auf den Märkten.

Richtiges Kunsthandwerk muss man im Land regelrecht suchen, doch gibt es in den größeren Ortschaften, vor allem an der Küste, einige Ateliers. Mehrheitlich Maler bieten hier ihre Bilder unterschiedlichster Stilrichtungen an, bevorzugt ist Landschaftsmalerei in Aquarell. Am besten versucht man sein Glück in Kotor, Budva oder Bar.

peppige Boutiqen gibt es viele

Wer Handarbeiten schätzt: Einheimische Frauen häkeln gerne und viel, der immense Überschuss der bunten Ware wird natürlich zum Verkauf angeboten, vorzugsweise auf den regionalen Märkten. In den zahlreichen Kirchen und Klöstern gibt es mindestens ebenso reichlich religiöse Gegenstände zu erwerben: Kruzifixe, Ikonen, Rosenkränze, Medaillen, Postkarten, Bücher, Kerzen, und, und, und. Jedes Kloster hat natürlich seinen eigenen Souvenirshop.

Wer ein schönes, wertvolles Schmuckstück aus Edelmetallen erwerben möchte, wird in Montenegro sicher fündig. Nicht nur in den Küstenorten gibt es für die Touristen unzählige Juweliere und Schmuckläden mit umfangreichem Angebot, auch die Montenegriner selbst kaufen gerne das eine oder andere Stück, meist als Geschenk im Zusammenhang mit einer Hochzeit oder als Aussteuer mit Wertbestand für später.

gesunder Salat aus Bio-Anbau

Ansonsten versucht man auch hier im Land Schnick-Schnack und Kitsch in allen Farben und Formen an den Touristen zu verkaufen, am schönsten sind noch Keramiken mit Olivenbemalung, Holzschnitzereien oder maritime Dekoartikel. Auch werden immer öfter Kopien kulinarischer Köstlichkeiten in den Souvenirläden angeboten, besser man greift auf die Original-Naturalien auf den Märkten zurück.

Wein-, Öl-, und Honigladen in Bar

In den Geschäften gelten Festpreise, auf den Märkten und in Souveniershops ist Handeln durchaus üblich.

Regionale Tipps: In Bijelo Polje werden auf dem samstäglichen Wochenmarkt von Bäuerinnen und Bauern dicke Wollprodukte für die kalten Wintertage verkauft. Liebhaber von künstlerisch gestalteten Edelmetallen sollten der nördlichen Rruga Hafiz Ali Ulcinaku/Sheshi i Ullirit in Ulcinj einen Besuch abstatten. Vor allem Silberschmuck gibt es hier günstig. Einen richtig schonen Souvenirshop mit ausgefallenen Dingen für stundenlanges Stöbern gibts in Kotors Altstadt: Efesya. Jeden Freitag findet in Virpazar ein bunter Wochenmarkt statt.

T-Shirts an Budvas Stränden

Die sagenhafte Boka Kotorska ist zu Recht das touristische Aushängeschild des Landes und der Stolz der Küstenbewohner dieses Landstriches. Meist wird sie als schönster Teil Montenegros bezeichnet, stellt aber nur einen kleinen und sogar recht untypischen Teil der Landesvielfalt dar und damit die nicht minder attraktiven Bergregionen öfter in ihren Schatten.

- Herceg Novi
- Risan
- Perast
- Kotor
- Prčanj
- Tivat
- Luštica-Halbinsel
- Rose
- Bigova

Der südlichste Fjord Europas mit seinen geschichtsträchtigen Ortschaften

Die Bucht von Kotor zählt zu den unumstrittenen Highlights Montenegros, kein Reisekatalog, keine Werbekampagne ohne einem eindrucksvollen Bild des Naturwunders. Sie ist ein gewaltiges, ungewöhnliches Weltnaturerbe mit phänomenalen Landschaftsszenarien, perfektioniert durch eine Reihe kulturhistorischer Besonderheiten, die eine lange, spannende und bedeutsame Geschichte erzählen. Und die Schattenseite? Ja, die gibt es. Nicht erst seit sich der Tourismus unaufhaltsam in Montenegro ausbreitet, schon von Beginn an war es kein beschauliches, idyllisches Fleckchen Erde. Was früher Besatzer und Kreuzfahrer in Anspruch nahmen und der Bucht Weltruhm verschafften, sind heute Scharen von Besuchern und kaum ein Tag vergeht, an dem nicht ein großes Kreuzfahrtschiff vor den Toren von Kotor im glitzernden, tiefblauen Wasser ankert.

der sagenhafte Ausblick auf die Bucht - der Weg zum Lovćen-Nationalpark

Die Bucht von Kotor (Highlight) (Landkarte freytag & berndt 1:150 000 H2 und H3)

Die zweigeteilte, 108 km umfassende Bucht mit vier Becken, ähnlich eines norwegischen Fjordes, zieht sich 28 km tief in die Hochkarstzone des Dinarischen Gebirges im Landesinneren zwischen den Massiven des Orjen und Lovćen. Sie ist zu einem großen Teil von bis zu 1.000 m hohen Steilwänden umgeben. Den Einlass bildet die 2 km breite Meerenge zwischen der kroatisch-montenegrinischen Halbinsel Prevlaka und dem Kap Arza auf der Halbinsel Luštica. Durch diese und die Verige-Straße, die an der engsten Stelle gerade mal 330 m breit ist, wird sie in eine äußere und eine innere Bucht gegliedert und bildet einen riesigen Naturhafen. Fälschlicherweise taucht im Zusammenhang mit der Boka immer wieder die Bezeichnung Fjord auf, entstanden ist sie jedoch durch das Ansteigen des Meeresspiegels um etwa 100 m, wodurch das Wasser den Canyon eines Flusses aus dem Orjen flutete. Übrig geblieben sind zahlreiche unterirdische Flussläufe und Quellen, welche die bis zu 60 m tiefe Bucht zusätzlich mit Süßwasser speisen. Es herrscht ein besonders begünstigtes Klima vor, das wärmste der gesamten Adriaregion.

Die äußere Bucht ist überaus sonnig und mild und kann über 2.500 Sonnenstunden pro Jahr aufweisen, die Durchschnittstemperatur beträgt 16°. Das Orjen-Massiv hält kalte Winde und Regenwolken gut ab, trotzdem gibt es keine typisch mediterrane Trockenperiode, die durchschnittliche Regenmenge beträgt zwischen 1.500 und 3.000 mm pro Jahr. Beste Voraussetzungen für eine grüne und blühende Artenvielfalt, bereits im Januar beginnt die Blüte der Mimosenbäume. Die üppige Vegetation steht im starken Kontrast zum umliegenden kargen Karstgebirge, wohingegen gerade aufgrund dieser Klimakonstellation einige typische Arten fehlen. Dagegen erreichen die Regenmengen im Hinterland von Kotor europäischen Rekord. Hier werden bis zu 6.500 mm Niederschlagsmenge pro Quadradmeter im Jahr gemessen.

Der sehr geschichtsträchtige Naturhafen gehört erst seit Ende des Ersten Weltkrieges zu Montenegro. Griechen, Illyrer und Römer prägten die Frühgeschichte, unvermeidlich war der byzantinische und slawische Einfluss zwischen Antike und Neuzeit, im späten Mittelalter gehörte die Bucht zum Serbischen Großreich. In der Neuzeit stand das Gebiet unter venezianischem Schutz, bis sich im 19. Jhd. Frankreich, Russland und Österreich-Ungarn abwechselnd die Macht über den wichtigen Flottenstützpunkt teilten. Doch immer schon brachten die zahlreichen Seefahrer Weltoffenheit und auch Reichtum in die Orte an der Boka, fast für die Ewigkeit scheinen die adretten Kapitänshäuser. Heute reihen sich die kleinen Dörfer und größeren Ortschaften wie eine schmucke Perlenkette rund um die Boka.

...die Bucht...alte Häuser...

Für einen reinen Badeurlaub eignen sich die Orte mit ihren heute 60.000 Einwohnern aber nur bedingt, es gibt sehr wenige felsige Meereszugänge, noch weniger Sandstrände oder nur betonierte Badeplattformen. Kulturelle Highlights in den Ortschaften und die einmalige Landschaft bieten aber enorm viel Besichtigungspotential. Die Bucht kann mit dem Fahrzeug in etwa 2 Stunden umrundet werden. An der 330 bis 1.000 m schmalen Meerenge Verige, zwischen den beiden kleinen Orten Kamenari und Lepetani, setzen regelmäßig, in kurzen Abständen rund um die Uhr, Fähren über. Ein Großteil des Tourismus von Montenegro spielt sich an der Boka ab, vor allem konzentriert sich dieser um die alten Orte Herceg Novi, Perast, Risan, Kotor und Tivat. Hotels aller Kategorien gibt es zahlreiche und auch private Apartmanis bieten für wenig Geld einen angemessenen Komfort. Abstecher wert sind zudem die kleinen Dörfer mit ihren sehenswerten, aus Naturstein erbauten alten Kirchen im Gebirge oberhalb der Bucht.

...die Bucht...die Klosterinsel...

Seit dem Jahr 1979 steht der eindrucksvolle Landesteil aufgrund seiner geologischen Besonderheiten und der Geschichte seiner äußerst sehenswerten Ortschaften auf der Liste der UNESCO-Weltnatur- und kulturerbestätten.

...die Bucht...romantische Dörfer

Herceg Novi (Top-Tipp) (Karte freytag & berndt 1:150 000 H 2)

Mit ca. 14.000 Einwohnern gehört die adrette Ortschaft zu den größeren des Landes. Sie liegt direkt am westlichen Zugang der Bucht von Kotor und bietet mit dem imposanten Orjen-Gebirge im Hintergrund einen sehr reizvollen Panoramablick. Herceg Novi genießt den Ruf eines populären Badeortes, über 200 Sonentage im Jahr und auch im Winter milde Temperaturen machen aus ihm ein beliebtes, ganzjähriges Besuchszielziel. Die Saison beginnt demnach sehr früh, bereits im Februar, zum berühmten Fest der Mimosenblüte, zieht Herceg Novi unzählige Besucher an. Das Angebot an Unterkünften ist vielfältig und reichlich, es erfüllt die Ansprüche sämtlicher Reisenden. Wassersportbegeisterte kommen hier voll auf ihre Kosten, die abendliche Unterhaltungsbandbreite ist abwechslungsreich und kaum überschaubar. Entlang des Ufers der terrassenförmig angelegten Stadt mit ihren vielen Grünanlagen zieht sich eine 2,5 Kilometer lange Promenade, die Pet Danica. Dort findet man auch einen Großteil der Hotels, Strandbars und Restaurants sowie Diskotheken und im Sommer Verkaufsstände mit dem üblichen Angebot an Strandwaren und Souvenirs. Die Strandabschnitte sind bis auf einen kurzen Sandstreifen im Westen betoniert und im Sommer restlos überfüllt. Herceg Novi bzw. das benachbarte Igalo sind zudem als Kurort bekannt, reger Kurbetrieb findet während des ganzen Jahres statt, ab Juni sind in den Anlagen kaum noch Zimmer bzw. Anwendungen mit dem Heilschlamm aus dem Meer zu bekommen. Neben den zahlreichen Touristen finden sich im Ort zunehmend gerne viele Persönlichkeiten aus Musik, Film und Politik ein. Und auch für Maler ist die sehenswerte Stadt ein überaus beliebter Treffpunkt.

sie dominiert den Platz

über den Dächern der Stadt

Chronik - Herceg Novi wurde erst 1382 unter dem Namen Sveti Stjepan vom bosnischen König Tvrtko I. gegründet und kann somit nicht, wie die meisten anderen montenegrinischen Städte, auf antike Wurzeln verweisen. Zudem ist sie die jüngste Stadtgründung im Adriaraum. Ursprünglich sollte hier ein weiterer Hafen entstehen, um nicht ständig auf die Handelsstädte Dubrovnik und Kotor angewiesen zu sein. Im 15. Jhd. unterstand die Ansiedlung dem Herzog Stjepan Vukčić Kosačas, daher auch der bis heute gebräuchliche Name Herceg, die Bezeichnung Novi macht deutlich, dass es sich um eine neue Siedlung handelte. Zu Kosačas Wirken erlebte der Ort seine Blütezeit und obwohl es eine slawische Gründung war, erhielt Herceg Novi Kommunalstatuten nach römischem Recht, welche denen der älteren Städte Budva und Bar glichen. Die Stadt war der einzige Ort an der Bucht, der nach 1420 nicht unter das Regiment der Venezianer fiel. 1482 wurde er direkt von den Türken eingenommen, als diese die Herzegowina besetzten. Im Großen Türkenkrieg (1683-1699) konnte ein Verwaltungsbeamter Dalmatiens die Stadt für Venedig erobern, man nannte sie damals klangvoll Castelnuovo. Nach dem Fall der Markusrepublik gehörte der Ort ab 1815 für ein Jahrhundert zur k.u.k. Monarchie. 1919 wurde Herceg Novi, das seinen ursprünglichen Namen somit wieder erhielt, Teil des Königreiches Serbien, Kroatien, Slowenien. Im Oktober 1944 wurde die Stadt durch jugoslawische Partisanen von den deutschen Besatzern erobert und der damaligen jugoslawischen Teilrepublik Montenegro zugesprochen.

Stadtrundgang - Herceg Novi vereint eine interessante, harmonisierende Mischung aus romanischen, byzantinischen und orientalischen Stilelementen, welche die ereignisreiche Vergangenheit hervorgebracht hat - Fundamente, Festungen, Kirchen und Landzungen, die durch enge Gassen und steile Stiegen miteinander verbunden sind. Die Stadt der Blumen lädt zu einem ausgedehnten Rundgang ein - und das zu jeder Jahreszeit.

Eines der Wahrzeichen ist der erst 1850 errichtete trutzige **Uhrturm Sahat Kula**, durch dessen Bogen man die Altstadt betritt. Man nennt ihn auch immer noch Tora, ein namentliches Relikt aus der Venezianerzeit. Dahinter liegt der kleine Platz **Trg Herceg Stefana** und die **orthodoxe Kirche Sveti Arhangela Mihaila (Erzengel Michael)** aus dem späten 19. Jhd. mit ihrer prachtvollen weißen Marmorikonostase und recht unorthodoxen aber hübschen architektonischen Außenelementen. Hier findet man auch einige ruhiger gelegene Cafés und Tavernen. Eine weitere, sehenswerte **römisch-katholische Kirche ist Sveti Jeronima (Hl. Hyeronimus)** mit dem freistehenden Glockenturm. Sie stammt ebenfalls aus dem 19. Jhd. und wurde auf den Fundamenten einer Moschee errichtet, Teile davon sind noch ersichtlich. Das Interieur ist wesentlich älter, der prächtige Hauptaltar wurde von einem venezianischen Feldherren 1678 gestiftet. Im nördlichen Teil der Altstadt liegt **Kanli Kula, die „blutige Festung"**, mit einer herausragenden Sicht auf die Bucht. In der größten der Stadtfestungen, ab 1539 von den Türken errichtet, war ein Gefängnis und der Hinrichtungsplatz untergebracht. Seit 1960 dient sie als Freiluftbühne, der Turm wurde nach dem Erdbeben 1979 im venezianischen Stil wiederaufgebaut. (ℹ - € 1,--). Unmittelbar am Meeresufer liegt die kleine **Festung Citadela** aus dem 17. Jhd. Sie wurde beim Erdbeben 1979 so stark zerstört, dass große Teile ins Meer stürzten, übrig blieben nur die Außenmauern. Während der Sommerfestspiele dienen diese Überreste als würdige Kulisse. Die **Festung Forte Mare** westlich davon ist in einem etwas besseren Zustand und wird ebenfalls für die Sommerfestspiele genutzt. Sie wurde im 17. Jhd. von den Venezianern auf den Resten der ursprünglichen Verteidigungsanlage aus dem 14. Jhd. erbaut.

600 Meter nördlich der Magistrale liegt 165 Meter über dem Meer, mit einer sagenhaften Aussicht über die Stadt, die **Festung Španjola** mit ihren vier erhaltenen Rundtürmen. Das ursprünglich türkische Fort wurde während einer kurzen Besatzungszeit von den Spaniern (1538/39) erweitert und umgebaut. 1548 hatten die Türken den Komplex weitgehend niedergerissen und in größerem Umfang wieder aufgebaut. Fortan wurde die Anlage aber fast nur noch militärisch genutzt und diente als Gefängnis (von der E65 parallel zur Kanli-Kula in die Srbina abbiegen, nach 250 m geradeaus, zu Fuß ca. 30 Min.). Richtung Igalo liegt der noble Ortsteil Topla mit den Villen und schicken Appartments betuchter Ausländer, die sich mit sagenhafter Aussicht den Hang hinaufziehen. Westlich außerhalb der Altstadt gelangt man nach etwa 200 Metern zu der ruhigen und gepflegten **Grünanlage des Boka-Parks (auch Dvorana-Park)**. Hohe Bäume und exotische Pflanzen laden zu einer Ruhepause ein. An der Kreuzung von der Negoševa in die Ulica Mirka Komnenovića befindet sich in einem üppigen Garten die **Villa Andrić**, das Haus des immer noch verehrten Literaturnobelpreisträgers von 1961 Ivo Andrić (1892-1975). Im oberen Stockwerk dient der Treffpunkt des „Writers-Club" zugleich als Gedächtnisraum, unten gibt es ein kleines, schnuckliges Restaurant (500 m vom Boka-Park). Nur 100 Meter südlich davon beherbergt die hübsche Villa eines ehemaligen Bürgermeisters der Stadt mit spätbarocken Elementen das **Heimatmuseum Zavičajni**. Mirko Komnenović (1870-1941) und seine Ehefrau Olga vermachten Herceg Novi das Haus, worin ab 1949 der Öffentlichkeit eine stattliche Sammlung von Ikonen, Gemälden, ethnografischen und archäologischen Artefakten zugänglich gemacht wurde. Der zugehörige Park gleicht einem botanischen Garten mit hunderten von mediterranen Pflanzenarten (ℹ - 9.00-17.00 h, € 2,--).

sehr oft - der Blick auf die Bucht

Turm von hinten - schmale Gassen

Sehenswertes in der Umgebung - Schönere Bademöglichkeiten als den betonierte Stadtstrand bieten die östlich gelegenen Strände von Melijne, Zelenika und Bijela. In Igalo schwört man auf die heilenden Mineralquellen und die Heilkräfte des leicht radioaktiven Meeresschlammes, so z.B. im markanten Kurzentrum „Dr. Simo Milošević", schon Tito holte sich hier seine Behandlungen. Eine seiner ehemaligen Residenzen, die Villa Galeb in einem 8.000 ha großen Park, lag gleich nebenan. Sie kann für € 3,-- besichtigt werden. Igalo ist zudem bekannt für sein heilendes, leicht radioaktives Mineralwasser Igaljka. Für weitaus rummelfreiere Badetage wählt man die gegenüberliegende Halbinsel Prevlaka, die sich Kroatien mit Montenegro teilt (kein Grenzübertritt). An den Stränden rund um Njivice ist sogar FKK-Baden möglich. In Savina, nur 2,5 km östlich von Herceg Novi, befindet sich in Hanglage mit der obligatorischen Aussicht das serbisch-orthodoxe Kloster Savina. Die kleine Kirche aus dem 11. Jhd. beherbergt üppige Fresken, die größere Kirche aus dem 18. Jhd. prächtige Ikonostasen. Etwas abseits liegt ein weiteres Kirchlein, dem serbischen Heiligen Sava gewidmet. Anfahrt dorthin: Von der Magistrale am Kreisverkehr westlich vor Melinje nach Süden abfahren, nach gut 600 Metern gegenüber vom Krankenhaus.

© OpenStreetMap contributors

1 cm = ca. 35 m

1 - zur Festung Spanjola
2 - Kanli Kula
3 - Sv. Arhangela Mihaila

4 - Uhrturm - Sahat Kula
5 - Sveti Jeronimo
6 - Festung Forte Mare

7 - Festung Citadela
8 - zur Villa Andrić
9 - zum Heimatmuseum Zavičajni

Tipp: Bei Meljine, 2 km östlich von Herceg Novi, zweigt nach Nordosten die Straße in das Orjen-Gebirge ab. Nach 7 km erreicht man Kameno, ab hier führt ein schmaler aber asphaltierter Fahrweg moderat aufwärts nach Ubli, einer weitverstreuten Ansiedlung mit bäuerlichen Anwesen und bewirtschafteten Feldern. Es ist eine landschaftlich fantastische Strecke durch Karstausläufer (mit Aufstiegsmöglichkeit auf die Subra - s. Orjen), anfänglich mit Ausblicken auf die äußere Bucht, später führt sie durch pure Natur und Einsamkeit.

Eine allgemeine **Touristeninformation** befindet sich in der Jova Dabovića 12, in einem Seitenweg nordöstlich vom Boka-Park. Sie vermittelt u.a. Unterkünfte, Mietwägen und Ausflüge (www.hercegnovi.travel). Webauftritt der Stadt: **www.hercegnovi.me** (englisch). Man kann sich aber auch an eines der zahlreichen Reisebüros wenden.

Parken: Entlang der E65 zahlreich kostenpflichtige Parkplätze (ab € 0,50, zahlbar an den Kiosken in der Nähe oder per SMS). Mehre kostenpflichtige, bewachte Parkareale in der Stadt. Mit ein wenig Glück, aber nicht im Sommer, auch in einer Seitenstraße.

Transport: Der Busbahnhof liegt direkt an der Magistrale E65, vor dem Abzweig auf die Hercegovačke Brigade Richtung Altstadt, ab hier fahren Busse in alle Regionen und Städte des Landes und nach Serbien (Gepäckaufbewahrung möglich).

Mietwagen: mehrere Anbieter u.a.: PS Rent a car, 82 Njegoševa, Tel.: +382 69 271687, ps-rent-a-car.business.site; Starcar, 118 Braće Grbića (Igalo, E65), Tel.: +38 26 7664488, www.rentacar-montenegro.com;

Touren: An der Uferpromenade starten unzählige Ausflugsboote zu Zielen innerhalb der Bucht (ab € 20,--), Tagestouren mit dem Bus zu diversen Zielen im ganzen Land und nach Dubrovnik sind in einem der zahlreichen Reisebüros buchbar;

Internet & Telefonie: Zwei Shops der Crnogorski Telekom in der Njegoševa nahe des Boka-Parks.

Übernachten:

Casa del Mare Mediterraneo - geschmackvoll und modern eingerichtetes Hotel mit viel außergewöhnlichem Ambiente, Zimmer teilweise mit Meerblick, kleiner Pool und direkt am Meer, exzellenter Service. DZ ab € 120,-- inkl. üppigem Frühstück. Empfehlenswertes Restaurant vorhanden. Zwischen Bijela und Kamenari an der markanten Kurve, 11 km südlich von Herceg Novi; www.casadelmare.me, info@casadelmare.me;

Vila Kukoljac - schlicht und einfach ausgestattet, aber sauber und sehr zuvorkommendes Personal, ideal auch für Selbstversorger und bei längerem Aufenthalt, schöne Aussicht von den Balkonen und nur wenige Meter zum Strand. DZ ab € 38,--; Njegoševa 111a, www.vilakukoljac.com, vilakukoljac@gmail.com;

Guesthouse Villa Stari-Grad - kleines, gemütliches Hotel inmitten der Altstadt, toller Ausblick, einige Zimmer mit Kochnische. DZ ab € 38,--. 13 Marka Vojnovića, Tel. +382 31 321431;

Boutique Hotel Kredo - schick aber dennoch gemütlich, geräumige Zimmer teils mit Balkon, Pool, Sonnenterrasse, Autovermietung, Fahrradverleih, unmittelbare Strandlage. DZ inkl. Frühstück ab € 85,--, Suiten ab € 120,--; Brace Grakalica 79, www.perla.me/hotel-kredo;

Essen und Trinken:

Gradska Kafana - sehr stilvolles, altherrschaftliches Ambiente mit einer fantastischen Aussichtsterrasse und gepflegtem Interieur, ausgezeichnete und vielfältige Speisekarte, einfache Innenausstattung aber vielfältige, ausgezeichnete Küche (montenegrinisch, italienisch, mediterran), erlesene Weine, freundlicher und geschulter Service, dem Stil angepasste Preise. Zentral an der Njegoševa zwischen Altstadt und Boka Park, Tel. +382 31 324067, 7.00-23.00 h;

Tri Lipe - ansprechendes und ausgezeichnetes Restaurant mit viel schattigem Grün im Aussenbereich und uriger Inneneinrichtung, spezialisiert auf Fisch und Meeresfrüchte aber auch gute Fleischgerichte und Salate, nicht ganz billig, top-Service. Stepiniste 28, in einer Seitenstraße am Forte Mare, Tel. +382 31 321107, 8.30-23.00 h;

Taverna Pronto Presto - mediterran gestyltes aber authentisches Lokal direkt am Meer, Fisch, Fleisch, Schinken, Pasta etc. und ein freundlicher Service, moderate Preise für die Küste. Šetalište pet Danica zwischen Topla und Igalo, Tel. +382 69 125050, 9.00-23.30 h;

Tipp für Camper: Camping Zlokovic in Bijela, zwischen Magistrale und Meer, große, teils schattige Stellplätze, mit Restaurant, ab € 20,--; (www.campingzlokovic.com, 42°27'26.2"N 18°39'48.8"E)

Auf dem weiteren Weg im Uhrzeigersinn entlang der Bucht passiert man **Bijela**. Seit 1927 ist der Ort Sitz der größten Reparaturwerft im Land, der Jadransko brodogradilište Bijela.

Es folgt die **Meerenge von Verige**, hier setzen die Autofähren von Kamenari nach Lepetani im Viertelstundenrythmus über, die Überfahrt dauert 10 Minuten (PKW € 4,50, WoMo ab € 10,--).

Bei **Donj Morinj** liegt der Abzweig über die östlichen Ausläufer des Orjen-Gebirges in den nordwestlichen Landesteil. Die P11 durchquert nach einem mäßig steilen Anstieg eine dünn besiedelte Hochebene und trifft dann nach 40 km auf die M6 nach Nikšić. Ebenfalls bei Donj Morinj befindet sich einer der wenigen natürlichen Kiesstrände der Bucht.

Risan (Karte freytag & berndt 1:150 000 G 3)

Im inneren westlichen Becken der Boka zieht sich unmittelbar unterhalb der 1.000 Meter hohen Kalksteinwände des Orjen-Massivs das Kleinstädtchen Risan mit ihren gut 2.000 Einwohnern den Hang hinauf. Sie gilt als ein beliebter Urlaubsort, er ist einer der wenigen, welcher über einen natürlichen Kiesstrand verfügt, zwar ist dieser recht schmal, aber immerhin 100 m lang, bietet aber trotzdem nicht viel Platz im Sommer. Zudem ist Risan ein guter Ausgangspunkt für Wanderungen in das bergige Umland. Eine schmale, aber wunderschöne Panoramastrecke führt über einen knapp 1.600 Meter hohen Pass Richtung Norden und bildet eine alternative Verbindungsstraße von der Bucht in das Hochland und nach Nikšić. Sie beginnt am Mosaik und trifft nach 10 km auf die P11.

Chronik - Risan ist die wohl älteste Siedlung der Bucht, man sieht es ihr aber längst nicht mehr an. Sie entstand im 4. Jhd. v. Chr. als griechischer Kolonialstützpunkt, sogar mit einer eigenen Münzprägestätte, was ihr großen Wohlstand verlieh. Bei neueren Ausgrabungen wurden sogar mehr als 4.000 Münzen mit einem Gesamtgewicht von über 15 Kilogramm entdeckt - das war der bisher größte hellenistische Münzfund. Schon bald darauf aber unterlag der Standort illyrischer Kontrolle, war sogar für einige Zeit Regierungssitz der einflussreichen Königin Teuta. Nach dem Zweiten Illyrischen Krieg im 3. Jhd. v. Chr. wurde das damalige Rhizon dem Römischen Reich angegliedert. Unter Kaiser Augustus gehörte der Ort dann zur Provinz Dalmatien und wurde Municipium, d. h. er erhielt römisches Bürgerrecht bei weitestgehender Autonomie. Bis zum 6. Jhd. war Risan ein bedeutendes Handelszentrum mit etwa 8.000-10.000 Einwohnern -

Blick von der Panoramastraße...

damals eine große Stadt, die Bruchstücke einer 1 Kilometer langen Stadtmauer zeugen heute noch davon. Aus dieser Epoche stammen die Überreste einer prunkvollen Villa mit bedeutsamen römischen Mosaiken. Die Stadt wurde zwar noch zum Bischofssitz gewählt, aber nach dem Einfall der Slawen im 6. Jhd. sehr schnell aufgegeben. Ab dem 8. Jhd. fand zwar wieder eine Besiedelung statt, Risan konnte jedoch an die ursprüngliche Bedeutsamkeit nicht mehr anknüpfen und ab dem Mittelalter war Kotor wirtschaftliches und politisches sowie kirchliches Zentrum. 1370 gehörte der Ort einem montenegrinischen Fürstentum an, 1421 wurde Risan venezianisch und zu Beginn des 16. Jhd. nahmen die Türken das Gebiet ein. Der Ort hatte

...und das Mosaik in Risan

damals lediglich 300 Einwohner serbischer Herkunft, war zugleich aber osmanischer Garnisions-
stützpunkt. 1687 konnten die Venezianer die Rückeroberung erstreiten, Risan war aber ohne
Hafen weitgehend bedeutungslos. Später wechselten russische, englische und französische
Besatzungen und ab 1944 gehörte Risan zur jugoslawischen Teilrepublik Montenegro.

Stadtrundgang - Längst musste der antike Flair Risans der optisch manchmal fragwürdigen
Moderne weichen, allen voran der recht eigenwillige, weithin sichtbare Freizeitkomplex Teuta
(Appartments ab € 100,--). In der recht kleinen **Altstadt** blieben von den ehemaligen römischen Prachtbauten nur die Reste einer **römischen Stadtvilla** aus dem 3./2. Jhd. v. Chr. zur
Besichtigung, die ein Atrium und fünf Räume umfasst. Sie wurde zwischen 1930 und 1956
freigelegt. Die Fußböden sind fast vollständig mit wunderschönen **Mosaiken** bedeckt, sie zeigen
Pflanzenmotive und geometrische Muster, das Schlafzimmermotiv jedoch ist sogar farbig und
stellt den griechischen Gott des Schlafes Hypnos dar (ℹ️ - € 3,--, 8.00-17.00 h). Jeden Vormittag findet am Rande der Altstadt ein bunter **Obst- und Gemüsemarkt** statt. Am westlichen
Ortsrand an der Brücke gelangt man über einen Fußweg zu den **Wasserfällen** des Orjen, die
jedoch nur unmittelbar nach starken Regenfällen im Gebirge aktiv sind, dann aber wirklich ein
faszinierendes Schauspiel bieten.

   Nur 1,5 km Richtung Perast befindet sich direkt neben der Straße das **Kloster Banja**. Die
Wurzeln reichen zurück in das 12. Jhd., wobei sein Name wohl im Zusammenhang mit antiken römischen Bädern entstand, die vermutlich bei einem Erdbeben mit dem Rest des alter-
tümlichen Risan im Meer versanken. Die heutige Kirche stammt aus dem Jahr 1720. Die
umfangreiche Schatzkammer enthält wertvolle Gegenstände und Kunsthandwerk auch aus
Russland und Griechenland, zudem beherbergt es eine umfangreiche Bibliothek.

Museum am Anfang des Ortes

das Nadelöhr gegenüber

Perast (f&b 1:150 000 H 3) (Top-Tipp)

Direkt gegenüber der Meerenge von Verige liegt Perast, wohl
einer der reizvollsten Orte entlang der Boka und eines der
schönsten Städtchen an der Adria.

   Die kleine Gemeinde scheint größer als sie ist, man zählt
heute gerade mal 350 Einwohner. Die schmucke Ansiedlung
am Hang, mit ihren alten Palais, Steinhäusern und über 10
Kirchen, steht komplett unter Denkmalschutz und bietet bereits
von der Ferne mit ihren vorgelagerten Inselchen ein perfektes
Postkartenmotiv.

   Perast liegt sehr geschützt am Fuße der hohen Steilwände
des Orjen und verzeichnet somit das mildeste Klima und durch
die etwas vorgesetzte Lage die meisten Sonnenstunden der
Bucht. Zwar gibt es keine einladenden langen Strände, aber
kleine Sonnendocks, ansprechende Unterkünfte und char-
mante Konobas und Cafés. Lange Zeit war hier nicht mehr als
fast eine Ruinenstadt vorzufinden, obwohl bereits seit Mitte
der 1950er Jahre eine Restaurierung der alten Bauwerke
stattfand. Aber erst nach dem verheerenden Erdbeben im
April 1979 begann man mit dem langsamen, immer noch
andauernden Wiederaufbau, wobei der Erhalt der historisch
wertvollen Substanz im Vordergrund steht. Heute ist Perast
ein bedeutendes und lohnendes Besucherziel, dessen Charme
man sich kaum entziehen kann.

Chronik - Perasts Geschichte ist bedeutend jünger als die ihrer benachbarten Orte. Sie beginnt erst im Mittelalter, erste Aufzeichnungen gehen auf das 13. Jhd. zurück. Man erklärt den Werdegang mit der strategisch günstigen Lage gegenüber der Verige-Meerenge. Anfangs lag die Verwaltung von Perast bei Kotor, in dessen Schatten das begehrte Dörfchen lange Zeit stand. Bei einer wiederholten Machtübernahme der Bucht durch die Venezianer 1420 begaben sich Perasts Einwohner freiwillig unter deren Schutz. Im Verlauf desselben Jahrhunderts begann man mit dem Bau von 9 der 10 Verteidigungstürme, im Folgejahrhundert entstand die Festung, welche den Ort anstelle von Stadtmauern gegen die Angriffe der Türken schützen sollten, die 1482 immerhin schon den Bereich zwischen Risan und Herceg Novi erobern konnten. Als Grenzstadt zum Osmanischen Reich erlangte Perast eine bedeutende politische und wirtschaftliche Stellung. Venedig förderte die Entwicklung der im 15. Jhd. gegründeten Flotte und unterstützte den Kampf gegen die Osmanen. Der Ort erfuhr als Handelsstadt einen stetigen Aufschwung, der im 17. und 18. Jhd. seine Blütezeit erreichte. Es gab 4 Reedereien, welche zusammen eine Flotte von über 100 Handelsschiffen unterhielten, darunter 50 große Segelschiffe. Die kundigen Seeleute und Händler von Perast erlangten Privilegien, die sie bis zum Fall der Republik Venedig 1797 inne hatten. Der so gewonnene Reichtum spiegelt sich heute noch in den prunkvollen Villen, Palästen und Häusern der Kapitäne und Seefahrer nieder, es flossen reichlich Spenden für den Bau der Kirchen. Perast hatte damals 1.600 Einwohner, eine Vielzahl davon auf 12 Adelsfamilien verteilt. Mit der Zerschlagung Venedigs verlor die Bucht an Bedeutung, Perast war jedoch die letzte Stadt, die die Fahne abnahm. Hinzu aber kam, dass Perasts Hafen für die immer größer werdenden Fremdschiffe zu klein wurde und die Gelder in andere Hafenstädte flossen. Die Bewohner verließen den Ort. 1910 lebten dort nur noch 430 Menschen.

Stadtrundgang - Unverkennbar spiegelt sich die bedeutende Geschichte Perasts auch heute noch im bemerkenswert noblen architektonischen Stadtbild wieder. Die prachtvollen Paläste sind stille Zeugen der Blütezeit des 17. und 18. Jhd., 19 Stück errichtete man damals, alle tragen sie in Stein gemeißelt das Familienwappen. Entlang der Uferstraße wurden die Häuser allesamt restauriert, stehen teilweise zum Verkauf, weiter oben dauern die Arbeiten noch an.

Familienwappen an der Fassade

Der erste Prunkbau (von Risan kommend) ist der große und umfangreich mit Stilelementen aus dem Barock und der Renaissance verzierte **Palata Bujović** aus dem Jahr 1694, ein Werk des berühmten venezianischen Architekten Giovanni Battista Fontana. Angeblich wurden dabei Steine aus der zerstörten Stadtmauer von Herceg Novi verwendet. Als einziger der Palais dauerhaft zugänglich, beherbergt er das sehr gut sortierte, 1937 gegründete **Heimatmuseum**. Es umfasst Exponate aus zahlreichen Jahrhunderten, Sammlungen über die historische, maritime und wirtschaftliche Entwicklung Perasts in Form von Dokumenten, Waffen, Gemälden, Bekleidung uvm. (ℹ - € 2,50; 8.00-18.00 Uhr). Etwas erhöht, nahe der Hauptstraße, befindet sich der **Zmajević-Palast**, er gilt als eines der Wahrzeichen der Stadt. Er besitzt neben dem Hauptgebäude mit einem festungsartigen, hoch aufragenden Mittelteil eine Kapelle und einen achteckigen Glockenturm.

die Markuskirche mit den 3 Figuren

Das Ensemble aus lokalem Gestein wurde 1664 nach mehreren Bauphasen fertiggestellt und diente dem Erzbischof von Bar, Andrija Zmajević, als Bischofsresidenz und enthielt verschwenderische Fresken des berühmten Ikonenmalers Tripo Kokolja (1661-1713). Die Bibliothek der Zmajević galt als die größte Dalmatiens. Ebenfalls an der Uferstraße liegt der schlichte, aber markante **Palata Smjeka**. Als der größte seiner Art in Perast, erbaut 1764, zeugt er mit seiner Größe vom enormen Kapital der Familie. Für den Bau mit steinerner Veranda ließ man extra kostbare Steine der kroatischen Insel Korčula einführen. Der hintere Teil, der mit dem vorderen durch ein Gewölbe verbunden ist, wurde erst 1930 fertiggestellt. Petar Smekja erlangte seinen Reichtum mit einer eigens gegründeten Handelsroute zwischen Venedig und den baltischen Ländern und profitierte so von den Geschäften mit Russland. Später gehörte die Familie dem Kotorer Adel an. Unmittelbar neben dem Palais befindet sich die kleine, **römisch-katholische Markuskirche** mit drei Skulpturen auf den Giebeln. Das Gebäude neben der ehemaligen Textilfabrik und zugleich zukünftigen Luxusherberge Jadran war die kleine **Villa der Familie Martinović**, erbaut 1623. Marko Martinović war ein angesehener Kapitänsausbilder, so auch der Admiräle des Russischen Reiches unter dem Zaren Peter der Große. Im Anschluss reihen sich noch weitere Palatas reicher Familien aneinander. Ein wichtiges Merkmal der Häuser am Meer ist die **Ponta**, ein kleiner, steinerner Kai mit Steinsitzen, der sich ins Meer erstreckt und oftmals bepflanzt ist. In der Vergangenheit hatte jeder Palast einen direkten Zugang zur Boka und einen geschützten Bereich für Boote. 1904 bauten die Habsburger die neue Küstenstraße, ohne Rücksicht auf die persönlichen Meereszugänge, heute gibt es nur noch zwei davon. Hoch über der Stadt thronen die Reste der ehemals stattlichen **Festung des Heiligen Kreuzes**, mit deren Bau 1570 auf den Ruinen einer Kirche aus dem 9. Jhd. begonnen wurde. Nach einer großen Verwüstung Perasts 1624 wurde sie vergrößert und verstärkt, man verzichtete jedoch aus Kos-

8-eckig und am Zmajević-Palast

tengründen auf umlaufende Mauern, was sich in Anbetracht des von Türken besetzten Umlandes als schwerwiegender Nachteil erwies. Ferner gab es ein Netz von einzelnen Türmen, die mit den Kontrollpunkten auf den vorgelagerten Inseln ein zuverlässiges Verteidigungssystem bilden sollten. Sie waren zweistöckig auf einem quadratischem Fundament erbaut und hatten allesamt eine eigene Wasserzisterne. 10 Stück gab es insgesamt, nur einer hat die Zeit bis heute überstanden. Oberhalb der Festungsanlage kann man noch die wenigen Überreste einer **Römerstraße** erkennen

Kirchen spielten in Perast eine große Rolle, viel Geld der reichen Seemannsfamilien floss in den sakralen Bau. Einige der alten Gotteshäuser sind in einem guten Zustand und aufwendig restauriert worden. Das weithin sichtbare Wahrzeichen der Stadt ist die **einschiffige katholische St. Nikolaus-Kirche** auf dem Hauptplatz. Sie wurde 1616 fertiggestellt und enthält eine reiche und prunkvolle Innenausstattung aus Edelmetallen, Reliquien, Ikonen, einer uralten Orgel und Gemälden des berühmten Peraster Malers Tripo Kokolja. Der 55 Meter hohe Glockenturm stammt aus dem Jahr 1691 und weist im Gegensatz zum barocken Kirchenschiff Stilelemente aus der Renaissance und romanische Rundbogenfenster auf. 1740 begann man dann mit dem Anbau eines weiteren Kirchenschiffes, dieses wurde niemals fertiggestellt, bildet jedoch mit der älteren Kirche eine Einheit. Östlich der Festung liegt das alte **katho-**

55 Meter vor einer Traumkulisse

lische Franziskanerkloster, es wurde 1679 erbaut. Etliche Mitglieder des Ordens kamen 1636 auf Einladung nach Perast, um Grund- und Seefahrtsschulen zu eröffnen. Sie praktizierten auch Medizin. Zwei weitere charakteristische Identitätsträger von Perast sind die beiden magischen **Inseln** zwischen Meerenge und Stadt - **Sveti Đorđe und Gospa od Škrpjela**. Das südöstliche Inselchen mit der zypressenumstandenen Abtei St. Georg wurde von den Benediktinern gegründet und erstmals 1166 schriftlich erwähnt. Verzierungen an der alten Kirchenstruktur lassen aber auf eine Erbauung im 9. Jhd. schließen. Das kleine Eiland war ständig Zielscheibe von Invasoren und Naturkatastrophen, 1667 ließ ein großes Erdbeben die Decke und die Apsis der Abtei einstürzen. Die Nachfolgekirche entstand im 18. Jhd. und fiel schlichter aus. Auf dem Friedhof liegen berühmte Persönlichkeiten aus Perast begraben. Für die nordwestlich gelagerte Nachbarinsel der Jungfrau vom Felsen existiert eine kuriose Überlieferung. Es ist ein künstliches Eiland, das ab dem 14. Jhd. durch die Aufschüttung von Steinen um einen kleinen Felsbrocken entstand, auf dem Fischer angeblich eine Ikone mit heilenden Kräften fanden. Hinzu kamen gesunkene Schiffe zur Festigung des Fundaments, das Ende des 17. Jhd. seine heutige Größe erreichte. Bereits 1452 wurde die erste Kirche errichtet, das heutige Gotteshaus stammt aus dem Jahr 1632. Das Innere ist üppig mit Gemälden des berühmten Peraster Malers Kokolja ausgestattet. Des Weiteren zieren zahlreiche Silbervotivtäfelchen mit Fürbitten der Seefahrer den Gebets-

einladend: frisch renoviertes Haus

raum. Die Kirche enthält zudem ein **kleines Museum** mit archäologischen Funden, eine ethnografische und nautische Sammlung. - Bootsüberfahrt zu den Inseln ab € 5,--; (ℹ - *Eintritt € 1,50 - 10.00-17.00 Uhr).*

Tipp: Am 22. Juli findet alljährlich die Fasinada statt. Abends fahren ausschließlich die Männer von Perast mit Fackeln beleuchteten Booten zur Insel Gospa od Škrpjela und werfen Steine ab, eine symbolische Handlung, um den Erhalt der Wallfahrtsinsel zu stärken. Natürlich wird dieser Jahrhunderte alte Brauch ausgiebig mit Musik, Tanz und auch Wein gefeiert.

Perast von oben und die Inseln

Das verheerende Erdbeben von 1979

Der 15. April 1979, ein sonniger Ostersonntag, war einer der schrecklichsten Tage in der jüngeren Geschichte Montenegros. Ein gewaltiges Erdbeben mit der Magnitude von 7,7 auf der 12-stelligen Mercalli-Skala suchte weite Teile der Adriaküste heim. Um 7.20 Uhr richtete der heftige, 50-sekündige Erdstoß eine immense Katastrophe an. Sie kam nicht unerwartet, bereits eine Woche vorher bebte die Erde für vier Sekunden und dreiviertel aller Gebäude im Küstenort Ulcinj wurden beschädigt. Seismologen warnten bereits vor weiteren schweren Beben, doch dies wurde recht gleichmütig hingenommen und man traf keine weitere Vorsorge. Mit fatalen Folgen. Man zählte 145 Tote und über 100.000 Obdachlose, welche über ein Jahr in Zelten leben mussten. Der Schaden betrug knapp 3 Milliarden Dollar, den wirtschaftlichen nicht mit eingerechnet. Entlang der gesamten Küste versank das wichtigste Gewerbe in Hotel- und Restauranttrümmern, mit verheerenden Ausmaßen. Viele der beschädigten Gebäude waren soweit zerstört, dass sich Reparaturen nicht mehr lohnten.

Doch im Grunde handelte es sich um ein gewusstes, hausgemachtes Problem. Im einst idyllischen Land der Individualtouristen entstanden in Windeseile riesige, neue Hotelkästen mit minderwertiger Bausubstanz und somit Sicherheit. Obwohl vorhandener Instruktionen, umging man die Vorgaben mit dem Einwand, dies erhöhe nur unnötig die Baukosten. Die Bauten sollten innen wie außen einfach nur schön oder zweckmäßig sein, die Sicherheit wurde vernachlässigt, je schicker sie waren, desto unsicherer waren sie auch.

Im Rekordjahr 1978 brachte es der kleine Jugoslawienstaat auf immerhin 90 Millionen Euro Deviseneinnahmen, dies entsprach 10% der jugoslawischen Gesamteinnahmen aus dem Tourismus. Diese sollten getoppt werden. Im Unglücksjahr aber flossen jedoch nur noch 15 Millionen, 60% der 130.000 Hotelbetten waren unbrauchbar, der Besucherstrom reduzierte sich um 70%. Fatale Folgen für ein Land, das im Vorjahr 3 Millionen Übernachtungen verbuchte. 1980 konnten erst wieder 15.000 Hotelbetten bereitgestellt werden, weitere 70.000 in Privatunterkünften. Bis Ende 1985 wurden mit einem Kredit von 310 Millionen Euro sämtliche Hotels renoviert bzw. komplett neu erbaut. Und das, ohne die vergangenen Bausünden zu wiederholen, zumindest die technischen.

Seit dem 16. Jhd. wird die ostadriatische Region immer wieder von Erdbeben heimgesucht, allein in Dubrovnik kamen bei 12 schweren Beben 5.000 Menschen ums Leben. Die Katastrophe von 1979 gilt als die schwerste jenes Jahrhunderts in dieser Region. Zwei der wichtigsten Industriebetriebe der damaligen Teilrepublik wurden komplett von der nachfolgenden Flutwelle zerstört und brachten das Wirtschaftswachstum für viele Jahre zum Erliegen: Die Werft von Bijela und der neu gebaute Terminal-Containerhafen von Bar.

Mit weitaus größeren Problemen aber hatten die arg mitgenommenen Altstädte zu kämpfen. Diese waren jahrelang gesperrt. Hier wurden besonders die prunkvollen Paläste, Kirchen, Kathedralen und weitere Zeugen von über 2.000 Jahren Kulturgeschichte stark

beschädigt. Zwar stürzten aufgrund der robusten Bauweise nur wenige Gebäude ein, doch alle hatten Risse und waren unbewohnbar geworden. Leblose Ruinen zeichneten die wertvollen Touristenmagnete lange aus und hielten Besucher fern. Viele der ehemals prachtvollen Bauten liegen immer noch in Ruinen dar, die aufwendige Restaurierung verschlang bis jetzt schon Unsummen. Trotz internationaler Hilfe fehlen die nötigen Finanzmittel und nur ein Bruchteil konnte bislang wieder hergestellt werden.

Kotor (Top-Tipp) (Karte freytag & berndt 1:150 000 H 3)
Die geschichtsträchtige und außergewöhnlich schöne Kleinstadt mit knapp 5.500 Einwohnern am südöstlichsten Ende der Bucht ist Montenegros meistbesuchtes Touristenhighlight, und wer es irgendwie einrichten kann, sollte dies nicht gerade zwischen Mitte Juni und Anfang September ansteuern. Zudem liegt der Ort, gleichsam einer prächtigen Theaterkulisse, vor landschaftlich phänomenalem Hintergrund. Von den bis zu 1.800 Meter hohen Bergmassiven des Orjen und Lovćen umgeben, hat sie den Ruf der attraktivsten Stadt des Landes.

die Stadtmauer am Südtor...

Kotor ist eine sehr alte Handels- und Hafenstadt und auch heute noch ein bedeutender kultureller Mittelpunkt der Region. Zudem ist sie Sitz eines katholischen Bistums und das Glaubenszentrum der serbisch-orthodoxen Christen im Land. Die einmalige Lage und das außergewöhnliche Stadtbild mit bedeutenden kulturhistorischen Bauwerken, verwinkelten Gassen, Kirchen und Palästen innerhalb der 4,5 Kilometer langen Stadtmauer war ausschlaggebend für die Aufnahme in die Liste der UNESCO-Weltkulturerbestätten, der sie seit 1979 angehört. Dies erfolgte kurz nach dem Jahrhunderterdbeben Anfang April des gleichen Jahres. Nach dem Wiederaufbau der Stadt, dafür wurden fast nur Originalsteine verwendet, bezogen die Bewohner erneut ihre Häuser, es kam wieder Leben in die Stadt.

...der Haupteingang...

Heute ist Kotor eine fröhliche Ortschaft mit typisch mediterranem Flair. Und was gegenwärtig der Tourismus bringt, war früher die Bedeutung des viel genutzten Naturhafens. Die anlegenden Schiffe und deren gut ausgelastete Kapitäne trugen damals schon maßgebend zum Reichtum vom historischen Cattaro bei und prägten das bis heute erhaltene, großartige Stadtbild. Da Kotors Fremdenverkehr hauptsächlich von Tagesbesuchern bestimmt wird, gibt es nur eine überschaubare Anzahl an Unterkünften. Wer länger bleiben möchte, quartiert sich im nordwestlich gelegenen Vorort Dobrota oder den Dörfern bis Perast ein, dort findet man auch die eine oder andere Badebucht zur Abkühlung.

...der "Parkplatz" davor...

Chronik - Kotors ereignisreiche Geschichte begann vor weit über 2.000 Jahren, als griechische Kolonisten um das 7. Jhd. v. Chr. etliche Teile des ostadriatischen Raumes besiedelten. Ab dem 3. Jhd. v. Chr. mussten sie den Landstrich mit den zugewanderten Illyrern teilen, die begannen, den Naturhafen unterhalb des ersten Siedlungshügels Sveti Ivan zu ihrem Schutz zu nutzten. 168 v. Chr. begann die Übernahme durch die Römer, welche das Gebiet für 650 Jahre regierten. Kotor unterstellte man damals der Provinz Dalmatien. Im 5. Jhd. n. Chr. fiel der Ort den Westgoten zum Opfer, gelangte dann 476 n. Chr. unter byzantinische Herrschaft, die über 400 Jahre andauerte. Zu dieser Zeit begann man mit einer professionellen Befestigung

...und Kotors Altstadt von innen

...schöne, alte Kirchen...

....geschichtsträchtige Paläste...

... und enge Gassen - die Altstadt

der wiederaufgebauten Stadt. Im 7. Jhd. wurde Kotor Hauptstadt der Bucht, wurde aber gerade deshalb nicht vor feindlichen Übergriffen verschont und fiel wiederholt Plünderungen zum Opfer. Nach der Regentschaft südosteuropäischer Fürstenhäuser und erneuter Annektierung durch das Byzantinische Reich, übernahm der serbische Stamm der Nemanjiden von 1185 bis 1371 die Macht. Kotor konnte sich als autonomer Staat unter den Serben in dieser Zeit eine zunehmend wichtige Rolle im adriatischen Handelsraum erstreiten, mit der Folge, dass Konflikte mit Venedig und Ragusa (Dubrovnik) nicht ausblieben. Nach dem Sieg der Türken über Zar Stefan Dusan Nemanjić geriet Kotor in eine schwerwiegende Krise und musste sich Ungarn, dem bosnischen König Tvrtko I. und Venedig unterstellen, bis es 1391 wieder eine gewisse Selbständigkeit erlangte. Diese dauerte nur bis 1420, dann übernahmen die Venezianer bis 1797 die Regentschaft und schützten die Stadt so vor einem Angriff der Türken. In dieser Zeit begann man mit dem Bau der gewaltigen Stadtmauer, die jedoch erst im 19. Jhd. fertiggestellt wurde. Die Wirtschaft der Stadt florierte ungemein und der Reichtum nahm zu. Nur den verheerenden Erdbeben gegenüber war man machtlos, das erste schwere ereignete sich 1564, viele der damals schon prächtigen Gebäude wurden zerstört.

Die Folgezeiten waren turbulent, Herrscher kamen und gingen. Erst die Österreicher, gefolgt von den Russen 1806, die Franzosen blieben von 1808 bis 1813. Im Anschluss vereinigte der Metropolit Petar I. Petrović die gesamte Bucht mit Montenegro, obwohl die Region die nächsten 100 Jahre zum Großteil erneut unter der Herrschaft Österreichs stand. Diese bauten den Hafen als k.u.k.-Kriegsmarine-Stützpunkt aus, wovon Schiffsbauer, Kapitäne und Seeleute profitierten. 1918 wurde die Boka mit Kotor und Montenegro Teil des jugoslawischen Königreiches. Damals entstand die erste Linienverbindung von Triest nach Kotor und die Werft der Jugooceanija florierte bis zum Bürgerkrieg in den 1990er Jahren. Während des Ersten Weltkrieges jedoch lagen die U-Boote der Doppelmonarchie tatenlos in der Bucht, was zu einem blutigen Matrosenaufstand führte. Erst nach der Unabhängigkeitserklärung 2006 wurden die militärischen Einrichtungen aufgelöst. Aus dem ehemaligen Marinestützpunkt machte man daraufhin eine bedeutende Anlaufstelle für Kreuzfahrtschiffe, welche aber meist von Mai bis Oktober für nur eine Nacht vor Anker liegen und die touristischen Einrichtungen der Stadt nutzen, wie z.B. exklusive Restaurants und Diskotheken.

Stadtrundgang - Kotor bildet ein einzigartiges Beispiel großartiger, vorwiegend barocker Baukunst im ostadriatischen Raum. Aushängeschild ist die spätmittelalterlich geprägte Altstadt, deren Bauten hauptsächlich nach dem großen Erdbeben von 1564 entstanden. Sie ist umgeben von der gewaltigen **4,5 km langen Stadtmauer**, die stellenweise 20 m hoch und 10 m breit ist und sich bis zur Festung San Giovanni am Hang des Krstac emporzieht. Sie verfügt über drei Tore, das 1555 erbaute **Haupt- oder Hafentor** liegt in unmittelbarer Hafennähe und führt direkt auf den Hauptplatz mit seinen schicken Cafés und schmucken Geschäften. Im Torbogen befinden sich an dieser Stelle spätgotische Reliefs. Das markante Symbol des zentralen Waffenplatzes ist der trutzige **Uhrturm Gradska Kula** aus dem Jahr 1602, das Uhrwerk stammt aus dem Jahr 1810. Während seiner Anfangszeit diente er zuweilen als Gefängnis und Folterstätte. Und seit dem großen Erdbeben neigt er sich ganz leicht zur Seite.

Den weiteren Rundgang durch die schmalen Gassen startet man am besten im Uhrzeigersinn. Man passiert das **napoleonische Theater**, ein Gebäude aus dem 19. Jhd., das 1810 von den französischen Besatzern als eine der ersten regelmäßigen Bühnen im Land etabliert wurde. Die Restaurierung nach dem Erdbeben von 1979 übernahmen mazedonische Baumeister. Von der einstigen **Zitadelle**, der stärksten Bastion der Mauer, bietet sich etwas erhöht ein guter Blick auf den Hafen. Am Wochenende hat eine der größten Nobeldiskotheken des Landes, das Maximus, dort ihre Pforten geöffnet. Etwa 150 Meter weiter liegt links die **Hl. Nikolauskirche**, ein recht junger Bau aus dem Jahr 1909, errichtet im neobyzantinischen Stil mit einer wertvollen Ikonostase. Gegenüber, in einer Seitengasse am Pjaza Sv. Luka, lohnt sich der Blick auf die bescheidene einschiffige, byzantinisch-romanische **Lukaskirche**. Sie stammt aus dem Jahr 1195, war ursprünglich katholisch, wurde jedoch später an die orthodoxe Kirche abgetreten. Der Boden besteht aus alten Grabsteinen, da bis in die 1930er-Jahre in der Kirche Begräbnisse stattfanden. Auf dem kleinen Platz am Nordtor findet man die unauffällige und schlicht ausgestattete Marienkirche **Sv. Marija Koleđata**. Sie wurde 1221 erbaut, vermutlich auf den Resten einer frühchristlichen Basilika aus dem 6. Jhd. Das Nordtor führt über den Fluss Škurda und war früher zusätzlich durch eine Zugbrücke gesichert, diese ist ab und zu noch im Einsatz. Beachtliches Bauwerk hier ist auch die **Bembo-Bastion**.

Hält man sich nun Richtung Süden, gelangt man zum **Pjaza Muzeja** oder Museumsplatz und dem **Grgurina-Palast** aus dem 18. Jhd. (s. Museen). In einer kleinen Seitengasse steht noch der schön verzierte, rekonstruierte **Karampana-Brunnen** aus dem späten 17. Jhd., einst die einzige Trinkwasserquelle der Stadt. Direkt im Zentrum der Altstadt befindet sich der große Pjaza Sv. Tribuna mit sicherlich einer der schönsten Kathedralen Montenegros, der **Svetog Tripuna (Sankt-Tryphon-Kathedrale)**. Vom ursprünglich romanischen Sakralbau aus dem Jahr 1166, die Grundmauern datiert man auf das 9.

der Karampana-Brunnen

Jhd. zurück, sind noch wenige Reste erhalten, zum größten Teil stammt das dreischiffige Bauwerk mit seinen beachtlichen Doppeltürmen aus der Zeit nach dem Erdbeben von 1667. Das schlicht wirkende, aber prunkvolle Innere mit schlanken, hohen Pfeilern und Säulen mit Kapitellen erhielt erst nach 1979 sein heutiges Aussehen. Dazu gehören ein prächtiger Altar, reich verzierte Sarkophage, einmalige Fresken und Gemälde sowie eine wertvolle Schatzkammer (**i** – 8.00-19.00 h, € 2,50). Östlich davon liegt der **Drago-Palast** aus dem 14. und 15. Jhd. Als eine der ältesten Adels-Residenzen der Stadt mit zwei Flügeln enthält er alle Elemente des gotischen Baustils und an einem der oberen Fensterbögen aufwendige Steinmetzarbeiten. Heute beherbergt er das Institut zum Schutz von Baudenkmälern.

Steinmetzarbeiten am Fenster

romantisches Kotor...

...und religiöse Zeitzeugen...

...verträumte Momente...

...und leider auch kommerzielle

Westlich der Kathedrale trifft man auf den immer noch prunkvoll wirkenden **Palata Pima**, obwohl die feinen Steine der kroatischen Insel Korčula bereits die Patina der Jahrhunderte tragen. Er wurde im 17. Jhd. nach Jahrhunderte langer Bauzeit fertiggestellt und gehörte einer der reichsten Familien der Kotorer Oberschicht. Auffällig sind die Elemente im Stil der Spätrenaissance und des Barock, besondere Aufmerksamkeit erregen die langen, kunstvoll verzierten Balkone.

Auf dem Weg zum Südtor, welches an einem kleinen, von unterirdischen Quellen gespeisten See liegt, passiert man die Pjaza od Salate. Von hier führt ein ausgeschilderter Fußweg mit teils steilen Treppenabschnitten (Hin- und Rückweg ca. 2 Stunden) zu den Ruinen der **Festung San Giovanni** auf dem Ursprungshügel Sveti Ivan auf etwa 280 Hm. Die Mauer hier war mit Kommunikationspunkten ausgestattet, auf halbem Weg liegt die kleine **Kirche der Lieben Frau von Remedy** aus dem Jahr 1518. Von hier oben bietet sich ein fantastischer Blick auf die Stadt. (Anm.: Sämtliche Kirchen haben selten bzw. unregelmäßig geöffnet.)

Museen und Galerien

Der barocke Grgurina-Palast aus dem 18. Jhd. beherbergt das umfangreichste **Marinemuseum** Montenegros. Hervorgegangen ist es aus der Sammlung der Brüdergemeinschaft „Boka Marine", in der 1880 zahllose nautische Objekte zusammengetragen wurden. Im Jahr 1900 hat man die Fülle an Gegenständen der Öffentlichkeit zugänglich gemacht und kontinuierlich erweitert. Heute schmücken Schiffsmodelle, Zeichnungen, Fotografien, Stiche und Gemälde, Waffen, Schriften sowie ethnografische Exponate die alten Räume (ⓘ - € 4,--, saisonbedingte Öffnungszeiten: www.museummaritimum.com/eng/eng.htm);

Etwas ungewöhnlich für eine historische Altstadt, aber ein Muss für Liebhaber kleiner schnurrbärtiger Vierbeiner, ist das **Katzenmuseum**. Dabei handelt es sich um zwei kleine Räumlichkeiten, die über und über mit Bildern, Gemälden, Postern und Karikaturen der Schmusetiger bestückt sind und über deren Wirken in der Stadt informieren. In einem Souvenirshop kann man originelle Mitbringsel erstehen. Der Erlös kommt den streunenden Kotorer Katzen zugute. Zu finden in einer Seitengasse hinter dem Uhrturm (ⓘ - € 1,--, tägl. 10.00-20.00 h).

In Kotor gibt es auch eine Hand voll Galerien unterschiedlichster Richtungen. Eine recht "allumfassende" Ausstellung mit bildenden und angewandten Werken zeitgenössischer und auch bereits verstorbener Künstler deckt die Stadtgalerie **„Gradska Galerija"** ab. Zu finden am Waffenplatz nahe des Uhrturmes, (ⓘ - 8.00-20.00 h).

1 - Hafentor

2 - Uhrturm

3 - Lukas und Nikolauskirche

4 - Sv. Marija Koleđata

5 - Marinemuseum

6 - Palata Pima

7 - Drago Palast

8 - Svetog Tripuna

9 - Ruine San Giovanni

Infos: Eine allgemeine Touristeninformation befindet sich neben dem Postamt im Zentrum der Altstadt, ein Infodesk direkt neben dem Haupt- bzw. Hafentor. Zudem steht jedes Reisebüro gerne mit Infos und Hilfe zur Seite. Webauftritt der Stadt: www.tokotor.me/en (englisch).

Parken: Freie Parkplätze gibt es keine, der der Altstadt nächste, gebührenpflichtige Parkbereich liegt nördlich des Hafens auf der des Sloboda-Parkes gegenüberliegenden Seite hinter dem Gerichtsgebäude, ein weiterer am Fährterminal Richtung Dobrota. Für größere Fahrzeuge südlich der Altstadt an der EKO-Tankstelle abbiegen (42°25'09.7"N 18°46'09.0"E).

Transport: Der Busbahnhof (national/international) liegt dierekt an der E80 nach Tivat/Budva, 200 Meter vom Kreisverkehr südlich der Altstadt.

Touren: Viele kleine Reiseagenturen bieten mit dem Bus Tagestouren in die nähere Umgebung an. Dort bucht man auch die Ausflugsboote fürBuchtrundfahrten und die Küstenlinie.

Internet & Telefonie: Die Telekom hat einen Shop in der Altstadt am Waffenplatz, Telenor und m:tel findet man Richtung Dobrota am Shopping Center Kamelija.

Einkaufen: Entlang der äußeren Stadtmauer findet täglich ein großer Frischmarkt statt.

Übernachten:
Innerhalb der Altstadt: Historic Boutique Hotel Cattaro - an der Zitadelle gelegen, kontrastreich mit individuell eingerichteten Zimmern und schicken Bädern, teils mit Blick auf die Gassen der Altstadt oder die Bucht, bester Service und empfehlenswertes Restaurant, schöne Aussichtsterrasse, alles inklusive dem Charme alter Zeiten. DZ ab € 110,-- inkl. üppigem Frühstück. Stari grad 433, Tel. +382 32 311000, www.cattarohotel.com, cattarohotel@t-com.me;

Palazzo Radomiri - eine Wohlfühloase ist das einzig historische Hotel der Gegend, untergebracht in einem Wohnpalast aus dem 18 Jhd., geschmackvolle Ausstattung, Zimmer mit Blick auf die Bucht, Swimmingpool und Badeterrasse, Fitnessbereich mit Sauna, geschultes und aufmerksames Personal, Restaurant. DZ ab € 140,-- inkl. Frühstück. Vorort Dobrota 220, Tel. +382 32 333172, www.palazzoradomiri.com, info@sensodicattaro.com;

Veranstaltungen: Im Februar begeht Kotor aufwendig und farbenprächtig den Karneval. Besucher sollten sich aber auf einen etwas anderen Ablauf als in der Heimat einstellen, das Spektakel verläuft recht durchgestylt. Ende Juli/Anfang August gibt's die Sommerversion. Wie vielerorts im Land feiert man im März ein Blumenfest, hier wird speziell der Kamelienblüte gedacht. Im Mai findet regelmäßig der Freeclimber-Wettbewerb statt. Die Jugendfilmtage veranstaltet Kotor im Juni, ebenso das Festival des Unterwasserfilms. Mitte August sorgt ein Volksfest mit Booten in der Bucht und Musik in der Innenstadt für Stimmung.

Dobrota - Wem das Gedränge in Kotor zu viel wird, von prunkvollen Palazzi und alten Kirchen aber noch nicht genug hat, kann den Rundgang im Vorort Dobrota weiterführen. Doch besonders in der Hochsaison geht es hier nicht viel ruhiger zu, Cafés, Bars, Restaurants, volle Badeplattformen und Strandabschnitte sowie Vergnügungseinrichtungen lassen ein Erholungsgefühl nicht aufkommen. Das war früher anders. Da der Platz in der Altstadt begrenzt war, breiteten sich die reichen Adeligen etwas später auch hier aus und investierten das Geld in teures Eigenheim. An der Uferstraße reihen sich Palata Tripković, Palata Ivanović und andere Barockvillen zwischen neue Wohnhäuser und Hotels.

Vrmac & Krstac - Immer wieder faszinierend ist ein Blick von oben auf die Boka. Die bis zu 765 m hohe Halbinsel Vrmac trennt die innere und äußere Bucht, der Kamm des Bergrückens liegt nur wenige Autominuten von Kotor (auch von Tivat) entfernt. Hier oben kann man nach Herzenslust wandern oder Mountainbiken. Die exponierte Lage nutzten auch die österreichischen Besatzer und errichteten, zu Verteidigungszwecken natürlich, hoch oben über Kotor einige wirklich beeindruckende Befestigungsanlagen, die zum Teil noch sehr gut erhalten sind.

Eines davon ist **Fort Vrmac** aus dem späten 19. Jhd., es ist frei zugänglich. Anfahrt: Knapp 1 km südlich von Kotor zweigt vor dem Tunnel der E65 nach Budva im Vorort Škaljari die P22 nach rechts oben ab, nach weiteren 5 km wiederum rechts. Ab der ersten Haarnadelkurve könnte man den Vrmac auch zu Fuß erwandern.

„Nur" 32 Kehren einer zeitraubenden, stellenweise engen Serpentinenstrecke über den Krstac-Pass trennen die Bucht von Kotor vom **Lovćen-Nationalpark**, wo sicht- und spürbar ein ganz anderes Montenegro beginnt. Je höher man kommt, desto fantastischer ist der Ausblick nach unten. Abzweig in Kotor wie oben beschrieben, jedoch nach 5 km links halten. Nach nur 2 km liegt die Gabelung zum österreich-ungarischen **Fort Goražda.** Ein besonderes Erlebnis bietet die neue **Zip-Line Njeguši**, hier geht es vom Pass, eingehakt auf einem Stahlseil, 420 Meter über einen Bergeinschnitt auf eine tiefer gelegene Plattform (🛈 - € 10,--, Mai-Sept.) Richtung Kotor.

massive Mauern - Fort Vrmac

Prčanj - 5 km westlich von Kotor, an der Bucht entlang Richtung Tivat, gelangt man nach Prčanj. Der langgestreckte, adrette Ort mit seinen alten Steinvillen und üppigen Gärten beherbergt heute ca. 1.200 Einwohner. Deutlich sichtbar ist der einstige Wohlstand des 17. und 18. Jhd. der hier angesessenen Kapitäne, früher hatte sogar jedes Haus seine eigene Bootsanlegestelle. Bis zum Untergang Venedigs war der Ort ein unverzichtbarer

die Kathedrale - weithin sichtbar

maritimer Standort, ein kleines Schifffahrtsmuseum informiert darüber. Viele der damaligen Schiffsführer wählten Prčanj als Altersruhesitz, obwohl die Ansiedlung durch die Lage im Schatten des über 700 Meter hohen Vrmac wenig Sonne abbekommt, im Winter für einen ganzen Monat sogar gar keine. Warum man aber gerade dort, in Relation zu den doch wenigen Bewohnern, eine solch imposantes Gotteshaus baute, bleibt ein Rätsel. Die große **Pfarrkirche „Geburt der Jungfrau Maria"** ist die zweitgrößte im ostadriatischen Raum nach der Kathedrale „Velika Gospa" in Dubrovnik. Noch zu venezianischer Zeit begann man mit dem Bau, 120 Jahre lang wurde nach den Plänen eines venezianischen Architekten daran gefeilt, bis sie 1909 endlich fertiggestellt wurde. In den prunkvollen Bau floss viel Geld der reichen und sehr gläubigen Kapitäne und Kaufleute. Die dreischiffige, barocke Kuppelkirche wird durch zahlreiche korinthische und dorische Säulen gestützt und besitzt eine umfangreiche Sammlung von Malereien und Skulpturen bekannter Künstler. Meist ist sie jedoch verschlossen.

Stein"Strände" an der Bucht

Doch das älteste Gebäude von Prčanj ist der **Palata tre Sorele** aus dem 15. Jhd., die sogenannte Villa der drei Schwestern, die alle in den gleichen Seemann verliebt waren, der nie zurückkehrte. Das markante Gebäude, der Sommersitz einer Seemannsfamilie aus Kotor, liegt am Ortsausgang nach Kotor.

der Palata tre Sorele in Prčanj

Im nördlich benachbarten Dorf **Donji Stoliv** fielen die Kapitänsvillen eine ganze Nummer kleiner, jedoch nicht weniger schön aus, ebenso die hübsche alte Kirche Sveti Marija mit ihrem überdimensionalen Glockenturm.

Achtung: Die Straße zwischen Kotor und Lepetani (hier an der Engstelle setzen die Fähren nach Kamenari über) ist äußerst eng, manchmal haben kaum zwei PKW nebeneinander Platz.

Tipp für Camper: Camping Mimoza am westlichen Ortseingang von Stoliv, familiär geführter Platz mit kleinem Restaurant, Wiesenplätze teilweise mit Blick auf das Meer, (Tel. +382 67 339 915; 42°28'19.2"N 18°42'27.4"E).

der Blick vom Dach des Fort Goražda ist phänomenal

die Villa Buća mit ihrem Turm

Tivat (Karte freytag & berndt 1:150 000 H 3)

Die Kleinstadt am südlichen Fuße des Vrmac zählt knapp 10.000 Einwohner und ist nach Herceg Novi die zweitgrößte an der Bucht von Kotor. Der jüngste Ort dieses Küstenabschnittes fand schriftliche Erwähnung erst im 14. Jhd. und war früher ein kleines Fischerdorf, von dem heute nichts mehr übrig ist. Nachvollziehbar führte sie im Vergleich zu den anderen Städten touristisch eher ein Schattendasein und hatte als Fremdenverkehrsort nur bedingt Bedeutung. Es gibt kaum Sehenswürdigkeiten, keine Altstadt, viele architektonische Altlasten ohne mediterrane Optik. Somit war Tivat ein Fristen als Transitort beschieden. Doch seit der Schaffung der Luxusmarina "Porto Montenegro" erfährt der Ort wieder einen gewaltigen Zuwachs an Besucherzahlen und damit auch an Steuergeldern. Beides spielt sich aber vorwiegend innerhalb der Mauern des noblen Yachthafens ab. Tivat rühmt sich durch die südliche Lage mit den meisten Sonnenstunden der Bucht pro Jahr und teilt sich den Titel Blumenstadt mit Herceg Novi. In der Tat gibt es auch recht viele Grün- und Parkanlagen mit reichlich exotischen und mediterranen Pflanzen.

Chronik - Auch Tivats Geschichte verlief im Vergleich zu den meisten anderen Gründungen an der Bucht recht unspektakulär. Bedeutung maß man dem Ort erst recht spät zu, als die Venezianer 1420 das kleine Küstendorf aufgrund der strategisch wichtigen Lage an der Einfahrt zur Bucht einnahmen und sich bis 1797 hier ausbreiteten. Fortan war der Ort nicht nur militärisch ein wichtiger Standort, auch der Adel ließ sich nieder und hinterließ einige Prunkbauten. Bis 1918 gehörte die Stadt dann zur österreich-ungarischen Monarchie und ab 1919 zum neu gegründeten Jugoslawien. Heute bietet nicht nur der Luxus-Yachthafen Arbeitsplätze, sondern auch der nahe gelegene Flughafen und zahlreiche Gewerbebetriebe in der angrenzenden Grbalj-Ebene. Einziges Relikt der glanzvollen Zeit ist die Villa Buća (Ljetnjikovac Buća-Luković) im Renaissance-Stil, sie stellt einen architektonisch besonders wertvollen Schatz der Bucht dar. Begonnen wurde mit dem Bau der Sommerresidenz, bestehend aus Wohngebäude, einem Turm, einer Kapelle und einer aufwendigen Gartenanlage 1548, die Fertigstellung erfolgte lange Zeit später, der Zugangsweg zum Meer mit über 130 Säulen und Pergolen trug eindeutig barocke Züge. Ende des 18. Jhd. wurde die festungsähnliche Villa vom Adligen Marko Luković aus Prčanj gekauft und erfüllte eine Zeitlang den Zweck der Verteidigung. Ein Großteil der Gartenoase fiel dem Bau einer einstigen Hafenanlage zum Opfer. Heute befinden sich im als Kulturdenkmal geschützten Komplex eine ethnografische Sammlung, archäologische Exponate und eine Galerie, der verbliebene Garten bildet eine Freiluftbühne (**i** - Nikole Djurkovica 10/Trg od Kulture, wenige Meter südlich des Porto, Mo-Sa ab 10.00 h, Eintritt frei).

Stadtrundgang - Selbstverständlich gehört ein Besuch des „Porto Montenegro" auch für den Normalbürger zum Pflichtprogramm (gebührenpflichtige Parkplätze gegenüber des Eingangs), wo sonst kann man solch prächtige Boote aus der Nähe betrachten, ab und an steht auch eines zum Verkauf. Am nördlichen Ende der Anlage spiegelt das schlichte **Museum „Zbirka Pomorskog Nasljeđa"** die reiche maritime Tradition der Boka wider, eine Ehrung der Erbauer des Portos an die Vergangenheit für zukünftige Generationen. Die **„Maritime Heritage Collection"** im ehemaligen Sägewerk der maritimen Wartungsbasis aus österreich-ungarischen Zeiten, genannt Arsenal, beherbergt eine Sammlung von über 300 Exponaten nautischer Geschichte sowie eine Fotoausstellung. Wertvollste Elemente sind zwei Original-U-Boote aus jugoslawischer Zeit, das große P-821 mit einer Länge von 50 Metern war zwischen 1968 und 1991 726 Tage unter Wasser (*i* - *tgl. 9.00-12.30 + 15.30-22.00 h, € 2,--; € 5,-- inkl. U-Boot-Führung*).

Eine ansprechende Uferpromenade mit Bademöglichkeiten und zahlreichen Bars, Cafés und Restaurants südlich des Portos lassen an einen kurzen Aufenthalt denken, wer länger bleiben möchte, findet auch Unterkünfte. Es gibt in der Stadt Tauch- und Windsurfschulen. Tivats kleiner, internationaler Flughafen liegt 4 Kilometer südlich der Stadt. Er wickelt hauptsächlich den Charterflugverkehr für Pauschaltouristen ab, vorwiegend aus den GUS-Staaten, zunehmend aber auch von Tourismusunternehmen aus Westeuropa.

die hochmoderne Hafenanlage

Porto Montenegro in Tivat – Europas Luxus-Superyacht-Marina

Mit der Unabhängigkeit Montenegros im Jahr 2006 wurde auch das Schicksal des ehemaligen Militärhafens bei Tivat besiegelt. Das Gelände wurde zum Verkauf angeboten, der inzwischen verstorbene Wahlkanadier und Gründer des weltweit größten Goldförderunternehmens, Peter Munk, verwirklichte innerhalb weniger Jahre eine Idee. Zusammen mit weiteren finanzkräftigen Investoren und Milliardären - Oleg Deripaska, Nathaniel und Jacob Rothschild sowie Bernard Arnault (alle Besitzer großer Yachten) ließ er den ersten Tiefsee-Luxus-Yachthafen in Europa entstehen, vorwiegend konzipiert auch für große Boote. Aufgrund der natürlichen Tiefe an dieser Stelle der Bucht waren beste Voraussetzungen dafür gegeben. Es wurde ein großer Erfolg für die Geschäftsmänner. 2009 machte man die Prunkanlage der Öffentlichkeit zugänglich - ein megamodernes Kollektiv an Marina, Nobelboutiquen, Juwelieren, Luxusrestaurants, derzeit an die 150 exklusive Residenzen und mit der Eröffnung des „Regent" (Zimmer ab € 500,--) 2014 hielt auch die Luxushotelerie Einzug. Es entstand eine harmonisch gestaltete Wohlfühloase für die Schönen und Reichen der Welt. Meist klingt leise Musik über das schick konzipierte Areal vor den derzeit etwa 300 Liegeplätzen. Zahlreiche Sport- und Freizeitangebote, Bootsausflüge und ein 64 Meter langer Infinity-Pool sorgen für einen rundum gelungenen Aufenthalt der gehobenen Gesellschaft. Wer hier einen längeren Besuch plant, schickt seine Kinder auf die internationale Schule. Von den Relikten des einstigen Militärhafens kann man sich im ansprechend gestalteten Nautik-Museum einen Überblick verschaffen, inklusive zwei komplett erhaltener U-Boote. Bis zur endgültigen Fertigstellung in naher Zukunft sollen weitere 400 Liegeplätze entstehen, insgesamt bieten dann 130 davon Platz für Yachten bis zu 150 Meter Länge. Inzwischen hat

man, ganz nach Plan, in unmittelbarer Nähe einen 18-Loch Golfplatz entstehen lassen, die Pläne zur Übernahme der Bijela-Werft und der damit einhergehende Umbau zur Werft für Luxusliner ist noch offen. Auf jeden Fall hat das junge Tourismusland mit seinem Luxus-Yachthafen einen gewaltigen Sprung in Richtung Top-Destination in Europa vollbracht.

Die offizielle, sehr ausführliche Internetseite www.portomontenegro.com/de informiert in ebenso luxuriöser Aufmachung über sämtliche Einrichtungen und Services des Nobel-Villages in Tivat.

Sehenswertes in der Umgebung - Nordwestlich von Tivat, Richtung Lepetani, liegt 3 km oberhalb von Donja Lastva auf etwa 300 Höhenmetern das sehenswerte Bergdorf Gornja Lastva. Es besteht aus etlichen sehr alten, teils renovierten Steinhäusern, einer mittelalterlichen Marienkirche aus dem Jahr 1410, einer Kapelle und einer alten Mühle. Die Bauweise ist typisch für die Architektur montenegrinischer Küstendörfer. Der Ort ist ein guter Ausgangspunkt für Wanderungen auf der Vrmac-Halbinsel. In der Bucht zwischen Tivat und der Luštica-Halbinsel befinden sich drei Inseln, auch als Krtoljski- oder Erzengel-Archipel bezeichnet. Auf Sveti Marko, der größten von

die Inseln und Tivatska Solila

ihnen, existieren im dichten Waldbestand noch Bungalows im Robinson-Stil der einstigen Club-Med-Anlage, die zu Beginn des jugoslawischen Bürgerkriegs fluchtartig verlassen und nie wieder in Betrieb genommen wurde. Pläne zur Wiederbelebung gibt es viele. Westlich davon liegt das winzige Inselchen Gospa od Milosti, bestehend aus einem Klosterkomplex aus dem 15. Jhd., inklusive Kirche mit einem mittelalterlichem Altar und einer weitläufigen Gartenanlage. Zu beiden gelangt man aktuell per Charterboot ab Tivat, oder schwimmend. Auf der Blumeninsel Miholjska Prevlaka, über einen kurzen Fahrdamm südlich des Flughafens zu erreichen, findet man die Ruinen eines Klosters aus dem 6. Jhd., dem Erzengel Michael geweiht. Das orthodoxe Kloster war im 13. Jhd. Bistumssitz des Zeta-Fürstenclans, wurde jedoch nach der Zerstörung durch die Venezianer 1452 bereits wieder verlassen. Nach der Entdeckung bronzezeitlicher Gerätschaften und antiker Mosaike finden im Klosterkomplex weitere Ausgrabungen statt. Heute gibt es auf der Insel noch eine Kirche aus dem 19. Jhd. und einige Ferienhäuser.

Zwischen Flughafen und der Luštica-Halbinsel erstreckt sich das kleine Tivatska Solila, eine sumpfige Landschaft, die in der Antike zur Salzgewinnung herangezogen wurde, heute aber ein Vogelschutzgebiet bildet.

Luštica-Halbinsel (Karte freytag & berndt 1:150 000 H 2)

Ein richtig schön faszinierend ursprüngliches, sprich anderes bzw. untypisches Küstenstück Montenegro findet man auf der nur knapp 47 km² großen, sanfthügeligen Halbinsel Luštica, welche die Bucht von Kotor vom offenen Meer trennt. Und wo der Sommer noch ein Stück länger andauert. Die Landschaft der Hügelkette wird optisch bestimmt durch Kiefern dominierende Mischwaldbestände in höheren Lagen sowie mediterrane Sträucher und Jahrhunderte alter, gepflegter Olivenbaumkultur im nahen Küstenbereich. Die höchste Erhebung bildet der 584 m hohe Obosnik, etwas unterhalb auf etwa 400 Meter befindet sich ein Aussichtspunkt mit einer

wunderschönen Weitsicht (zu erreichen über Krašići und Klinci). Zwischen Kroatiens südlichstem Ende Prevlaka und der Halbinsel liegt der strategisch günstig gelegene Eingang zur Bucht, weshalb Luštica in der Vergangenheit selbstverständlich für militärische Zwecke genutzt wurde, einige gut erhaltene alte Festungsruinen und Verteidigungsanlagen aus der österreich-ungarischen Epoche sind noch zu sehen. Auch später noch diente die Halbinsel als Marinebasis und war bis Ende der 1990er Jahre militärisches Sperrgebiet. Manche der U-Boot-Bunker sind frei zugänglich, so z.B. südlich von Rose. Luštica ist nur durch wenige Dörfer erschlossen, den Hauptort bildet das unspektakuläre Radovići. Dazwischen gähnt die Einsamkeit,

Blick auf Herzeg Novi

ab und an kreuzen Schafe oder Ziegen den Weg. Die meisten Unterkünfte, hauptsächlich private Appartments, befinden sich an der Buchtseite mit Blick auf das gegenüberliegende Herceg Novi. Die dem Meer zugewandte, stark zerklüftete und verkarstete Steilküste besitzt hinreißend schöne Badebuchten, teils sogar mit Sand oder feinem Kies. Die allerdings hat man im Sommer auch nicht mehr für sich alleine und hier und da lädt schon eine trendige Strandbar zum Feiern ein. Es gibt aber auch urige Fischlokale, wie z.B. das Ribarsko Selo in Žanjice. Auf Luštica gibt es an die 20 kleinere, teils sehenswerte serbisch-orthodoxe und katholische Kirchen.

Die Inselrundfahrt - Rose ist einer der bezauberndsten Orte Montenegros. Er liegt am Ende einer Sackgasse im äußersten Nordwesten Lušticas, direkt am Meer. Die Ansiedlung gilt als eine der ältesten an der Bucht, der Hafen war schon zu römischer Zeit ein wichtiger Stützpunkt an der Adria, später auch Schutzhafen bei Stürmen. Es gab hier eine Zollstation und die Hafen-

meisterei der Bucht. Mit dem Fort Rose, dem Fort Mamula auf der kleinen, gleichnamigen Insel und dem Fort Oštra (heute Kroatien) konnte man gut den kompletten Eingang der Bucht überwachen. Die schmucken Steinhäuser haben ihr Aussehen über Jahrhunderte hinweg bewahrt und damit den Charme des Dorfes. Etliche alte Kapitänsvillen entlang der einzigen Häuserzeile zeugen vom ehemaligen Wohlstand Roses. Heute ist es ein beschauliches Fischerdorf mit einer Handvoll guten Restaurants und wenigen Unterkünften. Wer Erholung pur sucht, ohne Lärm und Rummel, ist hier in der Nebensaison gut auf-gehoben, ansonsten findet man Unterkünfte hauptsächlich in Krašići. Nur wenige Meter südlich von Rose liegt der Strand von Dobrec mit einem begehbaren U-Boot-Bunker. Das Fort auf Mamula diente übrigens während der beiden Weltkriege als Hochsicherheitsgefängnis. Ein Ausflug zur Insel per Boot kann in Budva und Herceg Novi gebucht werden (günstigste Variante ab ca. € 10,--). Etwas weniger spektakulär wird man Fort Luštica empfinden, wenige Kilometer südlich von Rose auf einem Hügel gelegen. Etwas geheimnisvolles vermitteln die Grotten, wie z.B. die Plava Spilja – die Blaue Grotte, sie ist jedoch nur per Boot zu erreichen (ca. € 10,-- ab Herceg Novi). Schöne Badeabschnitte findet man in den Buchten von Žanjice, Mirište, Kap Arza (inkl. Verteidigungsanlage), Veslo, und weitere, die ebenfalls nur per Boot zu erreichen sind. Der feine Sand-

frisch renovierte Kapitänsvilla

im verträumten Ort Rose

strand Plavi Horizont bei Pržno, gehört schon zu recht gut erschlossenen Abschnitten, inkl. Groß-parkplatz und Plänen für ein Luxus-Resort.

Tipp für Camper: Kamp Begovic an der Südküste der Halbinsel in Ponta Veslo, einfach, ohne Strom und nur kaltes Wasser, aber unheimlich idyllisch mit üppigem Baumbestand, inkl. Konoba, (pontaveslo@gmail.com, 42°22'01.0"N 18°36'41.1"E).

Ein weiterer, wunderhübscher Küstenort mit viel montenegrinischem Flair und Originalität liegt auf dem Weg über die Nebenstraßen nach Budva in einer gut geschützten Felsenbucht: Das Fischer-dorf **Bigova**. Die urigen Tavernen laden zum Verweilen ein und inzwischen gibt es eine Auswahl an Appartments und Ferienwohnungen. Durchaus zu empfehlen, die unvergesslichen Sonnen-untergänge bekommt man nur an wenigen Plätzen. Der Ort ist bekannt für seinen Heilschlamm. Verfahren kann man sich kaum, zum Dorf hinunter führt der einzige asphaltierte Weg.

"Leben wie es sein soll" - Luštica-Bay – ein Projekt mit Weitsicht

Bislang führte die attraktive Halbinsel touristisch eher ein Schattendasein, doch dies hat sich in allerjüngster Vergangenheit geändert. Vor wenigen Jahren erwarb der finanzkräftige Immobilien-Planungskonzern "Orascom Development" 90% der Anteile (10% hält Montenegro) für die Entwicklung und Umsetzung eines Projektes der Superlative nach einem vielversprechendem Motto. Den luxuriösesten Yachthafen der Welt, Porto Montenegro als Vorbild im Visier, entstand an der Südküste, in der Bucht von Trašte, ein ähnliches Projekt: Luštica-Bay. Das steht für Montenegros Schönheit und Kultur im Einklang mit umweltorientiertem Luxusleben in einem außergewöhnlichen Umfeld - ein dauerhaftes Zuhause für einige tausend Reiche, ein stetig wachsendes, lebendiges Stadtkonzept. Auf einer Fläche von knapp 7 km² stampfte man eine komplett neue und vollkommen autarke Stadt aus dem Boden, alles auf dem neuesten Stand der Technik. Der erste Spatenstich erfolgte 2013 und bis zur endgültigen Fertigstellung in naher Zukunft sollen 7 Weltklassehotels mit insgesamt 1.370 Zimmern entstehen, 2.100 exklusive Wohneinheiten wie Appartments, Stadthäuser, Eigentumswohnungen und Villen, ein Kur- und Heilbad, eine Schule, Supermärkte, zwei Marinas und ein 18-Loch-Designer-Golfplatz. Alles natürlich mit kompletter Infrastruktur: Straßen, Radwege, Parkanlagen und Wanderpfade. Hinzu kommt natürlich ein unerschöpfliches Freizeitangebot und ein rund-um-die-Uhr-Service. Mitte 2018 waren die ersten Einheiten inklusive Interieur nach Wahl bezugsfertig und verkauft und „The Chedi" lockt bereits mit seinen luxoriösen 111 Zimmern ab € 200,--, Spa, Pool und Businesscenter in allerbester Waterfront-Lage seine ersten Gäste an. Natürlich bleibt das, was da entlang des Berghanges entsteht, jedoch nur einer zahlungskräftigen Klientel vorbehalten, dennoch orientiert sich das Projekt nicht ausschließlich am Wohlstand der zukünftigen Bewohner und Besucher.

Der Konzern stellt in den Vordergrund, die schöne Landschaft und den Zauber des Ursprünglichen zu bewahren und die soziale Nachhaltigkeit zu fördern. Hierzu zählt, dass das Vorhaben auch nach der Fertigstellung weiter betreut wird. Es geht Orascom weiter darum, die einheimische Bevölkerung von Anfang an in das Projekt mit einzubinden, langfristig Arbeitsplätze zu schaffen und den Menschen die Möglichkeit zu geben, in einer wunderschönen Umgebung zu leben.   www.lusticabay.com

Entlang der gesamten montenegrinischen Küstenlinie, einschließlich der Boka, gibt es unzählige Möglichkeiten zu exponierten Aussichtspunkten empor zu wandern. Belohnt wird man stets mit einem fantastischen Blick in die Weite und die Tiefe.

Zur Festung Sveti Andrija (Vranovo Brdo)

Von dieser ehemaligen, sehr schön gelegenen Verteidigungsanlage auf 736 Metern, mittig oberhalb in den Felsen zwischen Perast und Orahovo, liegt einem die innere Bucht praktisch komplett zu Füßen. Die mittelschwere Wanderung (stellenweise steinig und steil) beginnt im westlichen Ortsteil von Orahovo, über eine alten Militärweg aus dem Jahr 1880. Der markierte Weg 741 schlängelt sich stellenweise serpentinenartig durch Wälder, vorbei an Militärposten und verlassenen Häusern, über 6,6 Kilometer nach oben bis zur Ruine. Der Abstieg nach Perast ist etwas kürzer. Der Trail ist 11,5 Kilometer lang, man benötigt etwa 5 Stunden.

Die Vrmac-Halbinsel in der Bucht

Der hauptsächlich aus Flysch-Gestein bestehende, bis zu 765 Meter hohe Bergstock bietet eine Reihe von abwechslungsreichen Wandermöglichkeiten unterschiedlichen Schwierigkeitsgrades. Auf der Südseite ist er relativ flach, wohingegen der Bergrücken im Norden recht steil abfällt. Von allen Zielen eröffnet sich der Blick auf Teile der Bucht.

Zur Kirche Sveti Vid: Direkt gegenüber des Fähranlegers in Lepetani zweigt eine schmale Straße zwischen den Häusern ab nach oben. Ab dem letzten Haus führen mehrere Pfade weiter, der kürzeste verläuft erst im lichten Tal und ab dem Auftreffen auf eine Wegkreuzung geht es nach rechts oben. Man passiert eine markante Felsformation und ab der Häuseransammlung zweigt man wiederum nach rechts oben ab. Gesamt sind das etwa 3,5 Kilometer, man benötigt 1,5 Stunden. Den Weg zurück kann man ab Auftreffen auf die Schotterstraße Richtung Süden nach Donja Lastva gestalten, oder man hält sich im Dörflein Gornja Lastva hinter der Kirche bergauf in östliche Richtung. Ab der Kreuzung bestehen mehrere Möglichkeiten, hinab nach Stoliv oder nach Prčanj an der Nordseite des Vrmac zu gelangen.

Sveti Ilija, der höchste Gipfel (ab Kotor): In Kotors südlichem Vorort Muo zweigt ein grün ausgeschilderter Wanderweg auf den Vrmac ab (8,5 km). Der erste, sehr steile Abschnitt nach dem Stufenabsatz ab der Haarnadelkurve der P22 durch ein bewaldetes Stück bis hinauf zum ungarisch-österreichischen Militärstützpunkt Fort Vrmac beinhaltet endlos viele enge Kehren. Dieser alte Reitpfad ist auch als "Franz-Josef-Weg" bekannt, der Kaiser soll ihn selbst beritten haben. Nördlich des Forts führen zwei parallel verlaufende Fahrwege weiter aufwärts Richtung Nordwesten. Der rechte Trail zweigt nach 3,5 Kiometern nach oben auf den Gipfel ab, der linke, die Verlängerung von Gornja Lastva, führt bald durch eine verlassene Häuseransammlung und in Höhe eines Bergsattels ebenfalls nach rechts oben auf den Gipfel. Zurück kann man die gut erkennbare Variante nach Prčanj wählen. Gesamt 13 Kilometer, Zeitaufwand ca. 5 Stunden.

Auf den Goli vrh bei Budva

Dieser 1.087 Meter hohe Berg des Pastrovici-Gebirges ist ein recht leicht zugänglicher und bietet sowohl den Ausblick auf weite Teile der Küste als auch den Skadar-See auf der anderen Seite. Der beste Ausgangspunkt liegt an der M2.3 von Budva nach Cetinje, am Abzweig zur Festung Kosmač beim Dorf Brajići, zu der sich durchaus auch der Abstecher lohnt. Der Weg ist über einige Kilometer noch mit dem PKW bis zur Quelle Mrtvica befahrbar (Piste ab Kosmač). Dann führt der Trail, teils wieder auf alten Militärwegen, mäßig aber stetig bergauf. Man passiert ein kleines Steindenkmal und kurz darauf ist der Weg zum Gipfel ausgeschildert. Der Abstieg kann auch über eine etwas steilere Südroute vorgenommen werden. Statt zurück nach Kosmač, kann man die Route abwärts nach Čelobrdo und weiter nach Przno wählen. Als Rundweg ist der Trail knapp 10 Kilometer lang, man benötigt etwa 5 Stunden.

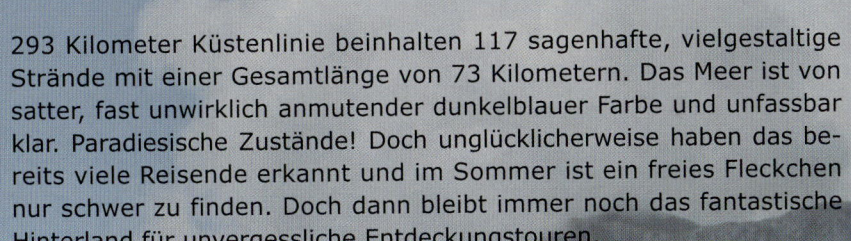

293 Kilometer Küstenlinie beinhalten 117 sagenhafte, vielgestaltige Strände mit einer Gesamtlänge von 73 Kilometern. Das Meer ist von satter, fast unwirklich anmutender dunkelblauer Farbe und unfassbar klar. Paradiesische Zustände! Doch unglücklicherweise haben das bereits viele Reisende erkannt und im Sommer ist ein freies Fleckchen nur schwer zu finden. Doch dann bleibt immer noch das fantastische Hinterland für unvergessliche Entdeckungstouren.

- Budva
- Bečići
- Pržno
- Sveti Stefan
- Petrovac na Moru
- Buljarica
- Čanj
- Sutomore
- Bar und Stari Bar
- Utjeha
- Ulcinj
- Šasko jezero
- Velika Plaža
- Ada Bojana
- Shkodër - Albanien

Die montenegrinische Riviera und die Sandstrände bei Ulcinj

Eine fantastische Felsenküste mit vorwiegend kiesigen Stränden, aber glasklarem, tiefblauem Wasser, erstreckt sich südlich der beliebten Urlaubsstadt Budva bis hin zur lebhaften, zeitgemäßen Hafenstadt Bar. Entlang dieses dicht besiedelten Abschnittes konzentriert sich zum größten Teil der internationale Strandtourismus mit allen erdenklichen Annehmlichkeiten. Das sind moderne, meist auch recht luxuriöse Hotelkomplexe und Ressorts vor der einmaligen Kulisse des Lovćen, der Paštrovići- und Rumija-Gebirgszüge, finanziert von internationalen Investoren.

Wahre Erholung versprechen nur die Monate der Nebensaison, ansonsten herrscht hier Action, Trubel, Unterhaltung, oft recht lautstark bis in die frühen Morgenstunden.

Der Besuch des kulturträchtigen Hinterlandes bietet eine kontrastreiche Abwechslung und die idyllisch gelegenen Klöster und Berggipfel mit ergreifenden Fernsichten sind schnell erreicht.

Je weiter südlich man vordringt, desto mehr macht der Luxustourismus dem „normalen" Strandleben Platz und südlich von Bar, jenseits des letzten, auffälligen Bergmasives, trifft man auf eine komplett andere Welt. Hier erlebt man die Badebuchten vor den Ausläufern der Gebirgszüge von einer weitaus ruhigeren Seite, sie sind nicht mehr so ausgeprägt verbaut und die Unterkünfte wieder erschwinglich. Ab Ulcinj dann dominieren die weiten und flachen Sandstrände der Niederungsküste vor einem vorwiegend flachen Hinterland. Das typisch montenegrinische, bislang gewohnte Küstenbild verabschiedet sich hier gänzlich. Und nicht nur das: Spätestens in Montenegros südlichster Stadt taucht man spürbar ein in die orientalische Atmosphäre des Balkans. Moscheen und Bazare beherrschen das Bild der Ortschaften, die Mehrzahl der Frauen tragen ihren Hijab, die Männer ihre Gebetskappen und der Ruf des Muezzin übertönt das Glockengeläut der plötzlich nur noch in der Minderzahl auftretenden Kirchen.

Budvas Altstadt von oben

Neustadt und die Insel Sveti Nikola

Budva (Highlight) (Karte freytag & berndt 1:150 000 J 4)
Die kleine Stadt mit ihren gut 19.000 Einwohnern zählt zu den ältesten Ansiedlungen an der Adriaküste und beherbergt einen vielfältigen Bevölkerungsmix aus Montenegrinern, Serben, Kroaten und auch Russen. Mit der vom Meer eingeschlossenen Altstadt und der vorgelagerten Felseninsel Sv. Nikola wirkt sie schon von Weitem überaus attraktiv. Budva ist merklich die Touristenmetropole des Landes, wobei hier vorwiegend Urlauber aus Serbien („Hausstrand" Belgrads), Russland und auch anderen osteuropäischen Ländern ihre Ferien verbringen.

Der Ort bietet ein mildes Klima und warme 25° Wassertemperaturen im Sommer. Vor allem aber verdankt Budva seine Beliebtheit den zahlreichen Stränden im Ort und der unmittelbaren Umgebung. Das schmucke Küstenstädtchen kann bereits auf eine lange touristische Vermarktung zurückblicken, schon 1923 kamen die ersten Freizeitgäste hierher. Heute lassen sich in Budva abwechslungsreiche, aber in der Saison kaum ruhige und erholsame Tage verbringen. Neben der pittoresken Altstadt existiert ein äußerst umfangreiches Freizeit- und Unterhaltungsprogramm jeglicher Art. Dies macht die Destination auch für Familien mit Kindern interessant. Wenige hundert Meter südlich der Altstadt beginnt der 1,6 Kilometer lange Sand-Kiesstrand Slovenska Plaža, in den Sommermonaten ist es einer der meist frequentiertesten des Landes. Fliegende Händler bieten vor allem billige Kleidung, Souvenirs und Fast-

Food an. Cafés, Bars, Restaurants und Diskotheken vervollständigen das vielfältige Angebot. Wassersportler sind hier bestens aufgehoben: Wasserski, Jetski, Paragliding und Bootsverleih werden in Massen angeboten. Auch können öffentliche Volley-, Fuss- und Basketballanlagen genutzt werden. Örtliche Reiseagenturen bieten Ausflüge zu zahlreichen Zielen im Hinterland an. Da der Ort recht zentral liegt, können viele Sehenswürdigkeiten in relativ kurzer Zeit erreicht werden, wie z.B. Kotor, Cetinje, der Lovćen-Nationalpark, Bar oder sogar die Tara-Schlucht.

Neue, komfortable Hotelanlagen mit Wellness und jeglichem Schnick-Schnack, teils mit All-Inclusive, bieten Programm für abwechslungsreiche und ausgefüllte Urlaubstage. Es gibt sogar eine kleine Touristenbahn ins benachbarte Bečići, einer kleinen Luxus-Hochburg.

Chronik - Montenegros ältester Küstenort fand seine Anfänge in der griechischen Kolonisationswelle im 11./10. Jhd. v. Chr. Einer Mythologie zufolge ereignete sich eine offizielle Siedlungsgründung dann im 4. Jhd. v. Chr. durch den Sohn des phönizischen Königs Agenor, Kadmos. Illyrische Stämme ließen nicht lange auf sich warten, bevor im 2. Jhd. v. Chr. die Römer die Herrschaft über das einstige Budua übernahmen. Im 9. Jhd. verlief die Grenze zwischen dem West- und Oströmischen Reich durch den Ort. Damals lag der Bereich der heutigen Altstadt noch auf einer Insel, später entstand eine Sandbank, welche diese nun mit dem Festland verbindet. In diese Zeit fiel auch die Zerstörung durch einen Sarazenen-Stamm, einem islamisierten Volk aus dem halbarabischen Raum. Im 12. Jhd. erfolgte eine Angliederung an das Serbische Großreich und Budva erfuhr als „freie Stadt" einen enormen wirtschaftlichen Aufschwung, den man aber mit der Herrschaftsübernahme durch die Venezianer 1442 nicht halten konnte. An dieser Stelle der Küste gelang den Osmanen ein Übergriff und von 1569 bis 1639 hielten diese die Stadt in ihrer Macht, bis sie wieder zur venezianischen Republik gehörte. 1667 zerstörte ein Erdbeben die Region. Nach dem Fall Venedigs ging Budva an die Habsburgermonarchie über, 1807 bis 1813 regierten die Franzosen, dann wurde Budva für die nächsten 105 Jahre an das österreichische Kaiserreich abgetreten, bis dann auch hier die Geschehnisse der Balkan- und Weltkriege ihren Einfluss nahmen.

die leerstehenden Kirchen...

Stadtrundgang - In keiner montenegrinischen Stadt trifft die Vergangenheit so wuchtig auf die Gegenwart wie in Budva. Das heutige Altstadtbild hat optisch ihren Ursprung in der venezianischen Epoche. Durch das Erdbeben von 1667 und auch 1979 wurde dieses Areal aber enorm in Mitleidenschaft gezogen, so dass später die meisten Gebäude abgerissen werden mussten. Nach österreichischen Archivplänen konnte die Altstadt glücklicherweise originalgetreu im venezianischen Stil rekonstruiert werden, leider ohne antike Patina, aber mit viel mediterranem Flair. Heute steht sie unter Denkmalschutz und ist autofrei. Die Stadtmauern in ihrer heutigen Form stammen vorwiegend aus venezianischer Zeit, als sich Budva gegen die Türken verteidigen musste. Später wurden sie von den Österreichern weiter gefestigt. Betritt man das enge Gassengewirr durch das **schlichte Landtor**, taucht man ein in ein lebhaftes Stück Geschichte und Kultur. Schnurgerade führt die Ulica Njegoševa ins Herz der Altstadt. Rund um den **großen Platz Trg Između Crkava** vor der Zitadelle konzentriert sich eine Ansammlung bedeutender Sakralbauten. Überragt wird der Platz

...und ein verträumtes Plätzlein

ein versteckter Altstadtbalkon...

...die bronzene Prima-Ballerina...

...und der Campanile von Budva

der Kirchen vom markanten **Campanile** der ehemals **katholischen Kathedrale Sveti Jovan Krstitelji** (Johannes dem Täufer geweiht) aus dem 15. Jhd. Die Grundmauern des dreischiffigen Baus mit gotischen Elementen stammen jedoch aus dem 8. Jhd., einige der Bodenmosaike gehen sogar auf das 6. Jhd. zurück. Der heutige Glockenturm ersetzt seit 1876 den bei dem Erdbeben von 1667 zerstörten. Bis auf eine angeblich unbezahlbare Muttergottes-Ikone ist das Innere unspektakulär. Südwestlich gegenüber liegt die **orthodoxe Dreifaltigkeitskirche Sveti Troica**, erbaut 1804. Auffällig ist die rot-weiße Musterung der Steine und der Dreiglockenturm. Sie besitzt eine prächtige Ikonostase und farbintensive byzantinische Fresken. Fast in die Mauern zur Seeseite integriert ist das kleine, aber sehr hübsche Kirchenensemble **Sveti Marija in Punto und Sveti Sava**. Erstere, mit dem Glockenturm, stammt aus dem Jahr 840 und ist die älteste Kirche der Stadt, die kleine Sava-Kapelle entstand vermutlich im frühen 12. Jhd., erbaut von Gesandten des Franziskanerordens. Sie wurde während der Jahrhunderte immer wieder zwischen den Konfessionen hin- und hergereicht, seit 1667 ist sie orthodox. Nach Plünderungen des Interieurs sind beide innen so gut wie leer.

Über einen Treppenaufgang gelangt man zum höchsten Punkt der Altstadt. Die **Citadela** war der allererste Siedlungspunkt im Bereich der jetzigen Altstadt und zu venezianischer Zeit die wichtigste Bastion der Stadtmauer. Diese wurde übrigens auf einer niedrigeren Version aus der byzantinischen Zeit errichtet. Erst zu österreich-ungarischer Zeit kam das zweistöckige Kommandantenhaus hinzu, welches eine kleine **Bibliothek** und ein übersichtliches **Nautikmuseum** beherbergt. Der große Platz dahinter dient während der Sommermonate als Freiluftbühne. Steinstufen führen für einen einmaligen **Blick auf die Stadtmauer** von hier nach oben.
(ℹ - Mai-Okt. 9.00-24.00 h, Nov - Apr 9.00-17.00 h, € 2,50)

Eines der sehenswertesten Museen des Landes liegt wenige Meter in Richtung des **nördlichen Seetores**. Das **Stadtmuseum**, in einem 4-stöckigen Bau aus dem 19. Jhd., bietet eine spannende Zeitreise durch eine umfangreiche archäologische und ethnografische Sammlung sämtlicher Völker, die hier bis in die späte Vergangenheit ihre Spuren hinterlassen haben.
(ℹ - Mo-Fr 8.00-20.00 h, Sa+So 10.00-17.00 h, € 2,--)

Ansonsten kann man in der Altstadt nach Herzenslust shoppen und von einem einladenden Café ins nächste flanieren. Der große Platz gegenüber dem Landtor wird dominiert von den schicken Unterkünften (ab € 200,--) und Restaurants des Avala-Resorts, dessen Ursprünge ins Jahr 1937 zurückreichen. Den gesamten Komplex errichtete man geschickt um etliche römische Mauerreste bzw. die Relikte einer Nekropole (Totenstadt), deren Gräber teilweise aus dem 5. Jhd. v. Chr. stammen.

Das kleine, geheime Wahrzeichen Budvas ist die **bronzene Ballerina** auf einem Felsvorsprung, die man auf dem Weg zu den Mogren-Stränden passiert.

Die Strände - Was schöne Strände anbelangt, ist Budva berühmt und beliebt, vor allem da sie sandiger Natur sind. Im Sommer sind sie jedoch alle hoffnungslos überfüllt, ausnahmslos. Neben dem Hausstrand Slovenska Plaža und dem Altstadtstrand zieht es die Urlauber besonders an die beiden Abschnitte des Mogren-Strandes, ausgezeichnet mit der Blauen Flagge. Am Avala-Resort beginnt ein Fußweg entlang der steilen Felsen dorthin, Mogren I und II sind durch eine kurze Galerie mit einem Holzsteg verbunden. Im Sommer wird hier Eintritt verlangt und belegte Liegestühle reihen sich aneinander soweit das Auge reicht, Strandbars inklusive, außerhalb der Saison sind sie ein Traum. Etwa 5 Kilometer nördlich von Budva befindet sich der lange und noch etwas ruhigere und weniger durchgestylte Strandabschnitt von Jaz (Kies). Es gibt Restaurants, einen FKK-Bereich, Minimärkte und einen Campingplatz. Folgt man der schmalen Straße 2 km Richtung Westen, gelangt man zur Trsteno-Bucht, nochmals 1,5 km weiter liegt Ploče. Sveti Nikola, ein markanter Felsen mit hohen Klippen, Budva unmittelbar vorgelagert, ist mit 36 Hektar die größte Insel Montenegros. Vor langer Zeit war sie zu Fuß über eine Sandbank zu erreichen. Sie ist inzwischen unbewohnt, wird jedoch von kleinen Booten vom Hafen in Budva wegen der schönen Strände und Buchten angefahren.

Mogren Strände im Mai

Kloster Podmaine

Sehenswertes in der Umgebung - Von den zahlreichen Festungen, Kirchen und Klöstern rund um Budva mit kulturhistorischer Bedeutung sind meist nur noch Ruinen übrig. So wie z.B. das Fort Mogren aus dem Jahr 1860, unmittelbar nördlich von Budva auf der kleinen Landzunge, oberhalb der Mogren-Strände gelegen.

In unmittelbarer Nähe, entlang der alten Straße nach Kotor (vom Zentrum Richtung Aquapark), liegt etwas erhöht über der Stadt das **Kloster Podlastva**. Die Gründung soll auf das Jahr 1350 durch den serbischen Zar Dušan zurückgehen, 1420 diente es als Tagungsort zur Entscheidung über die Zugehörigkeit der Grbalj-Ebene, einer Region zwischen Luštica und Budva. 1807 fanden hier Verhandlungen zwischen Fürst Petar I. und dem französischen General Marmont statt. Die wundervollen alten Fresken der Kirche haben zahlreiche Zerstörungen überlebt.

Absolut empfehlenswert ist ein Besuch des alten orthodoxen **Klosters Podmaine** (Podostrog) im gleichnamigen nördlichen Stadtteil, malerisch am Fuße der Paštrovići-Berge gelegen. Die Gründung des Klosters datiert man in die serbische Nemanjić-Dynastie zwischen dem 12. und 14. Jhd. zurück. Im 15. Jhd. erbaute man das kleine Steinkirchlein Mariä Himmelfahrt, es wurde Mitte des 18. Jhd. von einem größeren Bau abgelöst und befindet sich heute nahe des großen Glockenturms. Die neue Kirche besitzt üppige und aufwendige, nach dem Erdbeben restaurierte Fresken. Als stiller Rückzugsort diente das Kloster als Sommerresidenz der montenegrinischen Metropoliten, Petar II. Petrović-Njegoš schrieb hier sein berühmtes literarisches Stück „Der Bergkranz", sein Neffe und Nachfolger Fürstbischof Danilo wurde hier begraben (1856 überführte man seine sterblichen Überreste nach Cetinje). Im 19. Jhd. wurde Podmaine von den Österreichern vorübergehend als militärische Basis genutzt, später niedergebrannt. Seit der Wiedereröffnung im Jahr 1995 ist Podmaine ein beliebtes Pilgerziel. Die Anfahrt erfolgt am besten über den Kreisverkehr am südlichen Ortsausgang von Budva Richtung Norden, nach 1,1 Kilometer rechts zum Koster abbiegen.

Tipp: Folgt man der Straße von Podmaine in die Berge (ZIP-Line-Ausschilderung), gelangt man nach **Krapina** (5 km von Budva), einer idyllischen Häuseransammlung im Wald. Dort befindet sich eine familiär geführte und originell ausgestattete Konoba mit traditionellen Gerichten, hier treffen sich die Einheimischen zum Essen. Zum Anwesen gehören nicht nur die freundlichen Betreiber, sondern auch Fischteiche und eine Vielzahl an Tieren wie Esel, Enten, Hasen, Schweine und mehr. Spaziert man einen Pfad und den hölzernen Steg entlang, gelangt man zu einer kleinen romantischen Schlucht mit einem erfrischenden Wasserfall mit Badebecken.

Tipp: Südlich von Budva zweigt die M2.3 nach Norden ab, das ist eine überaus abwechslungsreiche Panoramastrecke in die ehemalige Hauptstadt Cetinje, nach 13 Kilometern erreicht man den Abzweig zu den stattlichen Ruinen des Fort Kosmač aus den 1840er-Jahren mit einer großartigen Sicht auf die Küstenlinie.

Veranstaltungen:
Jährlich im Mai findet in Budva das Internationale Festival der mediterranen Musik statt, im Juni das Budva Music Festival mit Rock, Pop und Folk vor dem Landtor und im Juli können Freunde klassischer Musik an zahlreichen Konzerten teilnehmen. Während der Hochsommermonate treten in der Zitadelle häufig Musik- und Tanzgruppen aus aller Welt auf. Die MNE-Open für Tennis werden im September ausgetragen. Ein Highlight ist der Tag des Fisches, das Sirun-Fest, am ersten Oktobersamstag gibt es kostenlos gegrillten Fisch, viel Musik und Tanz.

Die **Touristeninformationen** befinden sich unter anderem zentral an der Kreuzung Magistrale E80/Ul. Filipa Kovačevića oder am Kreisverkehr stadtauswärts Tel.:+382 33 452750 bzw. in der Altstadt in der Njegoševa +382 33 402814.
Parken: Kostenfrei so gut wie unmöglich (wenn, dann evtl. in den Seitenstraßen nördlich der Magistrale), im südlichen Stadtbereich etliche ausgewiesene Plätze ab € 0,50/Stunde.
Transport: Der zentrale Busbahnhof liegt nördlich der Magistrale in der Filipa Kovačevića.
Mietwagen: z.B. family rent-a-car, Tel.: +382 67 248882, www.familycar.me, Jadranski put bb;

Übernachten - Essen & Trinken
Hotel Kadmo - schlichte Eleganz zeichnet dieses ruhig gelegene Haus nördlich der E80 aus, Pool, Dachterrasse, Restaurant, freundliches Personal, 20 Min. zur Altstadt. DZ ab € 90,-- inkl. Frühstück, +382 68 336228, www.hotelkadmo.me, reservations@hotelkadmo.me;
Franeta Apartments - schlicht aber sauber, ruhig gelegen und freundliche Betreiber, eine ideale Unterkunft für Selbstverpfleger, teilweise mit Balkon und schöner Aussicht, nahe Strand und Altstadt. DZ ab € 35,--, Tel. +382 68 483519, www.franetaapartments.com;

Konoba Portun - sehr gemütliche und ungemein authentische Lokalität inmitten der Altstadt, viele Fischspezialitäten und Meeresfrüchte, aber auch leckere Fleischgerichte und Vegetarisches, super Service. Stjepana Mitrova Ljubiše 5, Tel. +382 68 412536, 14.00-23.00 h;
Restoran Lim - ansprechend gestaltetes Lokal mit großem Aussenbereich, vielfältige, internationale Speise- und Getränkekarte, oft gelobter Service, mittlere Preisklasse, diverse Auszeichnungen. Östliche Uferpromenade Slovenska obala, Tel.: +382 69 023957, 8.00-1.00 h;
Dvoriste by Bahce - aussergewöhnliche und herzliche Atmosphäre ,liebevoll gestalteteter Innen- und Gartenbereich, abwechslungsreiche, internationale Karte mit hervorragenden Gerichten, in der Altstadt Cara Dusana 5, Tel.: +382 68 497173, 12.00-01.00 h;

Paštrovići – eine hinreißende Landschaft mit Geschichte

Budvas sagenhaftes Hinterland hat fünf Bergregionen mit Tradition, eines davon trägt den Namen einer ehemals äußerst einflussreichen und aufstrebenden Stammesfamilie - der Paštrovićis. In geschichtlichen Aufzeichnungen taucht der Name erstmals 1355 auf, als der serbische Kaiser Zar Stefan Dušan einen Adligen namens Nikolica Paštrovići auf eine diplomatische Mission nach Dubrovnik entsandte, wo er um militärische Hilfe für den Kampf gegen die Osmanen bat und mit Erfolg zurückkehrte. Zum Dank und als Belohnung erhielt der 12-Stammesverbund der Paštrovićis, deren Vorfahren Slawen waren, weite Landstriche um die Region Budva. Im weiteren geschichtlichen Verlauf spielten sie immer wieder eine wesentliche politische Rolle und erwiesen sich zudem als außerordentlich erfolgreich bei Verhandlungen mit Venedig. Zwar anerkannten sie 1423 vertraglich die venezianische Herrschaft, dies brachte ihnen aber im Gegenzug die autonome Verwaltung ihrer Gebiete und freien Handel ein, mit der Garantie, keinen Zoll oder andere Abgaben entrichten zu müssen. Sie verfügten sogar über ein eigenes Gerichtswesen. Lediglich in Kriegen mussten sich die männlichen Paštrovićis der venezianischen Armee anschließen und dienen. Zum Gebiet gehörten im 16. Jhd. neun Dörfer, der Stammessitz befand sich auf Sveti Stefan. Fremde Siedler durften sich gerne im Stammesgebiet niederlassen, wurden jedoch nicht in die Gemeinschaft aufgenommen. Nach dem Ende der Oberherrschaft Venedigs 1797 sank die Anzahl der Paštrovići-Einwohnerzahl entlang des Küstengebietes stark ab, da sämtliche Vorzüge von der k.u.k.-Monarchie gestrichen wurden und viele von ihnen in die montenegrinischen Bergregionen abwanderten.

Heute ist der Name Paštrovići bezeichnend für einen wunderschönen, gebirgigen Landstrich zwischen der montenegrinischen Küste und den Bergspitzen hinter Budva. Der höchste Gipfel ist der Velja Trojica mit 1.132 Metern, die schönste Rundum-Aussicht bietet der 1.087 Meter hohe Goli vrh. Es ist ein ausgezeichnetes Wandergebiet mit zahlreichen kulturellen und natürlich landschaftlichen Highlights: alte Kirchen und Klöster, Festungen und Forts, ursprüngliche Dörfer mit gastfreundlichen Bewohnern und immer wieder sagenhafte Ausblicke.

Eine schöne Route startet beim Kloster Praskvica aus dem 11. Jhd., das ehemals geistige und politische Zentrum der Paštrovićis. Es liegt 1,5 Kilometer südlich von Pržno. Ein steiler Pfad, der sogenannte Jegor-Weg, führt am Rande des Berges zu einem der schönsten Dörfer mit einer tollen Sicht auf die Riviera - nach Čelobrdo, 300 Meter über dem Meer. Drei Stammesfamilien der Paštrovićis leben dort noch. Der Weg wurde benannt nach einem russischen Priester, der 10 Jahre lang eigenhändig mit nur einer Hand an der Verbindung des Ortes zur Küste baute. Auf einem Hügel im Ort hat man eine Gedenktafel errichtet. Der Trail führt weiter nach Rustovo mit dem gleichnamigen Nonnenkloster, hier werden hausgemachte Produkte der Region angeboten. Der höchste Punkt der Wanderung liegt etwas südlich in Ograđenica, auf 650 m, an der Kirche des Hl. Spiridon aus dem Jahr 1906. Der Rückweg verläuft bis Rustovo identisch, führt dann aber gerade nach Kuljače zum Kloster Duljevo und von dort hinab nach Kamenovo. Gesamt sind das ca. 10 km, ausgeschildert, mäßiger Schwierigkeitsgrad, machbar in 4-5 Stunden, unterwegs gibt es Trinkwasser an den Klöstern.

Für Mobiltouristen eröffnet sich der Einblick in das Gebiet am besten bei einer Überquerung des Gebirgszuges über die Strecke von Budva nach Cetinje, mit immer wieder einmaligen Ausblicken auf die Küste, die mit dem 876 Meter hohen Seoštik-Pass ihren Höhepunkt erreicht. Kurz davor zweigt ein Weg zur alten Festung Kosmač ab, eine Verteidigungsanlage aus der Zeit der österreichischen Herrschaft, errichtet zum Schutz des Küstenabschnittes gegen die Montenegriner des Hinterlandes.

auf dem Weg zur Festung Kosmač

Nur ein kleiner Felsvorsprung mit einem schmalen Tunnel, die Zavala-Halbinsel, trennt Budva vom quirligen Ort Bečići, direkt unterhalb der Magistrale. Etwas zurückversetzt auf der steinigen Landzunge thronen die Luxusunterkünfte von Dukley Gardens, einer exklusiven, 3,5 Hektar großen Wohnanlage von 36 Villen mit über 200 Apartments und Suiten, Privatstränden, Marina, Gesundheitszentrum, Pools und 24-Stunden-Service. Günstigstes Objekt für höchste Ansprüche: 885.000 Euro. Erst vor wenigen Jahren sind sie aus einer verwahrlosten, erdbebengeschädigten Kommunismusherberge hervorgegangen.

Auch in **Bečići** herrscht Luxus vor. Vom einst schönsten, knapp 2 Kilometer langen, preisgekrönten Naturstrand Europas und dem kleinen Dorf ist heute nicht mehr viel übrig, einzig die wunderschön geformten, vielfarbigen Kieselsteine und Seeglas. Nach langer touristischer Tradition ist er inzwischen komplett verbaut worden, Wellness, Sport und Unterhaltung inklusive. Wem das nicht reicht, fährt abends mit der Touristenbahn nach Budva. Die meisten Strandabschnitte gehören zum größten Teil zu den mit russischen Investitionsgeldern errichteten Ferienanlagen und sind nur deren Gästen vorbehalten. Die wenigen öffentliche Bereiche sind für die Urlauber der Quartiere oberhalb der Hauptstraße gedacht, somit ist Bečići also kaum für Tagesbesucher geeignet. Die Hotels gehören ausschließlich der gehobenen Preisklasse an und werden vorwiegend vorab als Pauschalangebote über Reiseveranstalter angeboten. Das teuerste unter ihnen, auch mit 70 Millionen Euro die Baukosten betreffend, ist das Splendid. Hier übernachteten bereits Weltstars wie Madonna oder die Stones. Ein „einfaches" Doppelzimmer mit Frühstück, Klimaanlage, TV, Telefon und Internet kostet ab Euro 200,--. Der Wellness-Spa-Bereich erstreckt sich über mehr als 5.000 m². Ein Blick auf den Strandabschnitt im Sommer ist interessant - so sieht Urlaub Erster Klasse aus! Mittelpunkt des Strandes bildet die kleine orthodoxe Kirche Sveti Thoma.

Im Süden geht Bečići nahtlos in die vergleichbare Hotelsiedlung von **Rafailovići** über. Durch einen schmalen Tunnel hindurch gelangt man zur Kamenovo-Bucht, sie liegt direkt unterhalb der Magistrale und ist lediglich durch ein paar saisonale Strandbars erschlossen.

romantisches, verträumtes Pržno

In **Pržno** ist sie noch ganz vage zu spüren - die Atmosphäre des ehemaligen Fischerdörflein, das heute mehr oder weniger gelungen Tradition und Moderne in sich vereint. Fein herausgeputzt wurden die alten Natursteinhäuser und reihen sich mit einer Hand voll Kleinhotels, einem Resort mit Casino, Bars und Restaurants aneinander, mit direktem Blick auf den feinkiesigen, einladenden Strand und dem schmucken Solitärfelsen im Wasser. In zweiter Reihe kann sich der Individualtourist in einem Ferienappartment einquartieren, alles aber in riviera-typischer Preisklasse. Die beiden überschaubaren Strandabschnitte sind auch für den Tagestouristen zugänglich, in der Hauptsaison Glück bei der Parkplatzsuche vorausgesetzt. Der Ort verfügt über eine Post, Supermärkte und Boutiquen, nach Budva verkehrt mehrmals stündlich ein Minibus.

Von Pržno führt ein angenehm schattiger Pinienwald-Wanderweg durch den Milocer-Park zu den **„königlichen" Stränden** bei Sveti Stefan.

Etwa 300 Meter nördlich der Ortszufahrt zweigt von der Magistrale in die Berge die 4 Kilometer lange Zufahrt zum **Kloster Duljevo** ab. Es liegt malerisch auf einem Kleinplateau der Paštrovići-Berge, 40 Meter über dem Meeresspiegel, und das bereits seit dem 14. Jhd. Nach etlichen Zerstörungen durch Kriege und Erdbeben ist das orthodoxe Nonnenkloster inzwi-

schen restauriert und auch wieder bewohnt. Schön sind die alten Wandmalereien und Fresken im älteren Teil der Kirche.

Unmittelbar südlich von Pržno befindet sich das **Kloster Praskvica**, eines der ältesten an der Küste. Schriftliche Aufzeichnungen gehen auf das Jahr 1413 zurück, allerdings belegen Archivfunde, dass bereits 1050 hier eine Klosterkirche errichtet worden war. Diese wurde dann um 1681 mit wertvollen Fresken ausgemalt, welche sich teilweise noch bis heute erhalten haben. Eine zweite Klosterkirche aus dem 17. Jhd. beherbergt ebanso einige Freskenmalereien und eine sehr wertvolle, vergoldete Ikonostase.

Sveti Stefan und Milocer (Landkarte freytag & berndt 1:150 000 J 4)

Das pittoreske Inselchen Sveti Stefan ist zweifelsohne Montenegros Juwel an der Rivieraküste und seit der Eröffnung des „Aman Sveti Stefan" der Inbegriff von feudalem Luxus, gepaart mit romantischer Inselidylle. Als Lockmittel in vielen Reiseprospekten angepriesen, bleibt das beschaulich wirkende Eiland dem Normalurlauber aber in der Regel verwehrt, selbst für einen kurzen Besichtigungsrundgang, denn für die Öffentlichkeit ist sie offiziell geschlossen. Mit seinen attraktiven, naturbegrünten Steinhäusern wirkt Sveti Stefan nicht nur in seiner heutigen, sehr gepflegten Form äußerst einladend, es hat auch noch Geschichte. Diese geht zurück in das 15. Jhd., als sich 1442 erst Herzog Stefan aus Bosnien, der Gründer Herceg Novis, das gerade mal 1,5 Hektar kleine Felsenhäufchen zu Eigen machen wollte, ohne Erfolg. Nach einem gescheiterten Angriff der Türken 1539 auf Kotor schufen die Verteidiger aus dem erbeuteten Gold für die 12 ortsansässigen Familienclans der Paštrovići auf dem schroffen, öden Felsen einen stark befestigten Ort der Verteidigung und Sveti Stefan bildete mit der Ansammlung von Fluchtburgen, Mauern und Häusern sogar ein wichtiges Handels- und Verwaltungszentrum der Region. Anfang des 19. Jhd. lebten an die 400 Menschen auf der Insel. Während der venezianischen Präsenz genoss Sveti Stefan Autonomierechte. Auf der Insel befinden sich drei Kirchen, die älteste war vermutlich eine der ersten Bauten auf der Insel und trägt auch deren Namen. Die anderen Kirchen stammen aus dem 19. Jhd. Doch was ist Sveti Stefan heute? Bereits 1952 wurden die letzten 20 Bewohner auf das gegenüberliegende Festland zwangsausgesiedelt, um einer tolldreisten Idee zur Folge aus dem idyllischen Fischernest eine exklusive Touristenhochburg zu schaffen. Schon 1955 entstanden aus den komplett restaurierten Gemäuern feine Apartments zur Vermietung. Der natürliche Damm, welcher Sveti Stefan mit dem Festland verband, wurde befestigt, so konnten die Residenzen inmitten von Pinien, Zypressen und Olivenbäumen bequem erreicht werden. Nach der Unabhängigkeit 2006 erwarb die asiatische Luxus-Immobilien-Gesellschaft „Aman" für 30 Jahre sämtliche Rechte an Sveti Stefan und Teilen des davor gelegenen Festlandes. Nach umfangreichen Um- und Ausbaumaßnahmen eröffnete dann 2014 das „Aman Sveti Stefan", ein Luxusdörfchen für etwa 250 zahlungskräftige Gäste. € 900,- kostet die Nacht

Tourismus gehobener Klasse spielt sich auch landseitig ab. Vor dem Damm zieht sich das neue Sveti Stefan den Hang hinauf, das Hotel „Villa Montenegro" (ab € 100,--/Nacht) wurde ebenfalls von Aman aufgekauft und gehört zum Resort, ebenso pachtete der Hotelkonzern gleich den Park von Milocer hinzu. Diese, einem botanischen Garten gleichende, Anlage inmitten eines Pinienwaldes wurde im 19. Jhd als königliches Sommer-refugium für die wohlhabende serbische Königsfamilie Kara-đorđević geschaffen. Die 27 Zimmer des vorderen Sommersitzes sind betuchten Gästen vorbehalten, Tennisplatz, Minigolf und Casino inklusive. Königlich sind auch die beiden rosa-sandigen, ruhigen Strandabschnitte, einer davon ist auch der Öffent-lichkeit zugänglich, € 75,-- Eintritt vorausgesetzt, dafür stehen die Liegen nicht ganz so dicht. Der Strand oberhalb des Dammes ist ausschliesslich für die Inselgäste bestimmt, der Abschnitt unterhalb für alle, Parkplätze sind vorhanden.

der rosa Strand von Milocer

Zwischen Sveti Stefan und dem nächsten größeren Ort Petrovac reihen sich eine Anzahl von größeren und kleineren Buchten, mehr oder weniger bequem erreichbar und erschlossen, aneinander. Im Sommer sind sie jedoch alle ziemlich voll. **Crvena Glavica** ist eine Ansammlung von sieben kleinen, felsigen Abschnitten, diese sind als Nudistenstrände bekannt. Empfehlenswert ist das saisonale Fischlokal. Etwas oberhalb gibt es einen einfachen Campingplatz und Apartments. Der kleine **Plaža Galija** besitzt einen grobkiesigen Strand mit Bar, Badesteg und den obligatorischen, kostenpflichtigen Liegen. Eine steile Abfahrt von der Magistrale führt zum großen Kiesstrand mit Restaurant, Lounge Bar und sogar Frischwasserquelle von **Drobnji Pijesak**. Die Zufahrt zum winzigen **Plažni Balun** liegt 1 Kilometer entfernt, er ist außerhalb der Saison ein kleiner Geheimtipp. Unterhalb des Klosters Reževići liegt **Perazica Do**, im Grunde ein wirklich wunderschöner Kiesstrand mit genügend Parkplätzen und einer Bar, wenn da nicht diese hässliche, monströse, schon wieder dem Verfall geweihte Bauruine wäre.

der gepflegte Strand von Bečići

der wilde Strand von Perazica Do

Für einen Besuch sehr verkehrsgünstig liegt das **Kloster Reževići**, nämlich unmittelbar zwischen Magistrale und Küste, 3 Kilometer nördlich von Petrovac. Der Name geht auf einen der Paštrovići-Stämme zurück und wurde auch ihnen zu Ehren errichtet. Bereits in der Antike befand sich an dieser Stelle ein kleines Heiligtum. Die eigentliche Gründung jedoch erfolgte erst im 13. Jhd. durch die serbische Nemanjiden-Dynastie. Die Anlage umfasst neben Verwaltung und Mönchsunterkünften aus dem 19. Jhd. noch zwei Gotteshäuser, die kleine Uspenje Bogorodice, die Kirche Maria Himmelfahrt, ließ Stefan I. 1226 erbauen, in ihr sind noch alte Fresken und Gemälde zu sehen. Sveti Trojca (heilige Dreifaltigkeit) stammt aus dem Jahr 1770 und erhielt 1839 den markanten Glockenturm, die üppigen Fresken wurden mit tiefsatten Farben rekonstruiert. Das Kloster ist 1979 beim Erdbeben stark in Mitleidenschaft gezogen worden aber inzwischen komplett restauriert und steht unter dem Schutz der UNESCO.

Petrovac (Na Moru) am Meer und Umgebung (Karte freytag & berndt 1:150 000 J 4)

Knapp 1.500 Einwohner beherbergt der beliebte Küstenort, verkehrsgünstig mittig zwischen Budva und Bar gelegen (je 20 km). Auch die alte, landschaftlich schöne Gebirgsstraße von Podgorica bzw. dem Skadar-See endet nach 45 km hier. Umgeben von Weinbergen, Pinienwäldern und Olivenhainen, an den Ausläufern der Paštrovići-Berge, ist er als Basis für einen Badeurlaub oder einige Wanderungen recht gut geeignet. Der lebhafte Ort und der 550 Meter lange, rötliche Sand-/Kiesstrand der in sich abgeschlossenen Bucht ist durchaus eine gute Alternative zu den belebten Stränden bei Budva, wenngleich im Sommer nicht wesentlich ruhiger. Die zahlreichen Hotels bewegen sich preislich meist im höheren Bereich und werden vorwiegend an Pauschalurlauber vergeben, überwiegend wochenweise. Günstigere Apartments und Ferienwohnungen findet man in dritter Reihe hangaufwärts, dann ist Schluss, eine weitere räumliche Ausdehnung verkraftet der Ort kaum noch. Auch in Petrovac nagte der Tourismuszahn an der idyllischen

die attraktive Fußgängerzone...

Substanz des ehemaligen Fischerdörfchens. Wie zu erwarten, ist davon nach mehreren Jahrzehnten Entwicklung nichts mehr übrig, an die Stelle trat dafür enorm viel Mittelmeer-Flair. An der Uferpromenade, hier recht ansprechend mit viel Grün, Palmen und Pinien, reiht sich das übliche Angebot an Bars, Fast-Food, Restaurants und Cafés aneinander. Am südlichen Strandende gelangt man durch einen 10 Meter langen Tunnel zum attraktiv gelegenen Ausfluglokal "Ponta" mit Badeplattform.

Kulturell ist man flott durch die wenigen geschichtlichen Relikte hindurch. Die Ortsgründung geht zurück auf die Illyrer, nahe Ruinenfunde belegen eine anschließende römische Epoche. Die Reste einiger Bodenmosaike aus dem 3. und 4. Jhd. und einer Villa nahe der kleinen Kirche Sveti Thomae, oberhalb des nördlichen Strandabschnittes, sind derzeit offiziell nicht zugänglich (über einen Fußpfad gegenüber der Kirche erreicht man das kleine Areal hinter Glas). Weitere Aufzeichnungen belegen eine offizielle Gründung durch die Serben für das 12. Jhd., im weiteren geschichtlichen Fortgang durchlief Petrovac, das bis 1918 Lastva hieß, wie fast alle anderen Orte an der montenegrinischen Küste, eine venezianisch-österreichische Biografie. Übrig geblieben sind ein venezianisches Kastell, das alte österreichische Lazarett und eine Kirche auf dem schroffen, zerklüfteten Nordfelsen. Im restaurierten Lazarett befindet sich heute ein Restaurant.

...der Strand und das Lazarett...

Wem es hier in der Saison zu voll wird, kann sich natürlich auch in die nur 500 Meter entfernte, öffentliche Bucht von Lučice zurückziehen, über einen Weg vom südlichen Ortsausgang am Sportplatz vorbei zu erreichen. Der angenehm grüne Strandabschnitt verfügt landseitig über keine Hotels und hier dürfte sich auch im Hochsommer noch das eine oder andere freie Fleckchen finden lassen. Die örtlichen Bootsverleiher bieten Exkurse zu etlichen schönen, nur vom Meer aus zugänglichen Badebuchten, wie z.B. der Königinnenstrand in der Bucht von Pećin. Die beiden vorgelagerten Inselchen Katič und Sv. Nedelja sind beliebte Taucherziele. Auf Letzterer befindet sich eine kleine Kirche voller Votivgaben vieler gestrandeter Seefahrer.

...und die blaue Grotte dahinter

Die Buljarica-Bucht und Čanj

Zwischen Petrovac und Sutomore liegt einer der längsten Strände der Adriaküste. Ein richtiges, fast schon ursprünglich anmutendes Juwel ist der knapp 2,4 km lange Sand-/Kiesstrand vom gleichnamigen, natürlich belassen wirkenden Ort Buljarica.

Doch man hat hier Großes vor - in den nächsten Jahren wird sich das Aussehen gewaltig verändern, ein neuer Standort für noch mehr Luxus-Tourismus.

Viel üppige Vegetation und zahlreiche Olivenhaine dominieren das dünn besiedelte Flachland, welches ringsum von grünen Hügeln umgeben ist, die man bei der Anfahrt überquert. Eine Folge davon, dass Buljarica sogar ein wenig unter dem Meeresspiegel liegt. Hier kann man noch erschwinglich Urlaub machen, das Unterkunftsangebot beschränkt sich auf Kleinhotels, Apartmanis, Pensionen, Ferienwohnungen und Privatunterkünfte und einen Campingplatz, am Strand muss man mit übersichtlicher Restaurantauswahl vorlieb nehmen. Und selbst in der Hochsaison ist dieser überschaubar frequentiert, die Besucher verlieren sich einfach bei solch einer Weite. Hinzu kommt, dass in den südlichen Teil der Bucht kaum vernünftige Zufahrtswege führen, meist enden diese in irgendwelchen Privatgrundstücken.

Tipp für Camper: Etwas nördlich vom Ortskern liegt das Auto-Kamp Maslina. Der ehemals etwas in die Jahre gekommene Platz wurde wieder sehr schön hergerichtet, die Sanitäranlagen auf Vordermann gebracht und das Serviceangebot umfassend erweitert. Die schattigen Stellplätze im Olivenhain sind geräumig, zudem gibt es einen Zugangsweg zum Meer. Der junge Betreiber Michael Zaradic spricht perfekt deutsch.

Gute Vorabinformationen: **www.campingmaslina.com** (auch auf deutsch).

Einige Kilometer weiter, südlich des 280 Meter hohen Dubovica-Küstenberges, liegt **Čanj** mit seiner über 1 Kilometer langen Bucht, aufgrund seiner feinen Kieselsteine auch Perlenstrand genannt. Dieser Ort wird ebenfalls eher dominiert von Unterkünften für Urlauber mit schmälerem Budget und Liebhaber lauter Musik, zwei Diskotheken am Strand sorgen im Sommer unüberhörbar für nächtliche Unterhaltung. Am Wochenende wird der Strand von Tagesbesuchern aus Podgorica bevölkert (und zugemüllt), durch die neue Schnellstraße und den Sozina-Tunnel (mautpflichtig!) durch die Berge benötigt man gerade mal 45 Minuten bis hierher. Besser weicht man mit dem Boot zur malerischen und weitaus ruhigeren Pečin-Bucht, nördlich von Čanj, aus.

Sutomore (Karte freytag & berndt 1:150 000 J 4)

Noch zu Beginn der jugoslawischen Ära war auch hier nur ein kleines Dörfchen zu finden. Im Laufe der Jahrzehnte hat sich der Küstenabschnitt mit seinem knapp 2 Kilometer langen Strand nicht nur zur öffentlichen Badeanstalt der Sonnenhungrigen aus Bar und Podgorica entwickelt, durch die Bahnanbindung ist er vor allem bei Reisenden mit öffentlichen Verkehrsmitteln beliebt. Hinzu kommt, dass der über 4 Kilometer lange (gebührenpflichtige), 2005 fertiggestellte Sozina-Tunnel unter den Paštrovići-Bergen hindurch die Fahrtzeit von der Tiefebene um den Skadar-See bis hierher enorm verkürzt. Hauptsächlich besteht Sutomore aus Hotels und anderen Unterkünften, meist recht günstig im 2-Sterne-Bereich mit einfacher Ausstattung. Diese haben oftmals nur von Mai bis September geöffnet, inklusive dem ganzen Wassersport-Rummel und Fast-Food-Angebot, dazwischen leben die meisten Betreiber ganz woanders und Sutomore wirkt wie ausgestorben, obwohl sich die Ortschaft gerade dann als guter Ausgangspunkt für Wanderungen im Rumija-Gebirge eignet.

Geschichtliche Überreste sucht man so gut wie vergebens, einzige kulturhistorische Attraktion sind die stattlichen **Ruinen der Befestigungsanlage Tabija (Golo Brdo)** aus dem Jahr 1862, auf einem küstennah exponierten Fleckchen nördlich der Bucht zu finden.

In unmittelbarer Umgebung lohnt sich dann durchaus noch der Aufstieg zur alten **Festung Haj Nehaj**, auf dem 230 Meter hohen Hügel Richtung Petrovac gelegen. Im 16. Jhd. verlief die Grenze zwischen venezianischem und osmanischem Territorium bei Sutomore und Petrovac, also baute man den vorher schon länger bewohnten Hügel mit einer Kirche aus dem 13. Jhd. zu einer Verteidigungsanlage aus, sie konnte 900 Menschen aufnehmen. Verzierungen zufolge war es eine venezianische Errichtung, die später nach der Verschiebung der Territorien auch von den Türken (zu dieser Zeit entstand der Name, was soviel wie „Gib Acht - hab keine Angst!" heißt) genutzt und von den Montenegrinern befreit wurde. Der Blick von hier oben auf die Küste ist fantastisch. Ein Aufstieg (ausgeschildert, ca. 20 Minuten, teils steiniges Gelände) ist nur vom Ort Zagrađe (Hotel Fleur de Orange) möglich, der Abzweig liegt unmittelbar nördlich von Sutomore.

Bade-Tipp: Zwischen Zagrađe und Sutomore liegt das kleine Kap Kricevac. Eine schnurgerade Strecke führt an den Rand eines Pinienwaldes, unterhalb existieren einige kleine Badebuchten, außerhalb der Saison hat man sie sogar fast für sich alleine.

Tipp - die Badebuchten am Kap

Bar und Stari Bar (Highlight)
(Karte freytag & berndt 1 : 150 000 K 5)

Nur an die 14.000 Einwohner zählt Montenegros Fähr- und Güterhafenstadt und gehört damit noch nicht mal zu den größten Städten. Das „weite Tor des Landes" liegt am Fuße des Rumija-Gebirges und trennt die montenegrinische Riviera von der Ausgleichsküste bei Ulcinj und der Ada Bojana ganz im Süden. Mit den umliegenden Gemeinden leben derzeit etwa 44.000 Menschen in der Region Bar, wovon aber weniger als die Hälfte Montenegriner sind. Die anderen ethnischen Gruppen bilden Serben, Albaner, Bosnier, Kroaten und Roma. Das heute zweigeteilte Bar setzt sich von weitem schon mit seinen modernen, ausgedehnten Verlade- und Fährterminals sowie den riesigen, angrenzenden Tanklagern unattraktiv in Szene. Vom ursprünglichen Fischerdörflein, welches sich nach Zerstörung der Altstadt

die Sommerresidenz des Königs

1877 an der Küste entwickelt hat, ist auch hier nichts mehr übrig. Fast ebenso wenig von der endlos weiten, idyllischen Bucht. Mit dem Ausbau des Hafens nach dem Krieg entwickelte sich Bar zu einem rasch wachsenden Wirtschaftsstandort mit zahlreichen Neubauten, einem ausgedehnten Straßennetz und einer erstklassigen Infrastruktur. Es ist eine sehr moderne, saubere und weitläufige Stadt, welche bei näherem Hinsehen mit ihren zahlreichen Park- und Grünanlagen eine doch recht angenehme Atmosphäre vermittelt. Allein ein Spaziergang im Hafenbereich, entlang der Marina mit den schmucken Yachten und zur Sommerresidenz des Fürsten Nikola spricht für einen Zwischenstopp. Die Passagierfähren von hier verkehren hauptsächlich zu den italienischen Städten Ancona, Bari und Brindisi. Direkt am Hafen befindet sich auch die Endstation der spektakulären Bahnlinie über Podgorica und die montenegrinische Bergwelt ins serbische Belgrad - kurz Titos Gebirgsbahn genannt. Neben dem regen Handel, welchen der Hafen mit sich bringt, stellt hauptsächlich der wachsende Tourismus einen nicht mehr wegzudenkenden Wirtschaftszweig dar, wenn auch nicht ganz so ausgeprägt wie in anderen Küstenorten.

Nördlich der Marina erstrecken sich bis zum Vorort Šušanj etliche Strandabschnitte, hier konzentriert sich das übersichtliche Unterkunftsangebot. Bar bietet aber auch ganzjährig ein reiches Kulturangebot mit Theateraufführungen, Konzerten und Ausstellungen, im Mai findet alljährlich wiederkehrend das Fernsehfilm-Festival statt. Und die heute verlassene Altstadt Stari Bar gehört zu den Highlights des Landes.

Chronik - Entsprechende Funde belegen eine prähistorische Besiedelung der Region um Bar. Die nähere Umgebung war in der Antike von Illyrern bewohnt und wurde später von den Römern eingenommen. Doch erst im 6. Jhd. entstand unter Kaiser Justinian auf dem Altstadthügel eine befestigte Siedlung, nachdem slawische Stämme Teile der Gegend verwüstet hatten. Im 9. Jhd. erfolgte die Gründung des Bistums. Die Stadt wurde damals als Antivareos oder Antibarum in den Aufzeichnungen geführt, was soviel bedeutet „der italienischen Stadt Bari gegenüberliegend". Bar entwickelte sich zu einem bedeutenden geistigen, wirtschaftlichen und politischen Zentrum. Im 12. Jhd. endete die bislang auch zeitweilig ausgesetzte byzantinische Herrschaft endgültig und Bar gehörte, wie der Rest des Adriaabschnittes, zum Reich der serbischen Nemanjidendynastie.

im Hafen ist das Militär präsent

Was der Stadt aber keine beständige Grundlage bescherte, denn es folgte bis zur endgültigen Übernahme der Venezianer 1443 ein ständiger Wechsel an Schirmherrschaften, meist waren es lokale Fürstenclans. Bar konnte aber stets seine innere Autonomie wahren und prägte sogar eigene Münzen. Die Stadt erlebte ihre Blütezeit im 16. Jhd., damals beherbergte sie etwa 4.000 Einwohner. Die Oberherrschaft der See- und Wirtschaftsmacht jenseits der Adria dauerte bis 1571, dann wurde sie für die nächsten 307 Jahre von den Osmanen abgelöst. Diese lieferten zwar bereits 1529 ein kurzes Zwischenspiel, konnten sich damals jedoch nicht dauerhaft behaupten. Entgegen des meist wirtschaftlichen Aufschwungs in osmanisch besetzten Regionen, erlebte Bar aber bereits im 17. Jhd. einen wirtschaftlichen Niedergang und die Stadt verfiel. 1878 wurde Bar von den Montenegrinern selbst befreit und größtenteils bei der Verteidigung zerstört, man konnte sich aber dadurch den lange erkämpften Meereszugang sichern. Im gleichen Jahr wurde Montenegro durch den Berliner Kongress für unabhängig erklärt.

die neue Kathedrale von Bar

Die noch in der alten Stadt verbliebenen Bewohner wanderten jedoch nach und nach an die Küste ab, sodass der Ministerrat des Fürstentums Montenegro 1908 beschloss, mit dem Bau einer neuen Stadt zu beginnen. Neu-Bar gilt übrigens als die am besten organisierte, modernste Stadt Montenegros und war lange Zeit die sauberste Jugoslawiens. Zeitgleich stellte man 1908 mit der Antivari-Bahn von Bar nach Virpazar die erste Bahnverbindung Montenegros fertig. Wie andere Küstenstädte war Bar nach dem Ersten Weltkrieg bis 1928 von Österreich-Ungarn besetzt, dann wurde die Stadt Teil des Königreiches Jugoslawien.

Der Zweite Weltkrieg brachte die Besatzung durch deutsche und italienische Truppen mit sich, nach der Befreiung 1944 entwickelte sich Bar zum bedeutendsten Hafen Ex-Jugoslawiens. Die letzten Bewohner verließen Stari Bar nach dem Erdbeben von 1979. Drei Jahre vorher wurde bereits der neue Normalspurbahnanschluss über Podgorica nach Belgrad fertiggestellt.

auf dem Weg nach Stari Bar

Stadtrundgang - Bars historische Wurzeln ruhen nur wenige Kilometer oberhalb der lebhaften Hafenstadt. Die Altstadt Stari Bar, malerisch und strategisch günstig auf einem Felsplateau an den Südhängen des Rumija-Gebirges gelegen, wurde nach dem großen Erdbeben inzwischen zu einem beachtlichen Teil wieder originalgetreu rekonstruiert. Ursprünglich gab es hier 240 Gebäude.

Mit einem Spaziergang durch die alten venezianischen und türkischen Gemäuer, eingerahmt von einer ansprechenden Landschaft, fühlt sich der Besucher zurückversetzt in eine Vielzahl vergangener Epochen von über 2.000 Jahren Besiedelung. Zumal hier der übliche geschäftige Trubel innerhalb der obligatorischen Altstadtmauern fehlt. Der findet auf dem Weg vom Parkplatz statt, den Weg säumen Cafés, Souvenirshops und kleine Gästehäuser, ein kurzer Besuch empfiehlt sich im muslimischen Gasthaus „Kaldrema" mit traditionellen, leckeren hausgemachten Spezialitäten.

der Uhrturm wurde rekonstruiert

Ab dem **Haupttor** startet man den Rundgang am besten im Uhrzeigersinn, links vorbei am alten **Zollhaus**, hier kann man eine kleine Ausstellung besuchen. Einige Meter vom osmanischen **Pulverturm** entfernt, gelangt man auf die **Zitadelle**, die ab dem 11. Jhd. entstand und zu venezianischer Zeit fertiggestellt wurde. Hier, vom höchsten Punkt, hat man heute den schönsten Blick auf die Stadt und das dahinterliegende Tal mit seinen üppigen Olivenbaumbeständen. Früher war die Zitadelle nur den Soldaten vorbehalten und in den beiden Weltkriegen dienten die alten Mauern als Gefängnis. Das lange **Aquädukt** jenseits der Mauern stammt aus türkischer Zeit und erwies sich aufgrund seiner abgeknickten Konstruktion als recht erdbebensicher und garantierte eine stete Wasserversorgung. Wieder am Pulverturm zurück, liegt links die kleine **Kirche Sveti Ivan** aus dem 15. Jhd. Wenige Meter weiter passiert man einen restaurierten **venezianischen Palast**.

der Blick von Alt auf Neu

Blumen für das Burgfräulein?

erdbebensicher durch den Knick

Folgt man dem Weg, liegt links etwas zurückversetzt die **Kirche Sveti Veneranda** aus dem 14. Jhd. Geradeaus durch die Ruinen erreicht man einen Aussichtspunkt bei den verfallenen Grundmauern der **St. Georgs-Kathedrale**, es bietet sich ein wunderbarer Blick auf die Küste. Westlich davon liegen die Reste der gotischen **St. Katharina-Kirche**, etwas weiter der restaurierte **Uhrturm**, von den Türken 1752 erbaut. Nördlich davon gelangt man zum recht gut erhaltenen **Hamam**, mit einer durchdachten Dampftechnik ausgestattet und eines der wenigen Überreste aus osmanischer Zeit. Selbstverständlich gab es auch **etliche Moscheen**, diese wurden aber in der Zeit nach der türkischen Niederlage und der Rechristianisierung wieder zu adäquaten Gebäuden umgewandelt. Folgt man dem Weg vom Uhrturm nach links unten, passiert man vor Erreichen des Haupttores die **Ruinen des Fürsten- und Bischofspalastes.** Die Gebäude sind sehr gut mittels Schilder gekennzeichnet (**i** - 10.00-8.00 h, € 2,--, Faltplan erhältlich).

Neu-Bar an sich ist alles andere als spektakulär, vereint aber, wie viele andere Küstenstädte, einen charmanten Mix aus Moderne, viel Leben und einen Hauch von alter Monarchie. Unmittelbar nördlich des Yacht- und Sportboothafens befindet sich die ehemalige **Sommerresidenz Dvorac Kralja** des Fürsten und späteren Königs Nikola. Er ließ den ockergelben Palast 1885 als Geschenk für seine Tochter Zorka errichten, ursprünglich aber diente er dem König und begeisterten Segler nicht nur als Feriensitz, hier empfing er auch bequem diejenigen seiner Staatsgäste, die über den Seeweg anreisten. Er selbst war im Besitz mehrerer stattlicher Yachten, welche hier ankerten, eine davon liegt hier sogar auf Grund. Damals war dieser Bereich des Hafens ausschließlich der Königsfamilie vorbehalten. Das schöne Gebäude im Jugendstil ist von einem schattigen Park umgeben mit Pflanzen aus aller Welt, im Inneren beherbergt es heute das kleine Heimatmuseum. Darin ausgestellt werden Funde aus Stari Bar, Antiquitäten, Ölpressen, Getreidemühlen, edles Mobiliar aus dem 19. Jhd., Trachten und Kleidung aus der damaligen Zeit und es erzählt die Geschichte über den Bau der Eisenbahnlinie zwischen Bar und Virpazar. (**i** - 8.00-14.00 h, 17.00-21.00 h, € 1,50).

Schräg gegenüber, auf der anderen Seite der Ulica IV Crnogorske Brigade, der nördlichen Zufahrtsstraße zur Neustadt, fällt ein gelungenes Prunkstück neueren Datums auf. Die gigantische, 2016 fertiggestellte **serbisch-orthodoxe Kathedrale** des serbischen Schutzheiligen der Stadt, Sveti Jovan Vladimir, ist ein überaus elegantes, modernes und beeindruckendes Bauwerk. Vor über 20 Jahren bereits begann man mit dem Bau des 1.200 m² umfassenden Tempels, 41 Meter hoch. Er beherbergt auf 4.860 m² Fresken, ein 550 m² großes Bodenmosaik, zudem eine marmorne Ikonostase von 18,5 Metern Länge und ein marmornes Taufbecken.

die 3 Hüte des Einkaufszentrums

Auffälliger Kontrast im Zentrum ist das futuristische Warenhaus oder **Einkaufscenter** aus sozialistischer Zeit - **Robna kuća**. Es besteht aus drei miteinander verbundenen, hutartigen Bauelementen mit sechseckigen Fenstern und einer unterschiedlichen Anzahl an Stockwerken. In den letzten Jahren haben mehr und mehr Geschäfte das alte Gebäude wiederbelebt. Den Platz davor bewacht ein Obelisk mit dem Wappen Bars. An gleicher Stelle "tickt" eine **Sonnenuhr** mit einem im Boden eingelassenen Betonzeiger und Ziffernblatt.

Bar werden die wenigsten als längeren Aufenthaltsort wählen, die wenigen Strände und das Meer sind durch die Nähe des Container- und Fährhafens auch nicht die saubersten.

Eine **Touristeninformation** befindet sich nur wenige Meter vom Fährterminal in der Ul. Vladimira Rolovića, www.visitbar.org, viele Infos aber nur montenegrinisch, Tel.: +382 30 311633. Größere **Parkareale** findet man nördlich der neuen Orthodoxen Kathedrale (kostenpflichtig);

Bahnhof und Busbahnhof befinden sich südlich vom Zentrum, am Kreisverkehr an der Katholischen Kirche die Seitenstraße am Hard Discount vorbei ca. 900 Meter nach Süden, www.zcg-prevoz.me; Bar ist Ausgangspunkt der spektakulären Gebirgsbahnstrecke (S. 144)!

Den **Fährverkehr** nach Italien wickelt www.montenegrolines.net ab., allg. Infos:lukabar.me;

Wer doch über Nacht bleibt, kann das z.B. im Le Petit Chateau tun, angenehme Unterkunft mit freundlichem Personal , gutes Restaurant mit dabei, unmittelbar am Jachthafen. DZ ab € 70,--, Tel.: +382 30 314 400, über Buchungsportale reservieren;

Bessere Alternativen bietet die Altstadt Stari Bar, schick und trotzdem gemütlich hier ist das Boutique Hotel Kula, auf dem Zufahrtsweg zum Altstadttor gelegen, hell und viel Flair. DZ ab € 38,--, Tel.: +382 67 249744, www.kulastaribar.me; leckere Gerichte gibt es in der Konoba Bedem, schräg gegenüber, inkl. kleinem Shop für Kulinarisches.

Die Umgebung - Die Gegend um Bar ist berühmt für die üppigen und ertragreichen Olivenhaine, viele der geschätzt mehr als 100.000 Bäume zwischen hier und Ulcinj könnten Geschichten erzählen. Entlang der südlichen Zufahrt zur Altstadt findet man mit der Ausschilderung „Stara Maslina" (Richtung Ulcinj) den vielleicht **ältesten Olivenbaum** Europas - den Ölbaum von Mirocica. Ungefähr 2.240 Jahre alt soll er laut Zertikikat sein und immer noch Früchte tragen! Eine Besichtigung des seit 1957 unter Naturschutz stehenden, eingezäunten Baumes kostet € 1,-- (Kinder 50 Cent). Das Olivenöl der Region gilt als das

beste Montenegros, wird auf traditionelle Art immer noch mittels Steinmühlen kaltgepresst und oft mit Knoblauch verfeinert. Die hochqualitative Ware aus dem Hause „Olio Prom" hat aufgrund seines hervorragenden Geschmacks und der guten Bioqualität natürlich auch seinen Preis.

Der Küstenabschnitt zwischen Bar und Ulcinj

Hat man den südlich von Bar gelegenen Küstenberg Volujica passiert, offenbaren sich bis Ulcinj einige sehr einladende Badebuchten vor der Kulisse des knapp 1.600 Meter hohen Rumija-Gebirges. Auffällig hier ist, dass die inzwischen so gewohnt enge und fast nahtlos ineinander übergehende Bebauung der Ortschaften auffallend gemäßigt wirkt. Es geht ein ganz klein wenig anspruchsloser, ja zwangloser zu, als man das von Budva und Co. in Erinnerung hat. Das Unterkunftsangebot erfüllt in der Regel auch weniger gehobene Ansprüche, meist handelt es sich um Ferienwohnungen und Apartments mit Selbstversorgung. Luxushotels sucht man hier vergeblich, Restaurants und Strandkneipen fehlen natürlich nicht, ebenso wenig ein angemessenes Angebot an Freizeitaktivitäten und selbst im Sommer wird man noch das eine oder andere freie Strandfleckchen finden.

Unterhalb von **Dobra Voda** erstreckt sich der knapp 300 Meter lange, große Sandstrand „Veliki Pijesak". Bis auf einen kleinen Abschnitt ist er durchwegs öffentlich, der südliche Zipfel gehört zum 4-Sterne-Resort „Kalamper", einem Apart-Hotel mit allen Annehmlichkeiten rund um die Uhr, inklusive Flughafentransfer (ab € 90,-- über Buchungsportale).

Das Rumija-Gebirge

Die Rumija im Südosten Montenegros erstreckt sich über nur 10 Kilometer Länge und bildet mit den Paštrovići-Bergen eine natürliche Grenze zwischen der Adria und dem Skadar-See sowie der Zeta-Ebene bei Podgorica. Dieses Gebirge hatte auch historisch gesehen stets eine große strategische Bedeutung, es konnte nur an wenigen Stellen überwunden werden. Heute geht das mit dem Fahrzeug lediglich über eine gewundene Panoramastrecke, die ihren höchsten Punkt im 805 Meter hohen Pass bei Sutorman hat. Eine wirklich sehr schöne Alternative zur Abkürzung durch den 4.189 Meter langen, gebührenpflichtigen Sozina-Tunnel am Übergang zu den Paštrovići-Bergen. Seit der Fertigstellung 2005 werden die alten Passstraßen kaum noch befahren und sind damit auch in einem entsprechenden Zustand. Der höchste Gipfel der Rumija ist 1.594 Meter hoch, trägt den gleichen Namen wie das Gebirge und bietet wohl einen der spektakulärsten Blicke auf die Küste und auch auf weite Teile der Skutari-Tiefebene. Zur Adria hin fällt das Bergland sehr steil ab und bildet mit über 1.500 Metern die höchste Höhendifferenz Montenegros. Der Gebirgszug ist ein ausgezeichnetes, küstennahes Wandergebiet, so ist z.B. der Gipfel ab der Altstadt von Bar in etwa 4-5 Stunden zu erwandern. Auch um die Gegend des kleinen Ortes Vladimir, zwischen Krute und Donja Klezna, nahe der albanischen Grenze, gibt es einige gute und auch entsprechend ausgeschilderte Wandertrails (alle mit Länge, Zeit und Schwierigkeitsgrad; manchmal sogar mit guten Zusatzinfos auf großen Tafeln). Und von Sutomore aus erreicht man ebenfalls in etwa 5 Stunden den Gipfel der Vrsuta auf 1.183 Metern Höhe. Kürzere Wanderungen sind zudem direkt ab der Passstraße gut möglich, ebenfalls allesamt bestens ausgeschildert und gekennzeichnet. Der Rumija-Gipfel hat auch eine höchst religiöse Bedeutung. Ein Zeichen der Intoleranz gegenüber den katholischen Christen im Land, welche alljährlich in einer großen Pfingstprozession vom Dorf Velij Mikulići auf den Gipfel ziehen und dem Märtyrer und Schutzpatron der Stadt Bar Jovan Vladimir gedenken, setzte man mit einer unüberdachten Dreistigkeit aus serbischem Haus im Juni 2005. Die serbisch-orthodoxe Kirche wollte ihr Standbein in Montenegro bekräftigen und das ausgerechnet im von Katholiken und Moslems geprägten Gebiet um die Rumija. Mit Hilfe eines serbischen Armeehubschraubers (damals stand das gesamte Militär noch unter Belgrads Kommando) platzierte man ohne Genehmigung der zuständigen montenegrinischen Behörden mitten auf dem Gipfel die 8 m² große Blechkapelle der Heiligen Dreifaltigkeit. Die dreiste Nacht-und-Nebel-Aktion hatte weniger einen religiösen Hintergrund, sondern war eine absolut unverschämte Machtdemonstration und Provokation Montenegros gegenüber zum damals bevorstehenden Unabhängigkeitsreferendum. Einen guten Zweck erfüllt das unscheinbare Kirchlein heute dennoch - es dient als sehr gut befestigte Schutzhütte für Wanderer.

Es folgt der angenehme und beschaulich wirkende Ferienort **Utjeha**, dort lockt ebenfalls ein einladender, kiesiger Strandabschnitt. Das Wasser hier an der Bucht **„Uvala Maslina"** ist durch unterirdische Süßwasserquellen ungewöhnlich türkis und klar. Das Hinterland ist übersät von Olivenhainen, welche der Maslina-Bucht ihren Namen gaben. Der 200 Meter lange Strand von Utjeha wurde mit der „Blauen Flagge" ausgezeichnet, ein Gütezeichen für Sauberkeit und nachhaltigen Tourismus, vergeben von der internationalen Stiftung für Umwelterziehung.

Urlaubs-Tipp: Am südlichen Ortsrand von Utjeha befinden sich sehr ruhig gelegen, mit einer phantastischen Aussicht von der großen Dachterrasse auf das Meer, die 4-Sterne-Ferienwohnungen und Apartments UTJEHA. Als erstes Feriendomizil Montenegros ist die gepflegte Anlage des Deutschen Michael Bader mit inzwischen sieben geräumigen Unterkünften 2012 mit dem „EU-Ecolabel" ausgezeichnet worden, dem höchsten Umweltsiegel der Europäischen Kommission für Tourismusbetriebe, hier erstmals verliehen in einem Nicht EU-Land. Ein Jahr später folgte der „EU Ecolabel Communication Award", eine ebenfalls hohe Auszeichnung für zertifizierte Betriebe, die sich engagiert und nachhaltig für die Umsetzung des Umweltbewusstseins in der Öffentlichkeit und Bevölkerung einsetzen. Bei UTJEHA.me - Michael - kann man sich nicht nur auf Umweltschutz und hervorragende Betreuung verlassen, sondern auch entspannten und zugleich erlebnisreichen Urlaub verbringen. Neben einer Mietwagenvermietung gibt es spannende, begleitete Ausflüge in das Hinterland mit viel Insiderwissen, zudem Yachtausflüge zu abgelegenen Traumbuchten. Ausführliche Infos und Buchung: **www.utjeha.me**

Tipp für Camper: In der Bucht „Uvala Maslina" kann man zwischen zwei familiär geführten Campingplätzen wählen: **Camping Oliva** (42°00'37.0"N 19°09'04.2"E; www.oliva.co.me) und **Camp Utjeha** (42°00'36.1"N 19°09'03.6"E; www.campingutjeha.com). Beide verfügen über schattige Wiesenplätze, saubere Sanitäranlagen und unmittelbare Strandlage. Die Plätze im Hochsommer (Ende Juni bis Mitte September) unbedingt reservieren!

Die hufeisenförmige **Bucht von Valdanos** mit ihrem schmalen, aber immerhin 320 Meter langen Kiesabschnitt ist eine der schönsten Montenegros, mitunter auch dadurch, dass hier die sonst so übliche Strandbebauung komplett fehlt. Noch - auch für diese Idylle existieren natürlich große Pläne in Richtung Luxustourismus à la Luštica-Bay. Beidseitig bilden bewaldete Hänge den Abschluss, das hügelige Hinterland ist ausgesprochen grün, hinter einem Streifen Kiefern und Pinien erstrecken sich endlose Olivenhaine. Das Durchschnittsalter der geschätzt 90.000 Ölbäume liegt bei 300 Jahren, manche stammen sogar noch aus griechischer Zeit, also v. Chr.! Das Olivenöl der Gegend gehört zum besten des Landes. Bis zur jugoslawischen Ära war Valdanos durch die geschützte Lage Piratenstützpunkt und auch Quarantänehafen von Ulcinj. Danach diente die Bucht der Militärelite zu Erholungszwecken, noch heute gibt es einige Sperrzonen.

Und auch der sozialistische Campingplatz mit seinen 200 Stellplätzen, Bungalows, Shops und Restaurants hat es nicht bis in die Gegenwart geschafft. Der Strand ist jedoch trotz (offener) Schranke zugänglich und auch im Sommer übersichtlich frequentiert, da es an Unterkünften fehlt. Durch den schnell steil abfallenden Meeresuntergrund ist Valdanos ein hervorragendes Tauchgebiet. **Anfahrt:** 5 km nördlich von Ulcinj über die parallel zur M2.4 verlaufende Nebenstraße (ausgeschildert).

Ulcinj (Top-Tipp) (Karte freytag & berndt L 6)

Die knapp 22.000 Einwohner zählende, südlichste Stadt Montenegros ist nicht nur optisch äußerst muslimisch geprägt. Allein 75% der Bevölkerung sind muslimische Albaner, hinzu kommen nur 13% Montenegriner sowie wenige Serben und Bosniaken, welche sich zur katholischen bzw. orthodoxen Kirche zugehörig zählen. Somit ist die Stadt ein regelrechter Schmelztiegel dreier religiöser Kulturen - und das spürbar. Ulcinj wirkt mit seinen unzähligen Minaretten und dem hektischen, quirligen Straßentreiben einfach alles andere als montenegrinisch und hat den ganz außergewöhnlichen, orientalischen Flair einer charakteristischen Balkanstadt und schon ganz viel typisch Albanisches. Serbische Straßenbezeichnungen sucht man meist vergeblich und auch die offizielle Stadtsprache ist albanisch. Seit Jahrzehnten bereits ist Ulcinj eine beliebte Urlaubsdestination. Vor dem Jugoslawienkrieg war sie das hauptsächlich für Deutsche, Franzosen, Italiener und Engländer, heute bevölkern im Sommer vorwiegend Kosovo-Albaner und im Ausland lebende Albaner den Ort, denn nirgendwo sonst im Land können sie sich mittels ihrer Muttersprache verständlich machen. Somit ist auch die touristische Infrastruktur sehr gut entwickelt und das reichliche Unterkunftsangebot von Privatzimmern bis hin zu guten Hotels bewegt sich im bezahlbaren Rahmen. Wirtschaftlich gesehen profitiert Ulcinj heute aber nicht nur vom Tourismus, die knapp 90.000 Olivenbäume der unmittelbaren Umgebung sorgen für hohe Erträge und ein gutes Olivenöl. Hinzu kommen Feigen, Zitrusfrüchte, Mandeln und Kiwis, die auch die Märkte der Nachbarländer füllen. Jedes Jahr, am ersten Samstag im April, wird mit Konzerten, Sportveranstaltungen und anderen Festivitäten der "Ulcinj-Tag" gefeiert - der Beginn der touristischen Saison, die Olivenernte des vergangenen Jahres und auch die Eröffnung der Segelsaison.

der Hafen und die Neustadt

Chronik - Ulcinj kann ebenfalls auf eine über 2.500 Jahre alte Geschichte zurückblicken und beansprucht, wie viele andere Ansiedlungen in Montenegro, den Titel „älteste Hafenstadt" für sich. Sie begann auf jeden Fall mit der Besiedelung durch illyrische Stämme auf dem Felsen der Altstadt und in unmittelbarer Umgebung. Kurz darauf ließen sich bereits im 5. Jhd. v. Chr. griechische Kolonisten nieder, auf welche die erste Stadtgründung zurückzuführen ist. Die illyrischen Clans konnten jedoch ihren Einfluss noch lange erhalten. 163 v. Chr. übernahmen die Römer die Herrschaft über das damalige Olcinium und es entstand eine befestigte Stadt mit vorwiegend römischen Bürgern. Bald hatte sie den Status eines Municipiums, einer zwar eigenständigen Stadt, aber in ihren Rechten und Pflichten an Rom gebunden. Nach der Teilung des Reiches 395 n. Chr. gehörte Ulcinj zu Ost-Rom und die Bürger bekannten sich zum Christentum. Man ernannte einen Bischofssitz und das Bistum konnte sich bis zu Beginn der osmanischen Herrschaft seinen Einfluss sichern. Zwischen dem 9. und 12. Jhd. gehörte die Stadt zu den Fürstentümern der Zeta und Raszien innerhalb des Serbischen Reiches und entwickelte sich zu einem äußerst wichtigen Hafen und Handelszentrum der Serben. Unter der Führung der serbischen Balšić, einer Adelsfamilie der Zeta, konnte der Status weiter gefestigt werden. Erst ein Einfall der Mongolen setzte der Glanzzeit ein vorübergehendes Ende. 1405 übernahmen die Venezianer die Vormachtstellung, mussten diese aber 1571 an die Osmanen abgeben.

Piraterei und Sklaverei gehörten bald zu den einträglichsten Geschäften und entwickelten sich ungehindert weiter, im 17. Jhd. hatte Ulcinjs Flotte 500 Zweimasterschiffe und war als Piratenhochburg gefürchtet und geachtet. Ebenso wie andere Küstenorte konnten die Montenegriner 1878 Ulcinj endlich im Krieg gegen die Osmanen erobern. Da die Türken jedoch vehement ihren Anspruch auf die Stadt vertraten, wurde sie erst im November 1880, nach Intervention der damaligen Großmächte, endgültig dem Fürstentum Montenegro angegliedert, damals als die zweitgrößte des Landes. Aber abweichend von anderen montenegrinischen Städten blieb die Mehrheit der Bewohner muslimisch, bis heute.

Stadtrundgang - Bei jedem Schritt durch Ulcinj ist der historische Reichtum des Ortes zu spüren. Bereits unterhalb der **Altstadt** erstreckt sich ein umfangreiches Stadtareal mit sehenswerten Gebäuden, am besten beginnt man den Rundgang am **Sheshi Ullirit**, wenige Meter südlich der Magistrale. Acht von unzähligen Moscheen sind heute noch gut erhalten, sie sind jedoch durchgehend schlicht und ohne Schnörkel. Man kann sie tagsüber außerhalb der Gebetszeiten betreten. Direkt am Platz befindet sich die **Xhamia e Kryepazarit**, auch Xhamia e Majapazarit genannt. Sie stammt aus dem Jahr 1749 und wurde 1995 restauriert. Etwa 100 Meter südöstlich liegt etwas zurückversetzt vom Bulevard Gj. Skënderbeu die schlichte **Xhamia e Bregut** aus dem Jahr 1783, gestiftet von einem osmanischen Kapitän, sie wurde 1986 restauriert. Direkt gegenüber liegt das **Marktgelände** (s. Tipp), daneben eine der vier verbliebenen Türben, eine

muslimische Grabstätte. 100 Meter in die entgegengesetzte Richtung trifft man direkt an der Rr. Ymer Prizreni auf die **Xhamia e Lamit** aus dem Jahr 1689, ebenfalls restauriert. Folgt man nun der Rr. Hafiz Ali Ulqinaku Richtung Meer, liegt links zurückversetzt die **Hauptmoschee Xhamia Namazgjahu**, errichtet 1728. Diese wichtige Moschee, auch Xhamia Pazarit genannt, wurde vor kurzem aufwendig renoviert und ist die schönste der Stadt. Schräg dahinter fällt der weit sichtbare **Uhrturm Sahat Kula** aus dem Jahr 1754 auf. Die Meile ist übrigens eine der lebhaftesten Ulcinjs, hier reihen sich kleine Wirtschaften, Läden, günstige Unterkünfte und Souvenirshops aneinander, im Hochsommer scheint hier kein Durchkommen zu gelingen. Nach etwa 800 Metern vom Ausgangspunkt zweigt nach rechts oben die Buda Tomovica ab, dort findet man die 1719 errichtete **Xhamia Sinan Pasha** mit ihrem schlanken Minarett. Daran angegliedert ist ein ehemaliger **Hamam**, er ist jedoch meist verschlossen, vom Innenhof der Moschee kann man aber einen Blick in den Zentralbereich der Badeanstalt werfen. Unten an der Strandpromenade liegt die hübsche **Xhamia e Detarëve,** auch Seemannsmoschee genannt. Sie wurde im 14. Jhd. ursprünglich als Leuchtturm errichtet und erst im späten 17. Jhd. zu einer Moschee umfunktioniert.

Ulqinj hat, obwohl sich dort die Anzahl der Attraktionen in Grenzen hält, eine der reizvollsten montenegrinischen Altstädte, sie zieht sich mit ihren engen Gassen und mehrstöckigen Steinhäusern malerisch auf dem der Küste vorgelagerten Felsplateau empor. Dieses war bis

1444 ein gutes Stück größer, damals stürzten bei einem Erdbeben große Fels- und Gebäudeteile ins Meer, einige davon sind von der Mauer aus noch zu sehen. Auch die Erschütterungen von 1667 und 1979 kosteten der Stadt viel Substanz, doch die meisten der alten Bauwerke konnten inzwischen originalgetreu rekonstruiert und restauriert werden.

In ihren Ursprüngen wurde die **Altstadt** fast ausschließlich zu militärischen Zwecken genutzt, wobei man einen eigenen Brunnen und Vorratsräume hatte und sich somit auch eine Zeitlang eigenständig versorgen konnte. Gewohnt wurde vorwiegend um den natürlichen Hafen unten am Meer.

der Stadtstrand - mittendrin

Man betritt sie am besten am stattlichen Südtor, welches über eine Treppe vom Parkplatz bzw. der Mole aus zu erreichen ist. Unmittelbar dahinter befindet sich rechts etwas erhöht der restaurierte **Palata Venezia**, ein venezianisches Relikt, dessen Räumlichkeiten zu attraktiven Apartments umfunktioniert wurden. Auch im Palast der serbischen Herrscher- und Adelsfamilie Balšić (**Dvori Balšića**) aus dem 14. Jhd. gibt es heute geräumige Apartments, teils mit toller Aussicht. Durch die verschlungenen Gassen gelangt man zum höchsten Punkt der Altstadt. In der **Zitadelle**, welche erst zu venezianischer Zeit fertiggestellt wurde, ist das sehenswerte und vielgeschichtige **Stadtmuseum** untergebracht. Ausgestellt werden neben Trachten und Gebrauchsgegenständen aus Haushalt und Handwerk in den Mauergewölben auch archäologische Fundstücke und Berge von Kanonenkugeln. Im vierstöckigen **Wehrturm** (Kula), welcher ebenfalls den Namen der Familie Balšića trägt, ist eine Kunstgalerie untergebracht, dort treffen sich gerne die lokalen Künstler. Daneben werden als Ergänzung auch etliche antike Exponate ausgestellt.

enge Altstadtgassen gibt es viele

Sehenswert ist zudem die originalgetreue **Miniaturnachbildung** der Altstadt im kleinen Raum vor dem Museum. Die einstige **Kirche der Heiligen Maria**, 1510 von den Venezianern errichtet, wurde später mit einem Minarett versehen und in eine Moschee umfunktioniert. Sie trägt nun zwar den Namen **Kirchenmoschee** (Bild), beherbergt aber christliche Fresken. Das kleine Areal davor wurde als Sklavenmarkt genutzt.

(ℹ – 01.05-31.10: 9.00-20.00 h, 01.11-30.4: 8.00-15.00 h, Montag geschlossen; € 2,--.)

Auffällig im Bereich der Zitadelle sind die ungeheuer starken Mauerabschnitte, die sogenannten **Zyklopenmauern**, aus unterschiedlich großen Steinen unregelmäßig zusammengesetzt. Die ältesten Mauerreste stammen übrigens aus illyrischer Zeit. Durch das Landtor dahinter gelangt man auf die Buda Tomovica, welche wieder zurück in die Neustadt führt.

Der Ort verfügt über mehrere **Strandabschnitte und Badebuchten**. Sobald die Badesaison beginnt, ist der "Kleine Stadtstrand - Mala Plaža", oder albanisch "Plazhi i vogël", direkt an der Uferpromenade mit seinem dunklen Sand immer überfüllt. Kleinere Abschnitte schließen sich südlich an und ganz am Ortsrand, nahe des Hotels Albatros, befindet sich der "Plaza za Zene", ein Strand nur für Frauen, dessen warme Schwefelquellen angeblich die Fruchtbarkeit fördern. Überhaupt zählen das Meer und die Strände hier, ohne industriellen Einfluss, zu den saubersten der montenegrinischen Küste. Der Sand ist generell sehr mineralstoffreich und somit gesund.

Die Übersichtskarte von Ulcinj befindet sich auf Seite 78

Tipp: Im nördlichen Stadtteil, am Bulevard Gjergj Kastrioti Skënderbeu, findet jeden Vormittag ein lebhafter, original orientalischer Markt bzw. Bazar statt. Traditionell gekleidete Frauen bieten am Zelena Pijaca alles an, was die Landwirtschaft hergibt. Die Männer sind für die handfesteren Nahrungsmittel wie Fisch und Fleisch zuständig. Dafür haben sie früher Feierabend, ab mittags lichtet sich das Spektakel. Feilschen ist hier durchaus üblich.

Die **Touristeninformation**: Ecke Rr. Vëllezërit Frashëri/Blvd. Gjergj Kastrioti Skënderbeu, 600 Meter südlich der M2.4, Mo-Fr, 8.00-15.00 h , +382 30412 333, www.ulcinj.travel.
Parken: In Ulcinj etwas einfacher als sonst an der Küste, in vielen Seitenstraßen gebührenfrei möglich. Auch unittelbar unterhalb des Altstadtaufganges und an der Hafenmole.
Transport: Der Busbahnhof liegt 200 m südlich der Magistrale über die Rr. Vëllezërit Frashëri links, hier auch die Avis-Vermietstation. Weitere Parkmöglichkeiten hinter dem Gelände.
Übernachten &Essen und Trinken:
Villa Dulcinea - schicke helle aber dennoch gemütliche Zimmer mitten in der Altstadt, teilweise mit tollem Blick auf das Meer, sehr gastfreundliche Betreiber und inkl. leckerem Frühstück, Kühlschrank im Zimmer. DZ ab € 45,--; Tel. +382 69 247 362, über Buchungsportale;
Hotel Pirate Old Town - tolles Ambiente, fantastischer Ausblick, freundliches Personal und üppiges Frühstück inmitten der Alstadt. DZ ab € 110,--; Tel. +382 69 530 934;
Cevabdzinica 9 - hier gibts mit Abstand die besten Ćevapčići des Landes, Blvd. Gjergj Kastrioti Skënderbeu, zwischen Touristeninformation und Sheshi Ullirit, +382 30 412 157;
Fisherman Hari - wohl nirgendwo in der Stadt dürften Fisch und Meeresfrüchte (aber auch Fleisch und Gemüse) so einzigartig schmackhaft zubereitet werden wie an diesem exponierten Altstadtflecken mit fantastischer Aussicht. Hari selbst entstammt einer alten Piratenfamilie und weiß Geschichten zu erzählen, auch auf Deutsch. Beste Lage in der oberen Altstadt; +382 63 489 585, 10.00 - 00.00 h. Ansprechende Zimmer im Guesthouse ab € 30,--;

Die Piraten von Ulcinj

Die meisten der historisch bedeutenden Städte in Montenegro sind untrennbar verbunden mit berühmten Persönlichkeiten, Legenden oder einfach nur schönen Geschichten. So auch Ulcinj - die Stadt war über viele Jahrhunderte hinweg eine berüchtigte Piraten-Hochburg und ihre Bewohner eiskalte Sklavenhändler.

Seeräuber gab es immer an der Adria und die Piraterie war eine Gewohnheit, die das Meer damals bereits mit sich brachte. Der Seehandel führte zu Wohlstand, der Schmuggel und die Seeräuberei zu Reichtum. Bis zum 17. Jhd. waren das Berufe wie jeder andere auch. Piraterie war somit eher eine Konsequenz des Handels - wenn es keine Handelsschiffe gegeben hätte, dann auch keine Piraten.

Seit Beginn des 14. Jahrhunderts siedelten sich in der Stadt und darüber hinaus Seeräuber aus Malta, Tunis und Algerien an, die ganze Küste, von Ulcinj bis Kotor, war ein Piratennest. Sie verbreiteten über Jahrhunderte Angst und Schrecken. Tag für Tag griffen sie Handelsschiffe unter verschiedener Flagge an, raubten sie aus, brachten die Beute in ihre Unterkünfte und verkauften sie für teures Geld.

Ihren Höhepunkt erreichte die Seeräuberei in der Adria 1417, als die Osmanen das heute albanische Vlorë eroberten und der rege Handel mit Getreide, Öl, Fleisch und Käse an der Adria zunahm und die Schiffe mit wertvoller Ladung aus fernen Ländern immer mehr wurden. Es gab keinen Hafen oder Küstenabschnitt eines katholischen Landes, vor dem keine Piraten lauerten. Ihre dreiste Tapferkeit brachte dem Sultan Reichtum, ihnen selbst ebenfalls Wohlstand und eine gewisse Narrenfreiheit.

Auch Venedig ist zum Großteil mit Schmuggelware reich geworden und hat daraus nie einen Hehl gemacht. Allerdings traf es gerade auch die venezianische Flotte besonders hart, sie erlitt durch gefährliche Angriffe der Piratenkommandanten immensen Schaden. Obwohl deren Galeonen starke Schiffe waren, verloren sie in einem Monat im Herbst 1580 ganze 25 Schiffe bei Kotor an die Piraten. Es waren gefährliche Seewege geworden, immer verbunden mit dem Risiko, in die Hände der Piraten zu fallen. Die Venezianer konnten ihre Handelsgeschäfte bald nur noch nur unter dem Schutz von Soldaten und ausreichend Waffen an Bord erledigen. Manchmal bezahlte man die Sicherheit auf See auch mit Geschenken. Beides war dennoch keine Garantie, unbeschadet ans Ziel zu kommen. Auf die Risiken hatte man überdies in Verträgen extra hingewiesen. Die Handelsleute aus Dubrovnik segelten sogar mit einer Schiffsartillerie, um die Piraten besser abwehren zu können. In einer venezianischen Studie wurde festgestellt, dass der Schaden durch die Piraterie bis Ende des 16. Jahrhunderts 36 Prozent des transportierten Frachtwertes erreicht hatte. Die Piraten wurden sogar von den Beys mit Geld versorgt, um die Ausgaben für die Räubereien zu decken.

Das Blatt wendete sich erst, als mit dem Verlust von Herceg Novi 1687 die Invasionspolitik gestoppt wurde. Kriege waren plötzlich teuer, Lieferungen konnten nicht bezahlt werden und ein geschwächtes Venedig lähmte den Handel, auf den auch die Osmanen angewiesen waren. Einen ersten Erlass der Hohen Pforte gegen die Piraterie gab es 1706, doch erst 1718 schloss man ein venezianisch-osmanisches Abkommen zur Ausrottung der Seeräuberei. 1719 beauftragte der Sultan den Statthalter der Skadar-Provinz mit der Verbrennung der Piratenboote bei Ulcinj, um für die Adria wieder einen freien Handel sicherzustellen. Dennoch war es unmöglich, die Piraten von ihrer Lebensweise abzubringen und bis ins 19. Jhd. gab es immer wieder Überfälle im adriatischen Raum, an der Westküste Afrikas sogar bis heute.

Neben ihren Raubzügen auf Handelsschiffe waren die Ulcinj-Piraten aber auch für ihren Handel mit Sklaven bekannt, die anfangs meist aus Italien und Dalmatien kamen. Vorwiegend plünderten die Piraten Villen entlang der Küste von Apulien und Sizilien, nahmen die Eigentümer gefangen und verkauften sie bzw. erpressten Lösegeld. Mitte des 18. Jahrhunderts änderte sich der Geschmack und es wurden Sklaven aus Afrika bevorzugt. Das war mitunter ein Grund, warum bis Ende des 19. Jahrhunderts noch über hundert dunkelhäutige Menschen in der Stadt lebten. Immer wieder gerne erzählt wird die Geschichte über Lika Ceni (*1749), dem wohl berühmtesten Piratenkommandanten. Als der Sultan von dessen Versenkung eines Pilgerschiffes nach Mekka erfuhr, befahl er die Tötung Cenis. Allerdings hatte dieser einen gefährlichen und geschickten Gegenspieler, den griechischen Seefahrer Lambro, der noch erheblicher in der Ungnade des Sultans stand. Da man Lambro aber nicht fassen konnte, bat der Osmanenherrscher schließlich Ceni um Unterstützung und versprach ihm eine reiche Entlohnung. Lika Ceni sagte zu und schaffte es tatsächlich, Lambro in einem Duell zu töten. Im Gegenzug vergab ihm der Sultan für jedes Verbrechen und verlieh ihm sogar den Titel eines Kapitäns. Auch Cenis Nachkommen waren berühmte Kapitäne. So wurden aufgrund des Schicksals aus einem berüchtigten Bösewicht ein sehr angesehener Ulcinjaner und eine der Piratenlegenden zu einer schönen Geschichte.

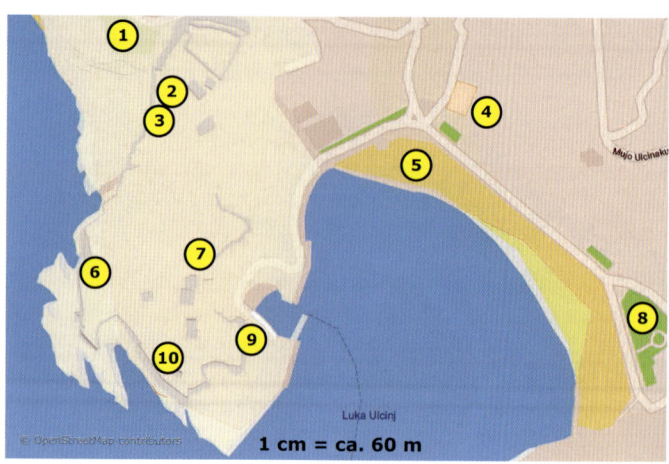

1 - nördliches Altstadttor
2 - Stadtmuseum
3 - Miniatur Altstadt
4 - Seemannsmoschee
5 - Stadtstrand
6 - Fisherman Hari
7 - Palata Venezia
8 - Stadtpark
9 - südliches Hafentor
10 - Dvori Balšića

1 cm = ca. 60 m

Die nähere Umgebung - Ulcinjska Solana - Wenige Kilometer südlich von Ulcinjs Zentrum überquert eine neue Brücke den Kanal Port Milena. Nördlich davon bildet ein riesiger Salzgarten mit 1.500 Hektar in einer ehemaligen Lagune eine der größten Salzgewinnungsanlagen im Mittelmeerraum, eine von Menschenhand geschaffene Produktionsstätte, die die Natur in ein einzigartiges Meisterwerk verwandelte und eine unglaubliche Artenvielfalt beherbergt. Allein 252 registrierte Vogelarten nutzen die Saline als dauerhaften oder temporären Aufenthaltsort, vorwiegend als Brutstätte. Das sind immerhin 50% aller in Europa bekannten Arten. In manchen Jahren werden hier bis zu 100 Krauskopfpelikane, Unmengen an rosa Flamingos (die ihre Farbe übrigens durch den Verzehr von Salzgarnelen erhalten) und 200 Löffler gleichzeitig gesichtet. Auch Bussarde, Fischadler, Falken und Milane sind hier beheimatet. Es ist ein perfektes Beispiel einer Synergie zwischen Artenschutz und Salzproduktion, wenn die Förderungsanlage durch gezielte Misswirtschaft 2013 nicht den allerletzten Salzkrümel vom Band schuf. Seither ist das 2004 zum Biosphärenreservat erklärte Naturparadies bedroht. Zu aktiven Zeiten fand durch Pumpen ein regelmäßiger, kontrollierter Zustrom von Meereswasser zur Verdunstung statt, der auch Nahrung für die Vögel brachte. Wenn die Pumpen den Zufluss nicht mehr regulieren, verschwindet auch das Vogelparadies. Im Frühjahr werden die Gelege der Brüter weggespült, im Sommer trocknen die Becken aus. Aktuell setzt sich Euronatur sehr engagiert für den Erhalt des Naturjuwels ein, kämpft aber gegen eine starke Tourismuslobby. Als zugkräftig erweist sich hierbei ein wertvoller medizinischer Heilschlamm, der ab etwa 30 cm Tiefe vorkommt.

baufällige Ruine der Kirche am See

Šasko jezero - Das Gebiet um den kleinen See zwischen der Saline und der albanischen Grenzlinie liegt landschaftlich äußerst reizvoll zwischen mehreren Hügelketten, von der höchsten Erhebung (85 m) bietet sich ein schöner Blick auf das gesamte Buna-Delta (ab Vladimir ausgeschildert). Auch hierbei handelt es sich um ein sehr wichtiges Rückzugsgebiet für zahlreiche Vogelarten, inzwischen gibt es etliche Beobachtungsstationen. Zudem ist das nur 4 km² große Gewässer sehr fischreich.

Kulturhistorisch gesehen lohnt sich ein Abstecher ebenfalls. Keramikfunde belegen eine prähistorische Besiedelung der Gegend, die ihren Höhepunkt aber erst im Mittelalter fand. Šas bzw. Svač wurde unter Kaiser Justinian im 6. Jhd. gegründet und entwickelte sich zunehmend zu einem wichtigen Handelsort mit eigener Münzprägerei. Im 11. Jhd. war der Ort Bischofssitz und stand kurz darauf unter serbischem Einfluss. Ein Jahrhundert später überfielen Mongolen die Stadt und richteten eine große Verwüstung an. Šas wurde jedoch mitsamt der zahlreichen Kirchen wieder aufgebaut und erlebte einen neuen Aufschwung. Der Ort konnte jedoch an frühere Glanzzeiten nicht mehr anknüpfen und mit der Eroberung und erneuten Zerstörung durch die Türken 1571 verfiel die Stadt komplett. Einer Legende nach hatte Šas Kirchen so viele wie Tage das Jahr. Von acht der zehn tatsächlich nachgewiesenen größten Gotteshäuser sind noch teils stattliche Ruinen vorhanden, die auffälligen Mauerreste gehörten zur Kathedrale Johannes des Täufers. Auf einem Plateau etwas unterhalb liegen die Überreste der Kirche der Hl. Maria. Beide stammen aus dem 13./14. Jhd.

Velika Plažha - Nur 2 Kilometer südlich von Ulcinj erstreckt sich vom Kap Djeran bis zur Ada Bojana der längste Strand der Ostadria. Knapp 13 Kilometer lang ist die sogenannte Copacabana von Montenegro und somit findet man auch in der Hochsaison immer noch ein freies Plätzchen. Der feine, vorwiegend dunkle Sand ist äußerst reich an Mineralstoffen wie Salz, Jod und Schwefel und hat dazu mit seiner leichten Radioaktivität nachweisbar positive medizinischen Wirkungen für Erkrankungen des Bewegungsapparates. Der Strand bietet durch den flachen Einstieg und geringe Wassertiefe auch optimale Badebedingungen und ist bestens für zahlreiche Sportaktivitäten geeignet, unter anderem Surfen, Wasserski, Segeln und sogar Kitesurfen. Es existiert ein gutes Angebot an Unterkünften mit Sportplätzen, Restaurants, Strandbars und Cafés, vor allem im nördlichen Bereich. Hier ist der Strand auch am saubersten, es gibt Sonnenschirme, Liegen und riesengroße, bequeme Baldachinbetten, selbstverständlich kostenpflichtig.

Im südlichen Bereich sind mehrere **Campingplätze** mit unterschiedlichem Standard vorhanden, teilweise ganzjährig geöffnet. Empfehlenswert sind Miami, MCM und Safari. Das Hinterland ist durch die Wasserläufe der Saline ausgesprochen grün, mit mediterranen Kiefern, Laubbäumen und immergrüner Macchia bewachsen. Am nördlich angrenzenden, kleinen Yachthafen "Porto Milena", unterhalb des Kap Djeran, kann man noch eine beachtliche Anzahl typischer, dem traditionellen Fischfang dienlicher Holzhütten und Netze, die sogenannten Kalimere, bewundern.

ungewöhnliche Fischerwerkzeuge - die Kalimere

Ada Bojana - Den südlichsten Winkel des Landes, unmittelbar an der albanischen Grenze, bildet die bekannte Nudisteninsel (Ada = Insel) Bojana. Das durchschnittlich 6 km² kleine, dreieckige Eiland liegt zwischen den beiden Mündungsarmen des gleichnamigen Grenzflusses und besteht fast komplett aus dunkelgoldenem Sand. Bereits seit den 1950er Jahren zieht die Ada Bojana FKK-Anhänger an und ist für die einmaligen Sonnenuntergänge berühmt. Bis 1858 gab es hier nur zwei winzige Inselchen, dann versank ein Schoner aus Trogir im Fluss. Man nimmt an, dass diverses Schwemmgut der Bojana und Sand die Lücken zwischen dem gesunkenen Wrack und den zwei kleinen Inseln gefüllt haben und so erst eine Sandbank und bald darauf die maximal 3 Meter hohe Ada entstehen ließen.

Die Insel ist nur über eine schmale Brücke über die Bojana zu erreichen. An beiden Uferseiten reihen sich kleine Holzbuden aneinander, hier kann man in ganz ursprünglichem Ambiente leckere Fischgerichte genießen. Die sogenannten Kalimere, die landestypischen Fischfangvorrichtungen, sind jedoch nur noch sporadisch in Betrieb.

Meerseitig gibt es eine einzige riesige Ferienanlage, deren Appartments bis zu 500 Gäste aufnehmen können. Ein Großteil der Bungalows und Unterkünfte stammen aus neuerer Zeit und sind entsprechend ausgestattet, die kleinen Hütten mit roten Dächern aus sozialistischer Zeit zielen eher auf Besucher mit weniger Ansprüchen. In der Hochsaison besteht ab der Schranke nur Zutritt für Gäste, welche eine Buchung vorweisen können. Es herrscht FKK-Pflicht an den Stränden. Neben dem Hotelkomplex gibt es Sportplätze und ein Restaurant, das Autocamp bietet nur den nötigsten Standard.

Die Infrastruktur umfasst im Sommer auch einen kleinen Minimarkt und es gibt die Möglichkeit, mehrere Wassersportarten zu betreiben. Ein Spielplatz für die Kleinen und Unterhaltungsprogramme mit Musik und Tanz sorgen für Abwechslung. Mehrmals täglich fährt ein Bus nach Ulcinj.

Doch nicht nur die Liebhaber der Freikörperkultur kommen hier auf ihre Kosten. Im unberührten und dicht bewachsenen Naturschutzgebiet des nördlichen und östlichen Inselteils gibt es zahllose Pflanzen- und Vogelarten, auch seltene. Empfehlenswerte Restaurants außerhalb der Anlage: Cickova carda, Misko.

die Fischrestaurants in der Bojana

Stadt vor den Alpen und dem See

Ein Blick über die Landesgrenzen: Shkodër in Albanien

Eine der interessantesten Städte Albaniens liegt so nahe am südlichsten Winkel Montenegros, dass sich der Abstecher durchaus lohnt: Shkodër (Top-Tipp) - ein Ort mit einer fast 2.500 Jahre alten, sehr bewegten Geschichte, die auf Schritt und Tritt den Besucher fesselt. Gepaart mit einer traumhaften Lage am Rande der albanischen Alpen und des Skutari-Sees. Die Stadt bietet einen Vorgeschmack auf die Vielfalt, die überall im Land präsent ist und Lust auf Mehr macht. Auf überschaubarem Raum vereint der Ort nicht nur liebenswerten Charme und entspanntes Chaos, sondern auch Ehrwürdiges und Moderne - es wird garantiert ein spannender Tag.

die angenehme Fußgängerzone

Die Highlights: Shkodër verfügt über einen komplett erhaltenen historischen Ortskern. Glanzstück ist die inzwischen fast vollständig restaurierte Fußgängerzone "Kole Idromeno" mit den stattlichen Prachtbauen aus dem 19. Jhd., ein buntes Gemisch aus orientalischer und venezianischer Architektur. Cafés, moderne Läden und Kunstateliers runden das Erscheinungsbild ab. In der Fototeka Marubi kann man die ersten im Land entstandenen Landschaftsfotografien und Porträts bewundern. Die elegante Ebu-Bekr-Moschee faßt 1.300 Gläubige, die Minarette sind 41 Meter hoch. Christliche Elemente bilden die Orthodoxe Kathedrale, die Franziskaner- und die Stephanskirche. Im Museum "Site of Witness & Memory" erhält man einen Einblick in die kommunistische Vergangenheit (Blvd. Skenderbeu).

Flussdelta von der Burg Rozafa

   Die Festung Rozafa, auf dem der Stadt vorgelagerten Hügel, ist Zeitzeuge der bewegten Vergangenheit. Eindrückliche Ruinen aus zahlreichen Epochen erzählen spannende Geschichten, während man den Blick auf das albanische Voralpenland und die mächtige Buna geniesst. Die stattliche Steinbogenbrücke (108 m) über den Kir im kleinen Vorort Mes, 8 Kilometer östlich von Shkodër, ist Teil einer uralten Handelsroute.

   Der Grenzübertritt über Muriqan/Sukobin oder Hani i Hotit erfolgt völlig unkompliziert (15 bzw. 35 km bis Shkodër).

Hoteltipp: Tradita in der Rr. Edith Durham, stilvoll authentisches Haus, unweit vom Zentrum, traditionell nordalbanische Küche.

und die legendäre Mesi-Brücke

Wunderschöne Berglandschaften und wilde Flussläufe, kulturträchtige Ortschaften und zahlreiche Klöster, fruchtbare Ebenen mit endlosen Wein-, Tabak- und Obstplantagen, zwei phänomenale Nationalparks sowie die quirlige und geschäftige Hauptstadt des Landes bilden das abwechslungsreiche Herzstück Montenegros.

- Skadarsko jezero
- Rijeka Crnojevića
- Cetinje
- Lipa Höhle
- Lovćen-Nationalpark
- Njeguši
- Podgorica
- Runde über Korita
- Morača-Schlucht
- Kloster Ostrog
- Nikšić

Montenegros Mittelland und die Hauptstadt Podgorica

Nur unweit der belebten Küstenregion, getrennt lediglich durch schmale Gebirgszüge, zeigt sich Crna Gora von einer ganz anderen, sehr vielfältigen und fast gemächlichen, aber überhaupt nicht unspektakulären oder gar langweiligen Seite. Das ist nicht nur die im Sommer heiße Tiefebene, das ist viel, viel mehr. Der weitläufige Nationalpark Skadarsko jezero, ein schillerndes Juwel und Superlativ, mit seiner interessanten Geschichte und unglaublich mannigfaltigen Flora und Fauna, die alte Hauptstadt Cetinje am Rande des prominenten Lovćen-Nationalparks und das junge, lebendige, sehr moderne Landeszentrum Podgorica und dessen interessantes Umland sind die beliebtesten und bekanntesten Destinationen. Jenes spirituelle Gravitationszentrum Montenegros, das spektakulär gelegene Kloster Ostrog, steht bei den meisten Reisenden auch ganz oben auf der Liste. Doch dieser Landesteil besitzt daneben unzählige Orte und Ziele, die touristisch noch in den Kinderschuhen stecken, fantastische Flecken, weit abseits von ausgetretenen Touristenpfaden. Da gibt es unzählige Schluchten, verträumte Dörfer, idyllische Bergseen, einsame Aussichtspunkte, Wasserfälle und Höhlen. Eine Vielzahl von kulturhistorischen Stätten, die einen tiefen Einblick in die bewegte Vergangenheit des Landes bieten. Und eine unglaubliche Fülle an Freizeitmöglichkeiten lassen den Aufenthalt stets zu kurz geraten. Alles gepaart mit einer ganz besonderen Lebensweise der Menschen - offen, gastfreundlich, einfach.

In Montenegros Binnenland kann man einen Teil dessen erleben, was das wahre Montenegro ausmacht. Dazu gehören Stille, Gemächlichkeit und Einsamkeit ebenso wie gutes, authentisches Essen und natürlich erstklassiger Wein.

Der Skadar-See (Highlight) (Karte freytag & berndt J 5/6/7 + K 6/7)

Er ist der größte Süßwassersee der Balkanhalbinsel und damit eines der Superlative, mit dem das Land aufwarten kann. Gut, das wunderschöne Juwel in der Zeta-Tiefebene gehört Montenegro nicht ganz alleine. Hier im Land heißt das Naturwunder Skadarsko jezero, in Albanien Liqeni i Shkodrës, benannt ist der See nach der albanischen Stadt Shkodër, die in unmittelbarer Nähe des Ostufers liegt. Die beiden Länder teilen sich den See, 2/3 gehören zu Montenegro.

Seine Größe schwankt je nach Jahreszeit zwischen 370 km² und 530 km², dieses Volumen hat er nach der Schneeschmelze aus den Bergen. Er ist durchschnittlich 14 Kilometer breit und 48 lang, wobei jeweils im Nordwesten und im Nordosten ein langer, schmaler Arm weit ins Land hineinreicht. Mit im Schnitt nur 7 Metern Wassertiefe erreicht das Gewässer durch das heiße und trockene Klima der Tiefebene im Sommer eine warme Temperatur von bis zu 28°C. Die Winter der Region sind mild und regenreich.

Zu gut 60% wird der See von einem der Hauptflüsse des Landes, der Morača gespeist, welche eine Menge Sedimente mitbringt, die für die trübe Sicht im Nordteil des Sees verantwortlich sind. Daneben aber auch von einer Anzahl an kleineren Gebirgsflüssen und Gewässern, welche im Karstgestein der Berge verschwinden und als unterirdische Quellen im See wieder in Erscheinung treten, man nennt sie auch Augen. Die tiefste Quelle, der Raduš (im südlichen Teil des Sees), reicht über 60 Meter in die Tiefe. Diese Augen sind unglaublich wichtig, sie verhindern das Austrocknen des Sees in den trockenen Sommermonaten und gewährleisten das stabile Ökosystem und den Fischreichtum. Über das Jahr verteilt, findet übrigens ein kompletter Wasseraustausch etwa zweieinhalb Mal statt. Als sogenannte Kryptodepression liegen sogar große Teile des Seegrundes unterhalb des Meeresspiegels. Der Abfluss erfolgt über die Bojana (alb. Buna) auf albanischer Seite in die Adria, von der der See, durch das 1.600 Meter hohe Rumija-Gebirge im Südwesten getrennt, nur 20 Kilometer entfernt liegt.

Somit ist das Südufer von den felsigen, sehr buchtenreichen und unregelmäßigen Ausläufern der Berge geprägt, die wenigen Strände sind kiesiger Natur und oft nur schwer zugänglich. Entlang der gesamten Nordseite erstreckt sich ein breiter Gürtel sumpfiges Flachland, welcher eine einzigartige Naturlandschaft mit einer großartigen Tier- und Pflanzenwelt beherbergt. Die ebenfalls buchtenreichen Uferabschnitte sind hier extrem dicht mit Wasserpflanzen bedeckt.

Die meisten der 60 Inseln kann man durch den dichten, grünen Naturteppich kaum ausmachen. Auf den Größeren von ihnen existieren unter einem vielfältigen Baumbestand von wilden Granatäpfeln, Lorbeer und Efeu noch alte Klöster und Festungen.

Bereits während der jugoslawischen Ära wurden der montenegrinische Teil des Sees und seine Uferräume 1983 zum Nationalpark erklärt. 1995 erfolgte die Aufnahme der 40.000 Hektar geschützter See- und Landesteile in die internationale Liste des RAMSAR-Naturschutzabkommens für gefährdete Feuchtgebiete.

Fauna und Flora - Als einer der größten Seen Europas ist der Skadarsko jezero ein wahres Mekka für Wildtiere, besonders für Vögel. Nirgendwo sonst auf diesem Kontinent existiert eine solche Artenvielfalt, an die 280 Vogelarten konnten bisher rund um den See gezählt werden, einige stehen auf der Liste der bedrohten Arten. Unter ihnen der sehr selten gewordene Krauskopfpelikan, der hier in einer der letzten Kolonien Europas lebt. Anders als der Pygmäenkormoran, welcher hier in der weltweit zweitgrößten Kolonie dieser Vogelart beheimatet ist und eine Bedrohung für den Fischreichtum darstellt, ein einziges Tier vertilgt bis zu 1 kg pro Tag. Des Weiteren gibt es eine Großzahl an Störchen, Reihern, Haubentauchern, Eisvögel und Ibissen in den versumpften Uferteilen, ganz vereinzelt wurden auch schon Flamingos gesichtet.

Kormorane beim Baden am Ufer

Die felsigen Abschnitte werden von Seeadlern, Geiern, Falken und Trappen zum Beutefang bevorzugt. Durch das auch im Winter milde Klima, die Temperaturen sinken kaum unter 10°C, und die vorteilhafte geografische Lage zieht der See Massen von Zugvögel an. An die 50.000 Exemplare aus dem hohen Norden nutzen das Ziel als Rast- und Brutplatz, viele andere machen Station auf dem Weg in den warmen Süden. Die reiche Vogelpopulation teilt sich das noch intakte Ökosystem mit einem enormen Fischreichtum, der an die 50 Arten umfasst. Neben den bekannten Forellen, Hechten, Karpfen, Barschen, und Zandern gibt es auch Aale und die kleinen Ukeleien oder Felchen.

der enorme Pflanzenreichtum

Zu den Landbewohnern gehören Schildkröten und Eidechsen, natürlich auch Schlangen, Hasen und Füchse, manchmal trifft man auch auf Wildschweine. Der endemische Skutari-Wasserfrosch bildet ein wichtiges Element in der Nahrungskette des Sees. Unter Ornithologen ist das Gewässer ein äußerst beliebtes Forschungsziel. Es gibt mehr und mehr Vogelbeobachtungsstationen, hervorragende Plätze, um den Artenreichtum zu bestaunen.

Die Flora des Sees umfasst eine Unmenge mediterraner und kontinentaler Arten, auch hier bereits einige vom Aussterben bedroht, andere endemisch. Weiße und gelbe Seerosen bilden einen dichten Teppich mit den essbaren Wassernüssen, die trotzdem Regen benötigen, um zu gedeihen. Wasserminze und mehrere Schilfarten bedecken die Uferbereiche und bieten den Tieren Schutz. An den Ufern, besonders im Nordteil, und auf den Feldern dahinter gedeihen Orchideen, Kräuter und Heilpflanzen. Neueste Forschungen ergaben, dass es im See 930 verschiedene Algen gibt, 135 davon sind äußerst selten.

Land und Leute um den See - Für die ansässige Bevölkerung bietet der Skadarsko jezero Arbeitsplätze mit akzeptablen Verdienstmöglichkeiten. Das allgemeine touristische Angebot und der Verleih von Booten ist inzwischen ein einträgliches Geschäft. Zudem bringt der erfolgreiche Fischfang und Weinanbau jährlich ein gutes Zusatzeinkommen. Mutmaßungen zufolge soll auch ein reger Schmuggelverkehr mit albanischen Produkten stattfinden.

Reiher und Wassernüsse

Natürlich birgt der zunehmende Fremdenverkehr auch eine große Gefahr für die vielfältigen Tier- und Pflanzenbiotope. In Zusammenarbeit mit der deutschen GIZ erstellte Euronatur bereits tragende Konzepte für den Erhalt des einzigartigen Lebensraumes, im Einklang mit einem ertragreichen Tourismus. Aber eine weitaus größere Gefahr drohte dem Naturwunder durch die Pläne der Regierung, den Fluss Morača zur Energiegewinnung heranzuziehen. Die mindestens vier geplanten Kraftwerke wären eine riesige Katastrophe für den Nationalpark gewesen.

Gutes Essen spielt in der der Region um den Skadar-See eine wichtige Rolle und hält zahlreiche gastronomische Highlights bereit. Westliche Küche vermischt sich mit orientalischen Einflüssen und den mediterran leichten Zubereitungen des Mittelmeerraumes. Frischer Fisch ist immer erhältlich, besondere Spezialität ist Karpfen in jeglicher Form, ebenso die geräucherte Variante ist äußerst lecker. Beliebt sind zudem Gerichte mit Aal und den kleinen Felchen.

Die Weine besitzen eine ausgezeichnete Qualität und die Winzer sind stolz auf ihre Produkte. Bevorzugt werden besonders die milden roten Rebsorten aus dem nahe gelegenen Crmnicatal, einem der besten Weinanbaugebiete hierzulande.

Chronik - Geologisch gesehen ist der Skadarsko jezero sehr jung. Vor Millionen von Jahren war die gesamte Fläche des heutigen Sees mit der Adria verbunden, was durch Funde von versteinerten Meerestieren im See belegt wurde und auch die Kryptodepression erklärt. Tektonische Plattenverschiebungen, Vulkanausbrüche und letztendlich die schwindende Eiszeit ließen vor etwa 18.000 Jahren ein riesiges Feld, ein sogenanntes Polje, dort entstehen, wo sich heute der See befindet. Das umliegende Gebirge war damals stark vergletschert. Zwar gab es bereits um 1100 unserer Zeitrechnung einen kleinen See, seine heutige Größe erhielt er aber erst sehr spät, als 1858 bei einem gewaltigen Unwetter der albanischen Fluss Drin über seine Ufer trat und eine immense Überschwemmung anrichtete. Dabei wurde auch der Flusslauf der Buna (albanisch für Bojana) verschoben und das fruchtbare Becken mit dem kleinen Gewässer füllte sich mit den enormen Wassermassen.

Der See hat aber nicht nur eine geologische Historie. Sehr früh siedelten sich Menschen in der dortigen Ebene an und bildeten die kulturelle Grundlage der nächsten Jahrtausende. Einen wichtigen Einfluss hatte im 3. Jhd. v. Chr. das illyrische Königreich der Labeaten unter Königin Teuta. In der jüngeren Besiedelungsgeschichte gehörte die ehemals riesige Kornkammer Montenegros zum serbischen Königreich der Zeta und wurde lange Zeit von den Herrschern der Nemanjić-Dynastie regiert. Daher stammt auch der gebräuchliche Name der Zeta-Ebene. Damals entstand eine Vielzahl an Klöstern. Im 14. Jhd. übernahmen die Türken für fast 500 Jahre die Herrschaft über große Teile des Gebietes, nur das nordwestliche Schwemmland blieb den montenegrinischen Herrscherfamilien. Nach erfolglosen Versuchen ihr verlorenes Land zurückzuerobern, waren sie gezwungen, die Hauptstadt 1482 von Žabljak Crnojevića, am Rande des nordwestlichen Uferbereiches, in das höher gelegene Cetinje zu verlagern und sich mehr und mehr in das nordwestliche Hinterland zurückzuziehen. Als das Osmanische Reich zerfiel, wurden im Berliner Kongress von 1878 die Grenzen neu festgelegt. Skadar bzw. Shkodër, einst die Hauptstadt des Zeta-Königreiches, sprach man Albanien zu. Im Gegenzug gehörten die Ortschaften entlang der Südküste fortan zu Montenegro. Ebenfalls im 19. Jhd. entwickelte sich ein reger Linienverkehr mit Dampfschiffen. Im Zweiten Weltkrieg erlangte der See wiederum geschichtliche Bedeutung, als in Virpazar der erste Partisanenaufstand stattfand. 1981 erst wurde der Personen- und Güterverkehr auf dem See eingestellt.

Auf und um den Skadarsko jezero - Aktivitäten und Sehenswertes

Rund um den Skadarsko jezero, dem Herzstück des montenegrinischen Südens, begegnet man auf Schritt und Tritt zahlreichen kulturhistorischen Denkmälern und archäologischen Stätten, die jene bewegten Zeiten ab dem frühen Mittelalter hervorgebracht haben und die Existenz als bedeutendes politisches und kulturelles Zentrum belegen. Umkämpfte Festungen, Klöster und Kirchen, über 60 aus vielen Jahrhunderten gibt es davon, bilden einen interessanten Kontrast zur faszinierenden Landschaft und den schmucken Dörfern. Die meisten von ihnen fristen als Ruinen zwischen Wasserpflanzen und Vögeln ein einsames Dasein.

Zum Baden ist der See durch seine überwucherten Ufer nur bedingt geeignet und an den meisten Stellen nicht zugänglich. Einzig das felsige Südufer bietet hierzu Möglichkeiten. Am besten kann man das im Dorf Murići tun, wunderschöne Strände mit direktem Wasserzugang laden zum Verweilen ein. Aber man kann sich auch anderweitig aktiv betätigen. Es gibt mehrere Radwege um den See, die sämtlichen Anforderungen gerecht werden. In der warmen Jahreszeit sind natürlich Bootstouren ein unverzichtbares Muss, organisiert oder mit dem Kajak. Diese können auch gemietet werden, ebenso wie Tret- oder Ruderboote. Der Skadar-See ist theoretisch das ganze Jahr über zugänglich und hat auch im Winter seinen Reiz für ausgedehnte Spaziergänge entlang alter Militärpfade. Für Vogelbeobachtungen eignet sich besonders die Zeit von Ende April bis Mitte Juni.

Kulinarisch gesehen ist der See natürlich eine Reise per se wert. Nirgendwo ist die Küche so vielfältig und authentisch. Es gibt eine schier unerschöpfliche Fülle an kleinen Konobas, Restaurants und Weingütern. Der Lokale Rakija (Schnaps) ist

verträumte Flecken finden sich viele

unbedingt einen Versuch wert. Im Herbst findet man in den Wäldern der Gegend zahlreich Esskastanien und schmackhafte Pilze. Viele Infos zu Touren, Aktivitäten und Unterkünften gibt's bei Undiscovered Montenegro (www.lake-skadar.com).

Ein guter **Ausgangspunkt ist das Besucherzentrum auf der Halbinsel Vranjina**, es befindet sich am nördlichen Ende des Fahrdamms über den See nach/von Podgorica (M2). Es bietet nicht nur hilfreiche Informationen zu allen fünf Nationalparks, der Tierwelt und den Menschen im Land, es gibt auch Karten und Souvenirs. Zudem kann man hier die Nationalparkgebühr über € 4,-- entrichten, sie wird fällig, sobald man eine Bootstour bucht, einen Badestopp plant oder die Beobachtungstürme besuchen möchte, zu letzteren gibt es hier ein Lageverzeichnis. Zudem erhält man Angellizenzen, Kajaks, Guides und Touren zum ornithologischen Reservat Pancevo oko (**i** - *Mai-Sept 8.00-18.00 h, Okt-Apr. 8.00-16.00 h, € 2,--, weitere Infos auf der Homepage der montenegrinischen Nationalparks: www.nparkovi.me/en).*

Das Restaurant Jezero ist spezialisiert auf die Zubereitung der Süßwasserfische aus dem See, bietet aber auch vorzügliche Meeresfrüchte und Fleischgerichte. Die rustikale Höhlenvinothek offeriert einen Überblick über die regionalen Weinsorten.

Auf der anderen Seite des Vranjina-Hügels befindet sich am Morača-Delta das **Kloster Sv. Nikola** aus dem Jahr 1233, im 19. Jhd. erhielt die Kirche ihr heutiges Aussehen. König Nikola ließ es renovieren, um einen Rückzugsort für diejenigen seiner acht Töchter zu schaffen, die er eventuell nicht verheiraten konnte, das waren immerhin drei.

Richtung Süden überquert man nun jenen, etwa 1 km langen Fahrdamm, zu beiden Seiten erstreckt sich die wundervolle Landschaft des Sees mit vielen kleinen Inselchen und der typischen Skadar-Vegetation. Man passiert das **Fort Lesendro**, eine stattliche Verteidigungsanlage, die Petar II. zum Schutz gegen die Osmanen auf der einstigen Insel erbauen ließ. Nicht sicher ist, ob dort bereits eine Vorgängerfestung bestanden hatte, auf jeden Fall fiel sie 1843 in die Hände der Türken und konnte erst 1878 wieder befreit werden. Durch den Bau des Damms und der Eisenbahnlinie ist sie heute nur noch per Boot zugänglich.

Die wichtigste touristische Anlaufstelle am See ist spürbar der alte Ort **Virpazar** am südlichen Ende des Damms. Er hat gerade mal 350 Einwohner, welche vorwiegend vom Tourismus und auch dem Fischfang leben. Man sollte sich darauf einstellen, dass man auf jeden Fall mehrfach recht aufdringlich auf eine Bootstour angesprochen wird (hierzu Tipp beachten!). Es existiert eine Handvoll Unterkünfte, Restaurants, ein Supermarkt und eine Zughaltestelle. Der hübsche Anblick der rustikalen Steinhäuser wird ergänzt durch mehrere alte Steinbogenbrücken und den Flair des kleinen Zentralplatzes. Virpazar war bereits im 13. Jhd. ein wichtiger Marktplatz der Region, bevor im 15. Jhd. die Türken den Flecken eroberten. Ein markantes Denkmal nahe des Zentrums erinnert an einen tragischen Partisanenkampf im Zweiten Weltkrieg. An der albanischen Küste, nahe Shirokë, liegt angeblich sogar noch ein damals versenktes Passagierschiff. Attraktiver Blickfang ist der scheinbar alte Holzkahn an der Mündung der Crmnica. So alt ist er gar nicht, er beherbergt ein sehr beliebtes und empfehlenswertes Boots-Restaurant, das Silistra. Ebenfalls einen Besuch wert sind die Konoba Badanj, das Kormoran oder die Crmnicki Vinotok. Freitags findet regelmäßig ein bunter Wochenmarkt statt, einheimische Bauern bieten Käse, Olivenöl, Obst, Honig und Kräuter an. Interessant sind auch die Veranstaltungen rund ums Jahr. So z.B. der Tag des Skadar-Sees am dritten Juniwochenende, das Wettangeln im Juli und das Volksfest im September. Alle sind verbunden mit einem unerschöpflichen kulinarischen Angebot. Der Ort ist sehr eng, Parkplätze gibt in der Nebensaison an der Bootsanlegestelle und ganzjährig ausreichend auf dem großen Busparkplatz auf der anderen Straßenseite. Wer sich sportlich betätigen möchte, kann in Virpazar Kajaks, kleine Ruderboote oder Fahrräder mieten.

Ausflugs-Tipp: Eine Bootstour auf dem See gehört auf jeden Fall zum Programm, möchte man dieses Naturwunder hautnah erleben. Man gleitet durch Seerosenfelder, entdeckt Ruinen und Dörfer, die man vom Ufer aus nicht erreichen kann. Die mit Abstand informativsten und am besten organisierten Fahrten kann man bei Zabes-Holidays buchen. Die Familie besitzt ein absolut fundiertes Wissen über die Geschichte und die Besonderheiten des Sees, kennt die besten Vogelreservate und eindrücklichsten Stopps. Zudem erfolgt die Akquise unaufdringlich und seriös, die Boote sind versichert. Es gibt Touren unterschiedlicher Länge und unter verschiedenem Motto, von der einfachen Kurzrundfahrt auf die andere Seite des Damms, über die Inselroute am Südufer entlang, bis hin zum kulinarischen Tagesausflug uvm., geführt werden die Touren auf Englisch. Preise auf Anfrage, Infos & Kontakt: **www.zabesholidays.me**, das kleine Office vor Ort befindet sich direkt am Zentralplatz.

Zabes-Holidays - Ausflugsboot

Aussichts-Tipp: Einen wundervollen Blick über den See hat man von einem Hügel aus, der Virpazar schräg gegenüber liegt (42°15'17.0" N 19°05'22.1"E). Hierzu vom großen Parkplatz am Restaurant Crmnica vorbei und dem Serpentinenabschnitt ca. 3 Kilometer folgen . Bleibt man auf der Strecke, gelangt man nach weiteren 20 Kilometern nach Rijeka Crnojevica.

Tipp: der Blick auf Virpazar

Unmittelbar südöstlich von Virpazar liegt etwas erhöht die osmanische **Festung Besac** mit schönem Blick auf den See. Sie wurde 1487 erbaut und diente während des II. Weltkrieges als Gefängnis. Inzwischen ist sie mittels EU-Gelder restauriert worden.

Wenige Meter weiter zweigt nach Süden die **alte Straße nach Bar** ab, früher eine wichtige Verbindung zur Küste. Die 30 Kilometer lange Strecke verläuft über den 805 Meter hohen Sutorman-Pass und ist kaum befahren - Einsamkeit pur.

Die Klosterroute und die wichtigsten Inseln (Top-Tipp)

Eine Fahrt entlang des felsigen Südufers von Virpazar bis nach Ostros (P16) ist ein landschaftlich einmaliges Erlebnis. Der See hier mit den markanten Inseln wird auch als Krajinski-Archipel bezeichnet und liegt meist tief unterhalb der Route und die Ausblicke sind phänomenal, man sollte auch immer wieder mal den Blick zurückwerfen. Die Dörfer entlang der Strecke, mit ihren teils sehr alten Kirchen und Steinhäusern, sind allesamt sehr ursprünglich und sehenswert.

Eine dieser pittoresken Ortschaften ist **Godinje**, 4 km östlich von Virpazar. Die architektonisch für die Grmnica-Region typischen Häuser im alten Ortskern, vorwiegend aus dem 17. Jhd., wurden mit einem versteckten Tunnelsystem errichtet, um den Osmanen entfliehen zu können.

die Klosterroute - phantastisch!!

hier gehts bei der Bootsfahrt durch

Die Bewohner haben so zehn Belagerungen überstanden. Jedes Haus hatte seine Veranda, auf der sich die Familie nach langen Arbeitstagen traf. Diese Konstruktion war für die damalige Zeit einzigartig. Im unteren Teil des Dorfes versammelte man sich auf einer Tenne zu gesellschaftlichen Feierlichkeiten. Das älteste Gebäude im Dorf ist eine verfallene Sommerresidenz der Balšić-Adelsfamilie aus dem 14. Jhd. 1907 erlangte Godinje Weltberühmtheit. Das wunderhübsche Mädchen Milena wurde eigens von König Nikola nach London gesandt, um an einem Wettbewerb zur Wahl der schönsten Frau der Welt teilzunehmen, den sie gewann. Seither sind die montenegrinischen Frauen bekannt für ihre Schönheit. Ein Haus im Dorf zeigt alte Zeitungsartikel über die rührende Geschichte. Lange Zeit war der Ort fast vom Aussterben bedroht, heute gewinnt er durch seine landwirtschaftlichen Bio-Produkte und den Weinanbau wieder an Bedeutung. Ein steinerner Fußpfad führt zur **Kirche Sv. Nikola** mit einer fantastischen Aussicht auf den Jezero.

Kurz hinter dem östlichen Ortsausgang zweigt ein Weg zur **Bucht von Zaliv Lučica** ab. Draußen auf dem See liegt ein kleiner, bebauter Felsen. Die Ruinen gehören zur **Gefängnisinsel Grmožur**, auch als Schlangeninsel bekannt. Die Festung stammt noch von den Türken, nach der Befreiung Montenegros diente sie als Gefängnis für nicht schwimmende politische Gefangene, viele entkamen trotzdem. 1905 wurde „Klein-Alcatraz" bei einem Erdbeben zerstört, heute wird die 500 m² kleine Insel nur noch von Seevögeln bewohnt.

Auch bei **Seoca** besteht die Möglichkeit an den See zu gelangen, in die Nähe der tiefsten Quelle Raduš, draußen vor der gleichnamigen Häuseransammlung. Die nächste Insel, das sieben Hektar große **Starčeva Gorica**, beherbergt das gleichnamige Kloster aus dem Jahr 1378, das älteste am Skadar-See. Nach Jahrhunderte langer Ruhezeit wird die recht gut erhaltene Anlage heute wieder von wenigen Mönchen bewirtschaftet. Neben der einschiffigen Basilika mit ihrem Glockenturm existieren noch etliche Nebengebäude, welche als Herbergen zur Verfügung gestellt werden. Auf dem Kirchenfriedhof liegt das Grab des ersten Buchdruckers slawischer Literatur, Božidar Vuković (1466–1540).

Der einzige Sandstrand der Südküste befindet sich bei **Murići**, das sind zwei von Olivenbäumen umgebene Abschnitte mit Bootsanlegestelle. Auch dort wird die Nationalparkgebühr fällig. Es gibt einfache Unterkünfte und eine Konoba. Die Bewohner produzieren vorzügliche Bioprodukte wie Ziegenkäse, Honig, Oliven und Olivenöl.

Vorgelagert ruht die größte Insel der Südküste, **Beška** ist 15 Hektar groß, man kann sie schwimmend erreichen. Es gibt dort zwei mittelalterliche, einschiffige Klosterkirchen. Die der **Hl. Jungfrau Maria** aus dem Jahr 1440 und die größere **St. Georg**, erbaut 1440 mit einem Glockenturm oberhalb des Eingangs. Erstere war stark einsturzgefährdet, wurde aber vor etlichen Jahren wiederhergestellt. Auf der Insel leben inzwischen wieder ein paar Nonnen.

Beim Dorf **Besa** zweigen wiederum zwei schmale Wege zum See mit Bademöglichkeit ab, dann führt die Straße nach oben. Der Blick auf die **Insel Moračnik** läßt die Existenz einer restaurierten Klosterkirche aus dem 14. Jhd. nur erahnen. Am südlichen Ende des Zehn-Hektar-Eilandes befindet sich eine serbisch-orthodoxe Klosteranlage, welche bereits im frühen 15. Jhd. urkundlich erwähnt wurde. Es existieren Pläne, den gut erhaltenen Komplex mitsamt den Wohngebäuden wiederzubeleben und zugänglich zu machen.

Auf **Planiku**, der letzten der größeren Inseln der Südküste, existieren noch die spärlichen Ruinen einer mittelalterlichen Festung. 600 Meter östlich der Post in Ostros zweigt ein Weg zu den Ruinen von **Precista Krajinska** aus dem 11. Jhd. ab. Das Kloster spielte in der Frühzeit des Zeta-Staates eine große Rolle und gilt sogar als das erste auf montenegrinischem Boden erbaute. Es wurde von den Türken zerstört. Kurz darauf führt eine letzte Stichstraße zum See.

Die Inseln sind allesamt nur per Boot von Virpazar oder dem attraktiven Dorf Murići zu erreichen. Wenige Kilometer östlich des bereits recht albanisch angehauchten Ostros verlässt die ca. 40 km lange Route (mit dem PKW etwa 2 Stunden) den See und über das Dorf Krutje gelangt man in kurzer Zeit nach Ulcinj, der südlichsten Stadt des Landes.

Die Nordseite des Sees, Richtung Podgorica östlich der M2, ist nur an wenigen Stellen zugänglich. An das dicht bewachsene Ufer gelangt man ab Bijelo Polje über Berislavici nach Plavnica. Die Landschaft inmitten des dichten Sumpfgürtels an dieser Stelle ist herrlich. Beide Voraussetzungen hat ein russischer Investor genutzt und mitten in dieser Wildnis das Plavnica Eco

Resort errichten lassen. Einen riesigen Komplex mit exklusiven Wohneinheiten, Swimmingpool, mehreren Restaurants und einem reichhaltigen Freizeitangebot (Tretboote, Kajaks, Katamaran, etc.). Der „Eco-Faktor" sei zwar dahingestellt, einen Abstecher ist es aber dennoch wert (www.plavnica.me).

Ebenfalls sehr schön ist die Landschaft um die Dörfer **Vitoja** und **Bozaj**, einem kleinen Quellgebiet nahe des albanischen Grenzüberganges Hani i Hotit.

Straße entlang der Klosterroute

Westseitig der M2 gibt noch weitere Besonderheiten. Ein Abstecher lohnt sich zum kleinen Ort **Žabljak Crnojevića**, der Ur-Hauptstadt Montenegros. Dort befinden sich auf einem steinigen Felsen die gut erhaltenen Reste einer ehemals bedeutenden Festung. Ursprünglich stammte sie vermutlich bereits aus dem 10. Jhd. Im Mittelalter war sie Sitz der serbischen Zeta-Dynastie Crnojević und später regierten von hier aus die Njegoš, bis die Anlage 1478 von den Türken eingenommen wurde und der Regierungssitz nach Cetinje verlegt werden musste. Bei genauerem Hinsehen sind sowohl osmanische als auch venezianische Baudetails erkennbar. Unterhalb des Hügels liegt die kleine Kirche Sv. Đorđe. Einst befand sie sich innerhalb der Festungsmauern und wurde von den Osmanen zu einer Moschee umgebaut. Nicht nur die Burg ist sehenswert,

Albaniens Berge spiegeln sich

der Blick vom Hügel über Teile des Skadar-Sees ist herrlich. Man erreicht den verschlafenen Weiler über Golubovci, hier den Abzweig nach Westen über die Morača wählen (ca. 11,5 Kilometer vom Besucherzentrum), im Anschluss dem Weg nach links etwa 6 Kilometer folgen.

Im Rahmen einer Bootstour kann man das **Kloster Kom** auf der dicht von Wasserpflanzen umgebenen Insel Andrijska Gora besuchen und aktuell sogar dort übernachten. In trockenen Monaten ist es auch über einen Pfad von Žabljak Crnojevića zu erreichen. Der malerisch, auf einem Hügel liegende kleine, vor wenigen Jahren restaurierte Komplex stammt aus dem frühen 15. Jhd. und beherbergt im Inneren sehr sehenswerte Fresken und eine Ikonostase. Das Mausoleum enthält vier Gräber der Herrscherfamilie Crnojević. 1830 wurde Montenegros großer Dichterfürst Petar II. Petrović-Njegoš (siehe auch Seite 98) hier im Kloster zum Fürstbischof (ein Geistlicher mit weltlicher Herrschaft) gekürt.

Tipp: Als das ursprünglichste Dorf am See kann man sicher **Poseljani** bezeichnen. Ein Besuch der kleinen Ortschaft erscheint wie eine Zeitreise zurück in die Vergangenheit. Uralte, schmucke mit Grün überwucherte Steinhäuser mit ihrer authentischen Architektur, fast alle verlassen, kleine Steinbogenbrücken und Jahrhunderte alte Wassermühlen, einst gab es 30 davon, die Tag und Nacht Mais und Getreide mahlten. All das harmoniert perfekt mit der zauberhaften, verwunschen wirkenden Landschaft am Seljani-Flusslauf mit mehreren Wasserfällen - einzigartige Eindrücke für alle romantischen Naturliebhaber. Anfahrt: 15 Kilometer von Virpazar oder 9 Kilometer von Rijeka Crnojevica, dann zu Fuß der Ausschilderung folgen, etwa 30 Minuten.

Birdwatching – auf den Spuren der Ornithologen

Beste Zeit für die Observation von brütenden Vogelpaaren am Skadar-See ist das Frühjahr und der Frühsommer. Fast endlos scheint die Liste der zu beobachtenden Tiere: Kormorane und Zwergscharben, Haubentaucher, etliche Reiherarten, Löffler, Schwarzhalstaucher, Wasserrallen, Bläßhühner, Enten, Möwen und viele mehr teilen sich das Paradies in friedlicher Eintracht. Schwieriger gestaltet es sich, den seltenen und gefährdeten Krauskopfpelikan aufzuspüren. Schätzungsweise gibt es weltweit zwischen 4.000 und 5.000 Brutpaare. In Montenegro schwankt diese Zahl von Jahr zu Jahr, viele waren es in der Vergangenheit ohnehin nie, in manchen Jahren hat man sogar gar keine gesichtet. Aufgrund umfangreicher Schutzmaßnahmen konnte der Bestand 2017 aber erstmals wieder auf 100 Vögel gesteigert werden. Oft spielt aber auch die Natur Schicksal und die Nester mit dem Nachwuchs werden als Folge von schweren Unwettern zerstört. Die wenigen Nistplätze liegen nahe der nordöstlichen Arme des Sees, dem Hotsko jezero und dem Humsko blato Richtung Albanien. Das sumpfige Gebiet Pančeva oka erreicht man über Podgoricas Vorort Tuzi und Podhum. Hier befindet sich einer der ausgeschilderten Beobachtungstürme. Mit etwas Glück kann man von dort mit dem Fernglas die Nester der Pelikane entdecken, meist befinden sie sich aber weiter draußen auf dem See auf den winzigen schwimmenden Inseln mit dichter Vegetation. Weit erfolgreicher ist man meist im Rahmen einer gecharterten Bootstour, welche man bei der Infostelle in Vraninja buchen kann (hier bekommt man auch Infos über die aktuellen Vogelbeobachtungstürme). Die ortskundigen Führer finden zielsicher die Nistplätze. Größere Chancen bieten sich während der Sommermonate am großen Salzsee bei Ulcinj, viele Vögel verlegen ihr Sommerquartier hierher. Die Tiere sind nicht scheu und die Möglichkeiten nahe an sie heranzukommen sind gut. Auch hier gibt es ausgeschilderte Beobachtungstürme, die Zufahrtsstraßen jedoch sind meist schlecht. Ebenso ist der Herbst eine sehr schöne Zeit für Vogelbeobachtungen am Skadar-See. Große Schwärme von Zugvögeln legen hier einen kurzen Zwischenstopp ein.

Karuč & Co. (Top-Tipp) (Karte freytag & berndt 1:150 000 H 5)

Gäbe es keine Reiseführer, würde dieser malerische Flecken noch lange ein Geheimtipp bleiben! Die schmalen Ausläufer und winzigen Dörfer im äußersten Nordwesten des Skadar-Sees wirken wie aus einer fremden Welt und einer längst vergangenen Zeit, besonders das kleine Karuč.

Hier, wo das Wasser und die Pflanzen noch um etliche Farbnuancen reicher sind, scheint es seit Jahrhunderten kaum Einflüsse von außen zu geben. Fast ist es unmöglich, so viele Blau- und Grüntöne mit der Kamera einzufangen. Die Stille ist fast schon unheimlich und außerhalb der

Hochsaison hat man das hübsche Ambiente meist für sich alleine. Schon König Nikola wusste dieses einmalige Idyll in dem milden Klima zu schätzen und ließ sich hier in Karuč auf einem Hügel einen Winterpalast mit fantastischer Aussicht auf den See erbauen. Von diesem sind jedoch nur noch die Grundmauern erhalten. Inzwischen gibt es einige einfachere Unterkünfte, die Konobas bieten vorzügliche Fischgerichte und andere traditionelle Speisen an. Ähnlich lohnenswert sind die Abstecher nach **Sinac** oder **Dodoši** in unmittelbarer Nähe.

Rijeka Crnojevića (Top-Tipp) (Karte freytag & berndt 1:150 000 H 5)

Drei Wege führen in die recht überschaubare, aber historisch bedeutsame Ansiedlung mit nicht mal 200 Einwohnern, am gleichnamigen, malerischen Flusslauf Crnojević, am nordwestlichen Ende des Skadar Sees. Über Podgorica, Cetinje oder Virpazar kommend sind sie alle landschaftlich reizvoll und abwechslungsreich, jedoch meist schmal und nur einspurig befahrbar.

Die Bewohner lebten bislang fast ausschließlich vom Fischfang, nun zunehmend vom Bootsverleih und Touren auf dem Skadar See. Touristisch wird der Ort oft überbewertet, dennoch lohnt sich ein Besuch, allein schon der traumhaften Landschaft und der Lage nahe der spektakulären Flussschleife wegen. Einst war die Kleinstadt eine der schönsten Montenegros, hat jedoch aufgrund der vielen verwahrlosten und leerstehenden Manufakturläden und Gebäude an Reiz verloren. In den letzten 70 Jahren reduzierte sich die Einwohnerzahl um 65%, viele zogen nach Cetinje oder Podgorica. Auffällig ist die schöne Architektur der alten Steinhäuser, teilweise stammen sie noch aus dem 17. und 18. Jhd., meist jedoch aus dem 19. Einige der Gebäude sind noch erstaunlich gut erhalten.

Damals war Rijeka Crnojevića der größte Hafen am See und ein wichtiges Handelszentrum. Auch wurde hier die erste Apotheke und Waffenfabrik des Landes eröffnet. Gegründet wurde der Ort aber bereits um 1481 und trägt, wie der Fluss, den Namen des damaligen Adelsgeschlechts der Crnojević. Man gründete ein Kloster und errichtete hier den Bischofssitz. Für ganz kurze Zeit war er sogar Hauptstadtstation auf dem Rückzug von Žabljak Crnojevića nach Cetinje. Der urhistorische Kern Rijekas liegt jedoch erhöht auf einem Felsen südwestlich und trägt den Namen Obod. Von der einst großen Festung aus dem Jahr 1475, mit der ersten südslawischen Druckerpresse, sind nur noch Ruinen zu sehen. Doch auch nach dem Abzug der Herrscher nach Cetinje blieb der Ort im Tal ein beliebter Sommersitz und seine Umgebung war im 19. Jhd. bevorzugtes Jagdrevier von König Nikola.

Touristischer Anziehungspunkt und Wahrzeichen jedoch ist die wirklich sehr hübsche, alte Seinbrücke Stari Most - ein gelungenes Postkartenmotiv. Sie wurde 1853 unter Prinz Danilo Petrović-Njegoš II. errichtet und trägt daher auch den Namen Danilov Most. Mit 43 Metern und zwei Bögen umspannt sie den schmalen Fluss. Am schönsten wirkt das Ganze bei Nacht, dann lassen Unterwasserscheinwerfer das Bauwerk noch reizvoller erscheinen. Auf der linken Flussseite ließ der Prinz das Haus Mostina erbauen, bis heute ist es sehr gut erhalten und beherbergt eine ausgezeichnete Konoba, welche aufgrund der schmackhaften Fischgerichte sehr zu empfehlen ist. Auch sonst ist das gastronomische Angebot an traditionellen Speisen reichhaltig und sehr vorzüglich, wie z.B. im Stari Most. Rijeka Crnojevića ist ein idealer Ausgangspunkt für Kajak- und Kanupaddeln, oder Bootsfahrten in der Rijeka-Schleife bis zum Skadar See sowie Angeln, Schwimmen und Wanderungen. So existiert ein schöner Rundweg entlang des Flusses bis zur Höhle Obodska Pećina, wo der Fluss entspringt, zurück geht es auf der südlichen Flussseite über Obod.

Postkartenmotive - alte Brücke...

Tipp: Den wirklich perfekten Ausblick auf die Rijeka-Schleife um die sanften, üppig grünen Hügel hat man vom Hotel Gazivoda aus, 2 km außerhalb des Ortes auf dem Weg Richtung Podgorica gelegen - es bietet sich das Fotomotiv schlechthin. Mehr jedoch nicht, das Hotel ist seit längerer Zeit außer Betrieb.

...und die phantastische Schleife

Cetinje (Highlight) (Landkarte von freytag & berndt 1:150 000 H 4)

Montenegros ehemals königliche Hauptstadt liegt landschaftlich recht ansprechend auf 670 m ü.M. am Rande des Lovćen-Gebirges und gleichnamigen Nationalparks, sie zählt etwa 14.000 Einwohner. Diese bestehen, historisch bedingt, hauptsächlich aus Montenegrinern, einen kleinen Anteil bilden Serben. Verkehrsgünstig gelegen, kann man Cetinje aus fast allen Himmelsrichtungen in kurzer Zeit erreichen. Von Podgorica beträgt die Entfernung lediglich 35 km, ab der Küste existiert von Budva eine abwechslungsreiche Bergstrecke über 30 km und auch ab Virpazar oder Kotor ist die Anfahrt nicht lang aber reizvoll. Die Residenzstadt bildet auch heute noch das kulturelle Zentrum des Landes und das gegenwärtige Stadtbild ist eng mit ihrer bewegten und interessanten Geschichte verbunden.

Auf einer kleinen Fläche repräsentiert Cetinje eine unglaublich architektonische Vielfalt aus den vergangenen Jahrhunderten. Die prachtvollen Herrscherpaläste und die prunkvollen Botschaftsgebäude der Großmächte, die alten Hausfassaden und zahlreiche Museen zeugen vom wertvollen historischen und kulturellen Erbe. Als eine der großen Museumsstädte der Welt ist Cetinje ein wahres Highlight und macht einen Besuch zum Pflichtprogramm in Montenegro. Außerhalb des historischen Kerns ist nur noch die wunderschöne Lage erwähnenswert, ansonsten ist es eine Kleinstadt wie jede andere, deren Bewohner mangels Industrie oder Handwerk an zunehmender Arbeitslosigkeit leiden und in die Hauptstadt oder an die Küste ziehen. Erfreulicherweise existieren etliche Hochschulen und Universitäten, deren Studenten die Lebendigkeit der Stadt aufrechterhalten und durch aktive Kunstprojekte potentielle Hoffnungsträger des kulturellen Fortbestehens bilden. Cetinje ist auch bekannt für die im zweijährigen Abstand im Sommer stattfindende Cetinjer Biennale. Bei dem bereits von Prinz Nikola II. ins Leben gerufenen Festival treffen sich junge und auch etablierte Künstler des gesamten Balkanraumes zu mehrtägigen Veranstaltungen.

Chronik - Cetinjes historische Wurzeln und die bewegende Vergangenheit lassen sich bis in das 15. Jhd. zurückverfolgen. 1482 verlegte Ivan Crnojević, Oberhaupt der damaligen Herrscherfamilie des Zeta-Reiches, die Hauptstadt recht schnell von der unsicheren Umgebung in der Ebene um Rijeka Crnojevića hierher, in die Berge östlich des Lovćen, dorthin, wo bislang nur ein kleines Dorf existierte. Schriftlich wurde dieses erstmals 1450 erwähnt, als man die kleine Walachenkirche Vlaška crkva erbaute.

Die Gründung des bedeutenden Klosters erfolgte dann bereits 1484, womit man für die Stadt den spirituellen Grundstein der 1516 ins Leben berufenen Fürstbischöfe legte, welche bis Mitte des 19. Jhd. das geistliche und weltliche Oberhaupt der Montenegriner bildeten. Die Flucht der Crnojević nach Cetinje erwies sich jedoch als recht nutzlos, denn die nachfolgenden Jahrhunderte waren von Zerstörung und Wiederaufbau geprägt.

Bereits 1499 kämpften sich die Türken erstmals bis zur Stadt vor und zerstörten unter anderem das Kloster. Ab 1514 gehörte die Region als eigenständige Verwaltungseinheit zum osmanischen Sandschak von Montenegro, Cetinje musste sich während der nächsten 200 Jahre aber immer wieder gegen Angriffe, auch von venezianischer Seite aus, wehren und wurde letztendlich fast zerstört.

Erst 1696 ließ Fürstbischof Danilo I. Petrović erneut ein Kloster errichten, um den Bischofssitz zu repräsentieren, welches aber wiederum nur bis 1712 Bestand hatte. Unverdrossen

der rote Teppich lädt ein - Cetinje

erfolgte ein neuer Aufbau, der Ort aber kam nicht zur Ruhe und ein Aufschwung erfolgte erst unter Fürstbischof Petar II. Petrović-Njegoš. Er ließ die Biljarda erbauen und schuf somit eine Residenz für Senat und Verwaltung. Nach den Beschlüssen des Berliner Kongresses von 1878 und der Zusprechung zu Montenegro, konnte die Stadt endgültig aufatmen und erlangte unter Petars Nachfolger Fürst bzw. Prinz Nikola (späterer König) ihre Blütezeit und den Hauptstadtstatus. Er führte weitreichende politische und soziale Neuerungen ein. Es wurden Straßen befestigt und Verwaltungsgebäude erbaut, Wasserleitungen verlegt und Straßenbeleuchtungen errichtet. Hinzu kamen Schulen und ein Krankenhaus. Die zahlreichen prachtvollen Diplomatengebäude stammen ebenfalls aus dieser Zeit. Damals lebten an die 1.500 Menschen in Cetinje. Ihre Position als Hauptstadt konnte sie bis 1918 beibehalten, erhielt den Stand dann vorübergehend während des Zweiten Weltkrieges wieder und verlor ihn jedoch 1946 endgültig an das damalige Titograd, das heutige Podgorica. Die Stadt Cetinje ist aber immer noch Amtssitz des Staatspräsidenten.

Rundgang - Montenegros Hinterland besitzt nicht viele Städte, die auf Reisende eine große Anziehungskraft ausüben - Cetinje tut das. Durch seine abwechslungsreiche und spannende Historie kann der Ort mit einer Vielzahl von Sehenswürdigkeiten aufwarten, deren Besuch sich ausnahmslos lohnt. Ein optimaler Ausgangspunkt für einen Rundgang zu Fuß und Museumsbesuche ist der große, ausgewiesene **Parkplatz** (gebührenpflichtig) am südöstlichen Ortsende, dort befindet sich zudem die **Touristeninformation**. Von hier gelangt man über den großen **Park Vladičina bašta** zu einem Wanderweg, welcher auf den **Adlerfelsen Orlov krš** führt, mit einem wunderschönen Panoramablick über die gesamte Stadt. Dort befindet sich das **Mausoleum von Danilo Petrović Njegoš** (1670-1735), dem Begründer der gleichnamigen Dynastie. Der Kuppelbau mit dem Sarkophag wurde aber erst 1896 erbaut, in jenem Jahr, in welchem Danilo zum Metropoliten ernannt wurde. Auf dem Weg dorthin passiert man das große, moderne **Amphietheater**, welches auch für Aufführungen der Biennale genutzt wird.

Über den gleichen Weg zurück, erreicht man das **Kloster Cetinje**. Dieses durchlebte eine immer wieder von Zerstörungen geprägte Vergangenheit. Seinen endgültigen Standort erhielt es 1792 und konnte sich dort endlich ungestört entwickeln. Es wurde dem orthodoxen Heiligen Sveti Petar geweiht und trägt auch dessen Namen. Die Klosterkirche enthält sehenswerte Fresken und die Reliquienschreine von Danilo II. Petrović und Mirko Petrović. Weitere bedeutende Reliquien sind eine Hand von Johannes dem Täufer und ein echter Splitter des Christuskreuzes. Des weiteren beinhaltet der Komplex eine wertvolle Bibliothek mit historischen Drucken des ortseigenen Betriebes aus dem 15. Jhd. Das Kloster ist oft nur im Rahmen einer geführten Gruppe zugänglich, versuchen kann man es aber trotzdem. Auf angemessene Kleidung ist zu achten.

die angenehme Fußgängerzone

Vor den Toren des Klosters kann man einen original montenegrinischen **Dreschplatz** erkennen. Dieser Ort war früher für das gesellschaftliche Zusammenspiel von größter Bedeutung und die dortigen Zusammenkünfte symbolisierten das Gemeinschaftsdenken der Montenegriner.

Unübersehbar, hinter einem burggleichen Bollwerk aus dicken Mauern und Türmen, verbirgt sich die riesige **Biljarda**. Dieses war die fürstliche Wohnresidenz von Petar II. Petrović-Njegoš, auch der damalige Senat war darin untergebracht.

Klosterkirche des Heiligen Petar

...die kleine Schlosskapelle...

...Vladin Dom - Nationalmuseum...

...ehemalige russische Botschaft...

Die Planung und Finanzierung des 1838 errichteten, festungsähnlichen Gebäudes übernahm damals die befreundete russische Zarenfamilie. Seinen Namen erhielt das 70 Meter lange Bauwerk aufgrund eines außergewöhnlichen Geschenks von der österreichischen k.u.k Monarchie zur Einweihung, ein Billardtisch fand unter Mühen den Weg über die steilen Wege vom Hafen von Kotor bis hierher! Eine von Petars Leidenschaften war das Billardspiel. Die 25 Zimmer des Prachtbaus wurden jedoch nur bis 1867 von der Fürsten-Familie bewohnt, danach zog man in den neuen Palast. Der berühmte Billardtisch gehört zu den Ausstellungsstücken des Museums, welches anschaulich des Leben der damaligen Herrscherdynastie dokumentiert. Es enthält wertvolle Gebrauchsgegenstände der Familie, Waffen, Geld, Bücher und Handschriften des Fürsten und Dichters. Ebenso eine umfangreiche Bildergalerie mit hunderten von Werken bedeutender Künstler, welche den großen Geistlichen verehrten (€ 3,--). Im Garten befindet sich ein **Lapidarium**, eine Sammlung von stattlichen Steinfiguren.

Der Pavillon im Südteil beherbergt ein in Europa groß- und einzigartiges Relief. Die detailgetreue und sehr präzise **3-D-Karte Montenegros im Maßstab 1:10 000** stammt aus dem Jahr 1916/17 und wurde von der österreichischen Besatzungsmacht in Auftrag gegeben, die in beiden Weltkriegen die Biljarda als Sitz nutzten. Die Karte diente militärischen Zwecken und somit wurde jede kleinste Siedlung und jeder Weg jener Zeit darauf verzeichnet. Sogar Kulturdenkmäler und Sehenswürdigkeiten sind originalgetreu dargestellt (€ 1,--).

Schräg gegenüber fällt die kleine **Schlosskapelle Crkva Rođena Bogorodice** (Crkva na ćipuru) auf. Das serbisch-orthodoxe Kirchlein wurde 1886 auf den dort noch sichtbaren Grundmauern des ursprünglichen Klosters errichtet. Es ist die letzte Ruhestätte von Stadtgründer Ivan Crnojević sowie König Nikola I. und seiner Frau Milena. Man überführte sie 1989 aus San Remo hierher und bestattete sie in aufwendigen Marmorsarkophagen. 1485 nahm man auf dem Gelände des Kirchleins die erste Druckerei Europas, welche kyrillische Schriftstücke produzierte, in Betrieb.

Folgt man der Novice Cerovića 150 Meter Richtung Norden und passiert den Platz der Revolution, gelangt man zum **Nationalmuseum** von Montenegro. Das große, ockerfarbene Gebäude ist zugleich Cetinjes größter und erster Stahlbetonbau. Im ehemaligen Regierungshaus, dem Vladin Dom, hatte ab 1910, dem Jahr, in welchem Nikola zum König gekrönt wurde, die Stadtverwaltung ihren Sitz und tagte die Nationalversammlung. Heute beherbergt es das umfangreichste Geschichts- und Kunstmuseum des Landes. Im linken Teil des Barockbaus sind die historischen Exponate zu finden, im rechten Flügel die Kunstgalerie. Hier kann man nicht nur nationale Kunstwerke bestaunen, sondern ebenso internationale Werke von Chagall und Picasso. In der kleinen Blauen Kapelle hat die berühmte „Madonna von Philermos", eine Schutzheiligenikone des Malteserordens aus dem 11. Jhd., nach ihrer langen Odyssee durch ganz Europa ein bescheidenes Zuhause gefunden (€ 3,-- bzw. 4,--).

Schräg gegenüber der Biljarda liegt ganz in dunkelrot einer der **königlichen Paläste**, den Nikola I. nach 1867 als Residenz nutzte. Bis 1910 wurde der auch innen architektonisch interessante Bau mehrfach erweitert und seit 1926 befindet sich in den Räumlichkeiten ein Museum. In den originalgetreu belassenen Zimmern und Salons unterschiedlicher Stilrichtungen findet man zum Einen allerlei historisch Interessantes zu den zahlreichen Kriegen, besonders gegen die Türken, wie Fahnen, Kanonen und andere Trophäen. Zum Anderen aber auch Sammlungen von Gebrauchsgegenständen, Jagdwaffen, Briefmarken, seltene Bücher, bedeutende Gemälde, Fotografien und Porträts, welche allesamt einen überaus guten Einblick in das königliche Leben gewähren (€ 5,--).

das blaue Palais...

Im Park gegenüber erinnert ein **Denkmal an den Stadtgründer Ivan Crnojević**. Ebenfalls gegenüber des Muzej Kralja Nikole übersiedelte man erst vor wenigen Jahren in die ehemals Serbische Botschaft das **Ethnografische Museum**, das bedeutendste seiner Art im Land. Hier kann man sich einen umfangreichen Überblick über die montenegrinische Volkskunde und Teile der Geschichte verschaffen. Neben aufwendigen und farbenfrohen Trachten, Schmuck, Musikinstrumenten, Teppichen, Gebrauchsgegenständen und anderen Kuriositäten wird auch deren Herstellung selbst anschaulich dargestellt (€ 2,--).

...und seine Garde...

Biegt man an der Fußgängerzone Njegoševa rechts ab, passiert man das kleinere Gebäude der **Deutschen Botschaft**. Etwas weiter das einem Landhaus nachempfundene des **Vereinigten Königreiches Großbritannien**, in dem heute unter anderem die Musikschule untergebracht ist. Gegenüber gibt es übrigens kostenfreie Parkplätze. Nur wenige Meter weiter befindet sich das berühmte **Blaue Palais „Plavi Dvorac"**. Das auffällige, himmelblaue Gebäude mit den dunkelroten Säulen wurde 1895 als Residenz des Thronfolgers Danilo errichtet. Der Bau enthält Elemente mehrerer Epochen und diente später öfter als Vorbild anderer Repräsentationsbauten der königlichen Familie. Aktuell ist es der Regierungssitz des Präsidenten und wird von einer Garde bewacht. Auf der anderen Seite liegt der **weitläufige Park 13.jul**. Durchquert man die Grünanlage, gelangt man auf die Baja Pivljanina, in dieser Straße befinden sich etliche alte Botschaftsgebäude, die **Stadtverwaltung** und nebendran das moderne **Theater Zetski Dom**.

...der Djukanovic-Palast - privat...

Folgt man der Fußgängerzone Njegoševa am Dvorski-Platz nach links, durchquert man eine stilvolle Häuserzeile mit alten Fassaden, teilweise bereits authentisch restauriert. Fast am Ende der Fußgängerpassage liegt links der **Djukanovic-Palast**, ein Adelshaus aus dem 20. Jhd, gut erkennbar durch die lebensgroßen Steinstatuen. Gegenüber befindet sich das umfangreiche und sehr informative **Geldmuseum**, eine Institution der montenegrinischen Zentralbank (€ 2,--).

...und die Stadtverwaltung

die Musikschule

die Österreichische Botschaft

Überquert man die Jovana Tomaševica, passiert man die **Französische Botschaft** und das **Kulturministerium**.

Die kleine **Walachenkirche Vlaška crkva**, von ansässigen Viehhirten im Jahr 1450 errichtet, liegt in einem Friedhof mit uralten Grabsteinen, darunter auch zwei Stecci der Bogumilen (s. Seite 133), an der Kreuzung Jovana Tomaševica und Baja Pivljanina. Ihr Alter sieht man ihr nicht mehr an, sie wurde mehrmals umgebaut, ursprünglich bestand sie hauptsächlich aus Naturmaterialien. Davor erinnert das **Kriegsdenkmal mit der „Fee von Lovćen"** an auf See verunglückte Übersee-Montenegriner, welche ihren Landsleuten im Ersten Weltkrieg zu Hilfe kommen wollten.

Ein letztes, aufwendig gestaltetes Gesandtenshighlight ist das der **österreich-ungarischen Monarchie**, zu finden etwa 300 Meter weiter in der nördlichen Baja Pivljanina im kleinen Divizija-Park. In vielen der ehemaligen Botschaften sind heute weiterführende Schulen untergebracht.

Eine wichtige Institution des Landes befindet sich ebenfalls hier, die **Nationalbibliothek**. Sie beherbergt nicht nur montenegrinische und internationale Publikationen, sondern auch Ausstellungen mit unterschiedlichen Schwerpunkten. (ℹ️ - *Bulevar Crnogorskih Junaka, 7.00-15.00 h*).

Tipp für Museumsbesuche: Die Öffnungszeiten sind einheitlich, 10.04-30.10 tgl. von 9.00-17.00 h, 31.10-09.04 Mo-Sa 9.00-16.00 h. Möchte man alle oder mehrere Ausstellungen besuchen, lohnt sich ein Tagesticket für € 10,--, erhältlich am Nationalmuseum oder an der Biljarda.

Montenegros Revolutionär - Petar II. Petrović-Njegoš - Fürst, Bischof, Dichter

Die Familie Petrović mit dem Beinamen Njegoš bildete in der Zeit von 1697 bis 1918 die vierte Herrscherdynastie Montenegros. Im 19. Jhd. entstand daraus die Fürstendynastie der Petrovići, sie war sehr einflussreich und maßgeblich für das heutige Erscheinungsbild des Landes verantwortlich. Petar II. Petrović-Njegoš war eine außergewöhnliche Persönlichkeit innerhalb dieses Familienclans. Er wurde am 13.11.1813 in Njeguši, einem kleinen Bergdorf nahe Cetinje, geboren und erhielt den Namen Radivoje Tomov. Rade, wie er genannt wurde, verschrieb sich bereits sehr früh der Volksepik und Heldenliedern. Erst ab 1825 lernte er Lesen und Schreiben als er in Cetinje in das Kloster eintrat. Bereits 1830 nahm er die Nachfolge seines geliebten Onkels Petar I. an, übernahm seinen Vornamen und erlangte als Fürstbischof von Montenegro die weltliche und geistliche Macht über das Land. Seine literarischen Fähigkeiten eignete er sich allesamt im Selbststudium an und entwickelte sich so zu einem äußerst fähigen und zu Lebzeiten schon angesehenen und großen Dichter im serbischen Sprachraum. Sein berühmtes Werk „Der Bergkranz", ein äußerst poetisches Heldenepos und Hauptwerk der südslawischen Literatur, als dessen Shakespeare er galt, handelt vom Befreiungskampf der Serben gegen die Türken. Als politischer Führer investierte er seine Zeit in viele Reisen und knüpfte wichtige internationale Beziehungen in ganz Europa. Nach seiner Rückkehr aus Russland 1834 eröffnete er die erste Schule des Landes und führte die moderne Buchpresse ein. Er modernisierte Montenegro mit königlicher Macht. Um die Festigung des Staates als Einheit bemüht, entmachtete er rücksichtslos die Oberhäupter noch verbliebener Clans. Durch seine Politik verfestigte sich nach der türkischen Herrschaft die Zugehörigkeit zur serbischen Nation. Russland war sein größter Verbündeter, um das Land gegen die Türken zu sichern. Petar II. wurde nicht alt, er starb 1851 im Alter von nur 38 Jahren in Cetinje urplötzlich an einer Lungenentzündung. Sein Nachfolger als Fürstbischof wurde von 1851 bis 1860 sein Neffe Danilo II. Petrović-Njegoš, der aber das Bischofsamt aufgab und bereits ab 1852 nur noch als weltlicher Fürst die Macht über Montenegro innehielt. Die Dynastie reicht bis in die heutige Zeit, den jetzigen Anspruch auf den Thron hätte der 1944 geborene Nikola II. Petrović-Njegoš.

1 cm = ca. 80 m

1 - Kulturministerium
2 - Vladin Dom
3 - Fußgängerzone

4 - Kloster Cetinje
5 - 3D-Relief
6 - Biljarda

7 - Nikola Museum
8 - Mausoleum
9 - Blaues Palais

Die **Touristeninformation** befindet sich am großen Parkplatz südlich vom Zentrum (s. Karte), Stadtplan erhältlich, auch im Internet und auf Deutsch: www.cetinje.travel;

Übernachten - Essen & Trinken

Zwar wird Cetinje meist im Rahmen eines Tagesausfluges besucht, aber inzwischen ist man auch für Übernachtungsgäste recht gut gerüstet, wenngleich es meist einfache Pensionen sind. Für das leibliche Wohl ist das Angebot an Lokalen unterschiedlicher Preisklasse reichlich.

Apartments Aleksandra - zentral aber ruhig gelegene, ansprechende Zimmer mit Kochgelegenheit, DZ ab € 35,--, Vuka Mićunovića 54, www.apartmanialeksandra.com, +382 68 396190

La Vecchia Casa - familiäre Pension, in einer Seitenstraße im Zentrum, hübsche Zimmer, lauschiger Garten, DZ ab € 35,--, Ul. Vojvode Batrića 6, +382 67 629660, booking.com;

Brvnara Borovik - südlich ausserhalb vom Zentrum sehr ruhig gelegene, aparte Bungalows inmitten einer ansprechenden Gartenanlage, ab € 38,--; nur über Buchungsportale buchbar;

Pecenjara Verige - günstiges, einfaches Lokal mit einer Auswahl an traditionellen, leckeren Speisen und Snacks, uriges Ambiente, nördlicher Stadtrand Mojkovačka bb 23, 8.00-00.00 h;

TavèRna Cetinje - traditionelle, mediterrane und europäische Speisen, ansprechendes Umfeld, zentral gelegen, Baja Pivljanina 77, www.restorantaverna.me, +382 69 502503, 8.00-0.00 h;

National Belveder - beliebtes Ausflugslokal mit umfangreicher Speisekarte, auf dem Weg zur Lipa-Cave, schöne Aussichtsterrasse, guter Service, +382 41 241241, 10.00-20.00 h;

dieses Naturschauspiel gibts...

...ohne Kommentar ! ! !

Lipa-Höhle (Top-Tipp) (Karte freytag & berndt H 4)

Nur wenige Kilometer von Cetinje befindet eines der eindrucksvollsten Naturmonumente der Region. „Wie auf einem anderen Planeten" - so bewerben die Gemeinde Cetinje und "Lipa-Cave" das späologische Objekt von außerordentlichem Wert.

Schon seit dem 19. Jhd. wusste man um die Schönheit der Höhle, Petar II. und König Nikola zählten zu den ersten prominenten Besuchern und brachten nicht selten internationalen Besuch mit. 1839 gilt als das offizielle Jahr der Entdeckung, von damals stammte die erste schriftliche Erwähnung durch einen englischen Archäologen, obwohl natürlich die Dorfbewohner schon lange um die Existenz wussten und die Quellen der Höhle für ihre Trinkwasservorräte nutzten. Diesen Vorteil machten sich auch die österreichischen Besatzer zunutze. Ausgedehnte Explorationen fanden dann ab dem 20. Jhd. nach den beiden Weltkriegen statt.

Mit ihren bis zu 2,5 km langen Korridoren und gigantischen Hallen ist sie eine der größten Karsthöhlen im Land und zählt zu den prächtigsten, bisher erforschten unterirdischen Systemen. Allein nur in der Region um Cetinje soll es an die 1.000 Objekte dieser Art geben, die Lipa-Cave ist jedoch die einzig öffentlich zugängliche. Sie beeindruckt durch eine unglaubliche Vielfalt an verspielten Formen der Natur, gigantischen Stalagmiten und Stalagtiten, Stalagnaten und Seitenhöhlen, unterirdischen Bächen und Seen, Galerien und Ornamenten. Wie in Höhlen üblich, tragen viele davon phantasievolle Namen.

Der Höhenunterschied zwischen höchstem und tiefstem Punkt im Höhlensystem beträgt 300 Meter. Bis zum Eröffnungsjahr für die Öffentlichkeit 2015 wurden gesamt über 3.500 Meter erkundet, knapp 500 davon sind bis jetzt freigegeben. Ein unterirdischer Fluss schlängelt sich durch einen Teil der Höhle, die sich vom Ausgangspunkt in Richtung der Adria erstreckt. Die Temperatur liegt ganzjährig konstant zwischen 8 und 12°. Im Sommer durchaus eine angenehme Abkühlung, dennoch sollte man an lange Hosen und Jacke denken.

Das große Höhlenabenteuer startet bereits am Parkplatz des Informationscenters mit Café, Shop, Toiletten, etc., man kann auch entsprechendes Equipment ausleihen. Ein kleiner Zug bringt die Besucher in 10 Minuten zum Eingang der Höhle. Jede Tour wird von einem ausgebildeten und gut informierten Führer/in begleitet. Es gibt zwei verschiedene Touren mit unterschiedlichem Schwierigkeitsgrad. Für Sicherheit sorgen befestigte Wege und Stege, Halteseile und eine ausreichende Beleuchtung. Zusammen mit dem Besuch der Königshauptstadt bildet die Lipa-Cave einen abwechslungsreichen Tagesausflug.

(ℹ️ - April 10.00, 12.00, 14.00 - Mai-Okt. 10.00, 11.30, 13.00, 14.30, 16.00 h - Nov.: wochentags 10.00, 12.00, 14.00 h. WE: 10.00, 11.30, 13.00, 14:30 h die Zeiten der Führungen können witterungsbedingt variieren und sollten auf der Homepage www.lipa-cave.me überprüft werden). Ab € 10,90 bzw. € 50,-- für die 3-stündige Extreme-Tour, vorher anmelden: info@lipa-cave.me.

Anfahrt: Der Abzweig zur Lipa-Cave ist an der M2.3 ausgeschildert, 1 km vom Kreisverkehr vor Cetinje oder 30 km von Podgorica. Ab dort nochmals 2,5 km bis zum Parkplatz.

Lovćen-Nationalpark (Highlight) (Karte freytag & berndt 1:150 000 H 5)

Nur wenige Meter Luftlinie trennen zwei Welten, wie sie unterschiedlicher nicht sein könnten: Die großartige, geschichtsträchtige Bucht von Kotor und den nicht minder eindrucksvollen Lovćen-Nationalpark. Auf den ersten Blick wirkt diese schroffe, gebirgige Landschaft zwischen Kotor, Budva und Cetinje zwar recht unspektakulär, birgt bei intensiverer Erkundung aber einzigartige Besonderheiten. Der Lovćen ist, obwohl eher mit vergleichsweise niedrigen Gipfeln ausgestattet, eines der Hauptgebirge des Landes. Von zahlreichen exponierten Aussichtspunkten eröffnen sich unvergessliche optische Eindrücke und an klaren Tagen ein phänomenaler Rundblick über das gesamte Land. Von der Küste bis zum Durmitor und Prokletije, vom Orjen bis zum Skadar-See, von Podgorica bis hinein nach Albanien. Hinzu kommt der bei den Montenegrinern mythenhafte Status eines Nationalheiligtums, welcher ihn zu einem populären Pilgerziel macht.

Er ist über Zufahrtsstraßen zu erreichen, die an sich schon ein Erlebnis darstellen. Von Kotor windet sich, über den nur 965 Meter hohen Krstač-Pass, welcher den niedrigsten Punkt des Nationalparks bildet, eine atemberaubende, meist enge Serpentinenstraße mit 32 Spitzkehren und immer wieder spektakulären Ausblicken auf die Steilhänge des Massivs und die Bucht von Kotor hinunter. Diese knapp 32 Kilometer lange Strecke gilt übrigens als eine der 100 schönsten Panoramastrecken der Welt. Von Cetinje sind es nur 20 Kilometer bis in das Herz des Lovćen und auch die Nordroute über das Polje um Njeguši ist landschaftlich sehr reizvoll. Der höchste Gipfel ist der 1.749 Meter hohe Štirovnik, unübersehbar ein militärisches Sperrgebiet. Angeblich war dieser „schwarze Berg" mitunter Namensgeber des Landes.

Seit 1952 ist ein 63 km² großes Gebiet, rings um den höchsten Punkt des Karstmassives, als Nationalpark ausgewiesen, nicht der Natur wegen, sondern um einem kulturhistorischen Denkmal eine würdige Umgebung zu schaffen. Durch die mitunter unmittelbare Nähe zur Küste konnte sich hier für über 2.000 Tier- und Pflanzenarten, darunter auch sehr seltene, ein durchaus schützenswerter Lebensraum entwickeln. Aber hauptsächlich jenes ungewöhnliche Monument zieht, wenngleich der atemberaubende Panoramablick in Wirklichkeit den ausschlaggebenden Anreiz für einen Ausflug bietet, Scharen von Besuchern an. Das auf den ersten Blick sehr schlicht und unspektakulär wirkende Mausoleum befindet sich in ausnahmslos bevorzugter Lage auf dem 1.675 Meter hoch liegenden Gipfel des Jezerski vrh, dem zweithöchsten Berg des Lovćen.

das Mausoleum in luftiger Höhe

grandiose Aussicht bis Albanien

Von der Aussichtsplattform der mitunter selbstgewählten Ruhestätte des berühmten Dichterfürsten Petar II. liegt einem Montenegro dann buchstäblich zu Füssen.

Der höchst gelegene Grabtempel der Welt wurde vom berühmten kroatischen Architekten und Bildhauer Ivan Meštrović nach vierjähriger Bauzeit 1974 fertiggestellt. Zuvor hatte man Petar II. in einer Kapelle, welche er bereits 1845 an dieser Stelle errichten ließ, 1854 bestattet. Diese war im Ersten Weltkrieg im Rahmen eines Feldzuges gegen die Montenegriner von den Österreichern teilweise zerstört worden, wurde 1925 jedoch wiederhergestellt. Während dieser Zeit ruhte der exhumierte Leichnam Petars in Cetinje. Vom 80 Meter tiefer liegenden Parkplatz führen 461 Stufen, die letzten durch einen Tunnel, zum stattlichen Mausoleum, dessen Grundsteine sechs Meter tief in den Felsen reichen. Am Ende der sechs seitlichen Nischen liegt ein großer Gewölberaum, bewacht von zwei imposanten weiblichen Steinfiguren in montenegrinischer Tracht. Die 9 m hohe Grabkammer selbst besteht aus feinstem kroatischen Marmor, den Himmel bildet ein Mosaik, zusammengesetzt aus 200.000 winzigen, vergoldeten Plättchen. Dominiert wird die Hauptnische von einer stattlichen, 28 Tonnen schweren Granitfigur, die den Fürsten detailgetreu mit einem Adler, dem Wappenvogel Montenegros darstellt. Unter diesem Gewölbe liegt die Krypta, welche den schlichten Marmorsarkophag mit den sterblichen Überresten des beliebten Fürsten beherbergt. (ℹ - € 3,--, 9.00-17.00 h, im Winter Schneefreiheit vorausgesetzt).

Für Mehrtagesausflüge ist der Lovćen-Nationalpark zwar gerüstet, jedoch aufgrund fehlender Versorgungsmöglichkeiten nur bedingt geeignet. Unterkunftsmöglichkeiten von einfach bis komfortabel bietet das Hotel Ivanov Konak auf der 1.230 Meter hoch gelegenen Alm Ivanova Korita, ca. 20 Kilometer von Cetinje und 3 km von der Zufahrt zum Mausoleum. Ihm angeschlossen ist ein Restaurant, zudem bietet die Anlage auch Campmöglichkeiten und einen Grillverleih. Weitere Hotels: Monte Rosa, Odmaralište. Das Besucherzentrum der Alm ist ein idealer Ausgangspunkt für Wanderungen im Nationalpark. Entsprechende Karten sind hier erhältlich. Seit kurzer Zeit gibt es dort auch einen Adventure-Park mit Hochseilgarten. Die Nationalparkgebühr beträgt € 2,-.

Njeguši (Karte freytag & berndt 1:150 000 H 3)

Am nördlichen Rand des Lovćen-Nationalparks liegt reizvoll in einem weiten, fruchtbaren Polje das Bergdorf Njeguši. Tourismus und Kommerz haben ihre Spuren in der einst traditionellen Ansiedlung hinterlassen, dennoch ist es aus ethnografischer und landschaftlicher Sicht absolut einen Umweg wert. Zudem liegt es von Cetinje nur 20 km und von Kotor über die sagenhafte Serpentinenstrecke nur 25 km entfernt. Für viele Jahrhunderte war es sogar die einzige Verbindung zwischen den beiden Orten, die Ringstraße entstand erst im 20. Jhd. Hinzu kommt, dass Njeguši ein guter Ausgangspunkt für Wanderungen im Nationalpark ist.

Die bäuerliche Siedlung mit den teilweise alten, architektonisch regionstypischen Steinhäusern ist aus zwei Gründen sehr berühmt. Zum Einen ist es der Geburtsort des Dichters und Fürstbischofs Petar II. Petrović-Njegoš (1813-51). Sein unscheinbares und schlichtes Geburtshaus am nördlichen Ortsende direkt neben der Straße beherbergt ein kleines Museum mit Gegenständen und Erinnerungsstücken aus seinem kurzen Leben (ℹ - € 2,--, Zeiten gleich den Museen in Cetinje). Zum Anderen ist es als die Schinkenhochburg des Landes von der kulinarischen Entdeckungsreise nicht wegzudenken. Von hier stammt das Beste was die Räucherkammern

Montenegros hergeben, obwohl die Schweine hierfür nicht die landeseigenen sind, sondern aus Serbien und Holland importiert werden (den ökonomischen Aspekt muss man hier ausklammern). Somit haben die exzellenten Stücke des Njeguški pršut eben ihren Preis. Die Herstellung des erstklassigen Schinkens hat eine lange Tradition und erfolgt auf eine ganz spezielle, natürliche Weise. Die Produktion und außergewöhnliche Qualität ist abhängig von einem optimalen Verhältnis des Kontinental- und Mittelmeerklimas. Das ist meist Anfang November der Fall, wenn die Temperaturen um die 10° liegen. Die zwischen 8 und 12 kg schweren Schweinekeulen werden mit Meersalz einge-

einfach lecker - der Weg lohnt sich

salzen und anschließend gepresst. Danach wird der Rohschinken unter dem Dachstuhl aufgehängt und über einem Buchen- und Nadelholzgemisch etwa einen Monat lang geräuchert. Im Anschluss werden die ansehnlichen Schinkenstücke luftgetrocknet und erreichen nach etwa 12 Monaten ihren einzigartigen Geschmack. Fast ebenso berühmt ist der Sir, ein halbfester, etwas trockener Schnittkäse und das getrocknete Schafsfleisch. Die Köstlichkeiten werden im ganzen Dorf zum Verkauf angeboten und zahlreiche Konobas offerieren ihre leckeren, üppigen Brotzeitplatten. Rakija, Wein und Honigmet gehören selbstverständlich dazu.

Wer im Rahmen von Wanderungen länger bleiben möchte, findet einige Unterkünfte, z.B. die kleinen Holzhütten des Etno Selo Kadmi mit angeschlossener uriger Konoba oder, mit etwas gehobenerem Standard, das Etno Selo Sveti Georgije. Zur gepflegten Anlage gehören neben den zweistöckigen Appartment-Steinhäusern mit schlicht-schickem Interieur ein Naturpool und ein Restaurant mit lokalen Speisen, www.de.etnoselosvetigeorgije.com.

Eine sehr schöne, wenn auch nicht ganz einfache Tour auf den Lovćen, praktisch von der Geburtsstätte Petars zu seiner letzten Ruhestätte, beginnt 2 km vom nördlichen Ortsausgang, am Wald hinter dem kleinen, angeblich ältesten Wirtshaus des Landes Kod Pera na Bukovicu, das übrigens als eines der besten des Ortes gilt und berühmt für seine Schnapsauswahl ist. Der Weg ist durchwegs gut markiert, führt über 600 Höhenmeter (teils entlang alter Militärwege) und dauert einfach ca. 3 Stunden. Zurück kann ab der Hälfte des Weges nach links auf direktem Weg nach Njeguši abgekürzt werden.

Langzeitwandern: Mitten durch den Lovćen führt ein 2006 eröffneter Weitwanderweg, die **Primorska Planinarska Transferzala**, kurz PPT. Die Panoramatour ist gesamt 182 Kilometer lang, möchte man die Route über weite Teile des Küstengebirges gesamt bewältigen, benötigt man etwa 8 bis 9 Tage, der höchste Punkt liegt auf 1.893 Meter, gesamt muss ein Anstieg über 2.863 Meter überwunden werden. Sie startet nahe Herceg Novi, führt über den Orjen, um die Bucht von Kotor herum, über den Lovćen, durch die Pastrovska Gora und über die Rumija bis hinunter nach Bar. Wunderbare Ausblicke, nicht nur auf die Küste, sowie eine Vielzahl historischer Stätten liegen am Weg. 150 Kilometer Zugangswege ermöglichen auch Tagesetappen. Es gibt eine recht gute Openstreetmap-Karte: www.openstreetmap.org/relation/2776159, darauf sind auch die Enstiegsmöglichkeiten gut zu erkennen. Eine 52-seitige Broschüre in englischer Sprache unter: www.hikingisgood.com/primorska-planinarska-transverzala-ppt-hiking-guide.

Das Gegenstück dazu bildet die 164 km lange, 2007 fertiggestellte und komplett markierte **Bergwandertransversale Crnogorska Transverzala 1**, "CT1". Die eindrucksvolle Wandertour startet östlich von Podgorica am Bukumirsko jezero, führt über die Komovi-Region, die Bjelasica und die Sinjajevina-Hochebene bis in das Durmitor-Gebiet an den Crno jezero bei Žabljak. Will man sie komplett bewältigen, benötigt man etwa 8 Tage.
Infos: www.openstreetmap.org/relation/2777368;

Podgoricas Uhrturm

Podgorica (Karte freytag & berndt 1:150 000 H 6)

Montenegros Hauptstadt, welche bis 1992 noch Titograd hieß, hat gerade mal 151.000 Einwohner, die gesamte Gemeinde mit 57 Dörfern der Umgebung 186.000, das ist fast ein Drittel der Gesamtbevölkerung. Ethnologisch setzt sie sich mehrheitlich aus Montenegrinern (60%), Serben (24%), Roma, Bosniaken und wenigen Albanern zusammen. Podgorica liegt sehr zentral in der fruchtbaren Zeta-Ebene nahe des Skadar-Sees und ist von etlichen Mittelgebirgszügen umgeben. Im weiteren Umland liegen die ausgedehnten Plantagen des Weingutes Plantaže. Dazu wird in der Gegend Tabak, Getreide und Obst angebaut. Die fünf Flüsse, welche die Ebene durchziehen, machen eine ausreichende Bewässerung möglich.

Auf den ersten Blick wirkt die ehemals verschlafene Kleinstadt recht nüchtern, von einem früheren osmanischen Einfluss ist nur noch sehr wenig übriggeblieben. Nach den Zerstörungen im Zweiten Weltkrieg entstanden vorwiegend sozialistisch geprägte Wohnblöcke, erst Ende des letzten Jahrtausends orientierte man sich an zeitgemäßer Architektur und errichtete zunehmend moderne Büro- und Wohnhäuser mit viel Glas und noch mehr Beton. Ein wenig Reiz entwickelte sich inzwischen durch die reichlichen und großzügig angelegten Park- und Grünanlagen, die schattigen Konobas entlang der Flussufer und auch die zahlreichen Brücken lockern das einheitliche und strenge Stadtbild auf und verleihen Podgorica dann doch einen ganz angenehmen Flair. Die Flüsse Morača und Ribnica teilen die Stadt in drei Bezirke: die Altstadt Stara Varoš, die Neustadt Nova Varoš und das moderne Regierungsviertel Novi Grad.

Aus Mangel an Sehenswürdigkeiten lohnt sich ein längerer Aufenthalt nur für kulturell Interessierte. Neben dem National- und Stadttheater gibt es auch ein Puppen- und Kindertheater sowie eine Vielzahl von kleinen Kunstbühnen. Mehrere große Galerien bieten eine umfassende Übersicht über ein breit gefächertes Spektrum an Kunstrichtungen.

Podgorica ist zwar das Zentrum der montenegrinischen Industrie, im Grunde jedoch immer noch keine wohlhabende Stadt. Die riesige Aluminiumhütte vermag selbst nach der Übernahme durch den erfolgsorientierten UNIPROM-Konzern die hohe Arbeitslosenquote nicht senken. Sie und auch die meisten anderen Betriebe im Textil- und Landwirtschaftssektor entstanden noch zu Titos Zeiten. Weitaus bessere finanzielle und zukunftsorientierte Möglichkeiten bietet der Dienstleistungssektor mit Finanzinstituten, der Börse, Medien, der Fluggesellschaft und privaten Institutionen und Unternehmen. Wichtige Arbeitgeber sind die großen Weingüter wie das von Plantaže. Die Universität von Montenegro hat ihren Sitz in Podgorica und verfügt inzwischen über 19 Fakultäten und drei Forschungseinrichtungen. Hinzu kommen etliche Akademien und private Lehrinstitute sowie 34 Grund- und 10 weiterführende Schulen.

Neben Athen brütet über der Hauptstadt bereits ab Frühjahrsende und im Sommer die höchste Lufttemperatur aller europäischen Städte, 40° und mehr sind an der Tagesordnung. Abkühlung bietet dann ein erfrischendes Bad in einem der Flüsse, besonders an den Ufern der Morača gibt es etliche Badestrände. Wer sich abends und nachts vergnügen will, findet hierzu in den zahlreichen zentral gelegenen Pubs, Kneipen, Biergärten und Bars abwechslungsreiche Gelegenheiten. Da Podgorica auch das politische und wirtschaftliche Zentrum des Landes ist, mangelt es nicht an Hotels und Unterkünften in allen Preisklassen. Der internationale Flughafen Aerodrom-Podgorica befindet sich 12 Kilometer südlich des Zentrums - sein offizieller IATA-Name: TGD für Titograd. Sämtliche Besuchsziele im Land sind von hier aus dann mit wenig Zeitaufwand gut zu erreichen.

Chronik - Podgoricas Geschichte ist relativ kurz, trotzdem sehr bewegt und schnell erläutert. Zwar entstand hier bereits zu römischer Zeit, aufgrund der strategisch günstigen Lage an einigen Handelsstraßen, eine Siedlung, der Ort wurde aber erst ab 1326 namentlich in Aufzeichnungen erwähnt. Jedoch siedelten im nahe gelegenen, antiken Duklja und dem weiteren Umland bereits lange vorher illyrische Stämme und die ältesten menschlichen Funde gehen auf die Jungsteinzeit zurück. Das politische Leben spielte sich lange Zeit fast ausschließlich an der Küste und später um die Hauptstadt Cetinje ab, dennoch entwickelte sich die Siedlung in der Zeta-Ebene zu einem wichtigen Handelszentrum. Ab dem 14. Jahrhundert gehörte das damalige Ribnica zum Serbischen Reich unter Zar Dušan und im 15. Jhd. unterstand das Gebiet mehrheitlich lokalen Fürstentümern. Kurzzeitig gehörte die Ansiedlung zu Venedig, bis sie 1466 von den Osmanen eingenommen wurde. Es entstand eine gewaltige Festungsanlage zum Schutz gegen die montenegrinischen Bergstämme. Die Bedeutung Podgoricas als strategisch nennenswerter Ort und wichtiger Handelsplatz nahm rasant zu.

Im Berliner Kongress von 1878 sprach man die Stadt Montenegro zu, was gleichzeitig auch das Ende der osmanischen Herrschaft bedeutete. Cetinje war aber damals bereits Hauptstadt, obwohl Podgoricas Einwohnerzahl ständig stieg und Anfang des 20. Jhd bereits etwa 13.000 Menschen dort lebten. Diese bestanden aber hauptsächlich aus muslimischen Slawen und Albanern, die Orthodoxen zogen Cetinje als Wohnort vor.

Während des Ersten Weltkrieges war die Stadt von Österreichern besetzt und gehörte nach dessen Ende zum Königreich Jugoslawien, womit die Ära der Petrović beendet war. Deutsche und Italiener teilten sich die Besatzung im Zweiten Weltkrieg. Damals wurde die Stadt bei über 70 Luftangriffen zum größten Teil zugrunde gerichtet, nur einige alte, robuste Bauwerke aus der osmanischen Zeit konnten der Zerstörung standhalten. 1944 schafften es jugoslawische Freiheitskämpfer die Stadt zurückzuerobern.

Zu Ehren Josip Broz Titos benannte man Podgorica 1946 in Titograd um und endlich wurde sie auch Hauptstadt der Teilrepublik Montenegro. Der Name hielt sich lange bis nach Titos Tod 1980, erst seit 1992 trägt sie wieder ihren alten Namen und seit dem Unabhängigkeitsreferendum 2006 ist Cetinje nur noch Sitz des Präsidenten.

Eindrücke der Stadt...

Stadtrundgang - Montenegros Hauptstadt zählt wahrlich nicht zu den schönsten Metropolen Europas und die drei Stadtteile bieten nur wenig Besichtigungspotential, historische Kleinode muss man regelrecht suchen. Dafür ist das Kulturangebot reichlich. Museen, Galerien und Theater (auch interessant wenn man der Sprache nicht mächtig ist) sowie die zahlreichen Park- und Grünanlagen, ideal für Veranstaltungen, schaffen einen angenehmen optischen und erholungswerten Ausgleich zum architektonischen Einerlei.

...die alte Brücke Adži-Paša

Empfehlenswert ist ein Rundgang durch die verwinkelten Gassen des ältesten **Stadtteils Stari Varoš**. Südöstlich vom Zusammenfluss der Ribnica in die Morača, zwischen Bulevar Svetog Petra Cetinjskog und Kralja Nikole, findet man die wenigen Überreste aus osmanischer Zeit. Das sind neben einer handvoll typischer Wohnhäuser vor allem die **Festungsrulnen** und die **Brücke Adži-Paša** über die Ribnica aus dem 15. Jhd. Bis auf zwei Moscheen, die **Džamija Mechihat Han** (Hand-

werkermoschee) und die **Džamija Melihce**, sind die islamischen Gotteshäuser neueren Datums. Recht sehenswert ist der **Uhrturm Sahat Kula** am Trg Vojvode Bećira Osmanagića aus dem Jahr 1667. Die alte italienische Uhr des osmanischen Wahrzeichens wurde erst bei der Renovierung 2012 durch eine neue mit Funk-Mechanik ersetzt. Im 17. Jhd. war sie die einzig öffentliche Uhr der Stadt und bestimmte den Tagesablauf der Einwohner.

Über den Kraljev-Park, mit einem Monument zu Ehren König Nikolas, und den Karađorđev-Park nördlich der Ribnica, erreicht man nach Überquerung des Bul. Sv. Petra Cetinjskog die **Neustadt Nova Varoš** mit ihrem quadratisch angelegten Straßenblöcken. Einige der Boulevards werden abends zu Fußgängerzonen erklärt. Unzählige Einkaufsmöglichkeiten, Bars und Restaurants werten das Viertel auf. Der zentrale **Platz der Republik, „Trg Republike"**, mit seinem mittigen Springbrunnen, umfasst 15.000 m² und wird oft für öffentliche Veranstaltungen genutzt. Am Rande des Šuma-Gorica-Parkes im nördlichen Stadtteil liegt die **älteste Kirche** Podgoricas aus dem 11. Jhd., die kleine, aber sehenswerte **Sveti Đorđe**. Im Inneren sind noch einige ausdrucksstarke Fresken erhalten. Schön ist aber auf jeden Fall der Blick vom Hügel dahinter auf die Stadt. Verfolgt man den Weg ab der Kirche weiter, gelangt man zu einem sehr auffälligen Monument für gefallene montenegrinische Partisanen des Zweiten Weltkriegs. Richtung Morača erreicht man den Njegošev-Park, das markante Gebäude am Bulevar Stanka Dragojevića aus Beton und Glas ist das **Nationaltheater**.

Durchquert man die Grünanlage, kann man den Fluss über die Fußgängerbrücke Moskovski Most überqueren. Die Moskauer Brücke, erst Ende 2008 fertiggestellt, wurde von einem russischen Unternehmen erbaut und war ein Geschenk an die Stadt. Wenige Meter nördlich ragt das wohl bedeutendste Wahrzeichen Podgoricas auf: die **Most Milenijum**. Die kühne Schrägseilbrücke überspannt mit 173 Metern die Morača. Ein einziger 57 Meter hoher Pylon hält mit zwölf Schrägseilen die insgesamt 24 Meter breiten Fahrbahnplatten. Zum entgegengesetzten Ufer hin wird der Pylon mit weiteren 24 Schrägseilen im Gegengewicht gehalten. 7 Millionen Euro kostete die bemerkenswerte Konstruktion der Millennium-Brücke. Eröffnet wurde sie am 13. Juli 2005, Montenegros Nationalfeiertag.

Das **Regierungsviertel Novi Grad** liegt westlich der Morača. Neben den modernen, neuen Regierungsgebäuden, welche erst ab 2001 nach und nach entstanden, sticht hier die elegante **serbisch-orthodoxe Auferstehungskathedrale** Hristovog Vaskrsenja am Bulevar Džordža Vašingtona ins Auge. Für Liebhaber progressiver Kirchenbaukunst lohnt sich der Besuch durchaus. 2013 fertiggestellt, ist sie die Größte ihrer Art im Land, die Gesamtfläche der Innenräume beträgt 4.000 m² auf 1.300 m² bebauter Fläche. Die knapp 36 Meter hohe Kuppel, welche ein 4 Meter hohes Kreuz trägt, ist weithin sichtbar. Die Front mit reichen Ornamenten zieren mehrere Glockentürme mit insgesamt 17 Glocken, die beiden äußeren sind 27 Meter hoch, die größte Glocke wiegt stolze 11 Tonnen. Im Inneren ist sie reich und aufwendig geschmückt: Balkone, Marmorboden, Ikonen auf teilweise vergoldetem Hintergrund, prunkvolle Fresken, wertvolle Wand- und Bodenmosaike, Steinplastiken und geschnitzte Holzfiguren. Auch die Krypta im Untergeschoss ist mit umfangreichen Malereien verziert. Der imposante Bau mit Natursteinsockel gilt als Wahrzeichen des Stadtteils. Im schattigen Petrovića Park im südlichen Bereich des Stadtteils, befindet

pompös - außen wie innen

sich auf dem Kruševac-Hügel der relativ kleine **Stadtpalast** der königlichen Familie Petrović, auch Dvor Petrovića genannt. Dort untergebracht ist das Zentrum für zeitgenössische Kunst mit regelmäßigen und wechselnden Ausstellungen lokaler und internationaler Künstler. (i - Mo-Fr 8.00-20.00 h, Sa 10.00-14.00 h; € 2,--)

Sämtliche Ziele im Zentrum sind bequem zu Fuß zu erreichen, bis auf den **Toranj na Dajbabskoj Gori auf dem Dajbabska Gora-Hügel**, am südlichen Stadtrand Richtung Aluminium-Kombinat. Auf ihm erbaute man zwischen 2008 und 2011 einen 55 Meter hohen Sendeturm mit dreiteiliger, verglaster Pattform, die eine schöne Rundum-Aussicht bietet. Der Bau kostete 6 Millionen Euro. Zu erreichen ist er am besten über den letzten südlichen Kreisverkehr der Stadt, hier auf der M18 Richtung Danilovgrad fahren, nach etwa 1 Kilometer links abbiegen, nach weiteren 400 Metern rechts.

Museen und Galerien

Hinter dem Uhrturm liegt das **Naturhistorische Museum Montenegros**. Nach dem Motto "Natur verbindet uns" wird hier auf einer Fläche von über 300 m² Montenegros biologische Vielfalt dokumentiert. In 13 Themenbereichen bringt man dem Besucher den Wert der Natur und die Stellung des Menschen zu ihr sehr anschaulich nahe. (i - Eintritt frei, 10.00-18.00 h, www.pmcg.co.me)

In der südlichen Marka Milanjova, gegenüber des Karađorđev Parks, findet man das **Stadt-museum Podgoricas - Muzej i Galerije** - mit einer umfangreichen und wertvollen historischen, archäologischen und ethnografischen Sammlung der Gegend über einen Zeitraum von mehr als 2.000 Jahren. (i - Eintritt frei, Di-So 9.00-21.00 h, Sa 10.00-14.00 h)

Galerija Centar am Blv. Sv. Petra Cetinjskog, gegenüber vom König Nikola-Monuent, unterschiedliche Stilrichtungen, vorwiegend modern. (i - Mo-Sa, 9.00-21.00 h)

Al Galerija, Vuka Karadžića, eher klassische Kunstgalerie. (de-de.facebook.com/ALGalerija)

der Stadtplatz mit dem Brunnen

Veranstaltungen

Veranstaltungen - In Podgorica dreht sich ganzjährig alles um Kunst, Kultur und Sport. Die Stadt öffnet ihre Tore für die ganze Welt. Das beginnt jedes Jahr im März mit dem internationalen Kindergesangswettbewerb und endet dann im Dezember mit den weit über die Landesgrenzen hinaus berühmten Kulturtagen. Im April findet das internationale Festival des alternativen Theaters statt, im August die Filmtage und im Sommer das Musikfestival Sunčane Skale. Hinzu kommen noch zahlreiche Fußballturniere und Sportwettkämpfe.

und das alte Kirchlein

© OpenStreetMap contributors

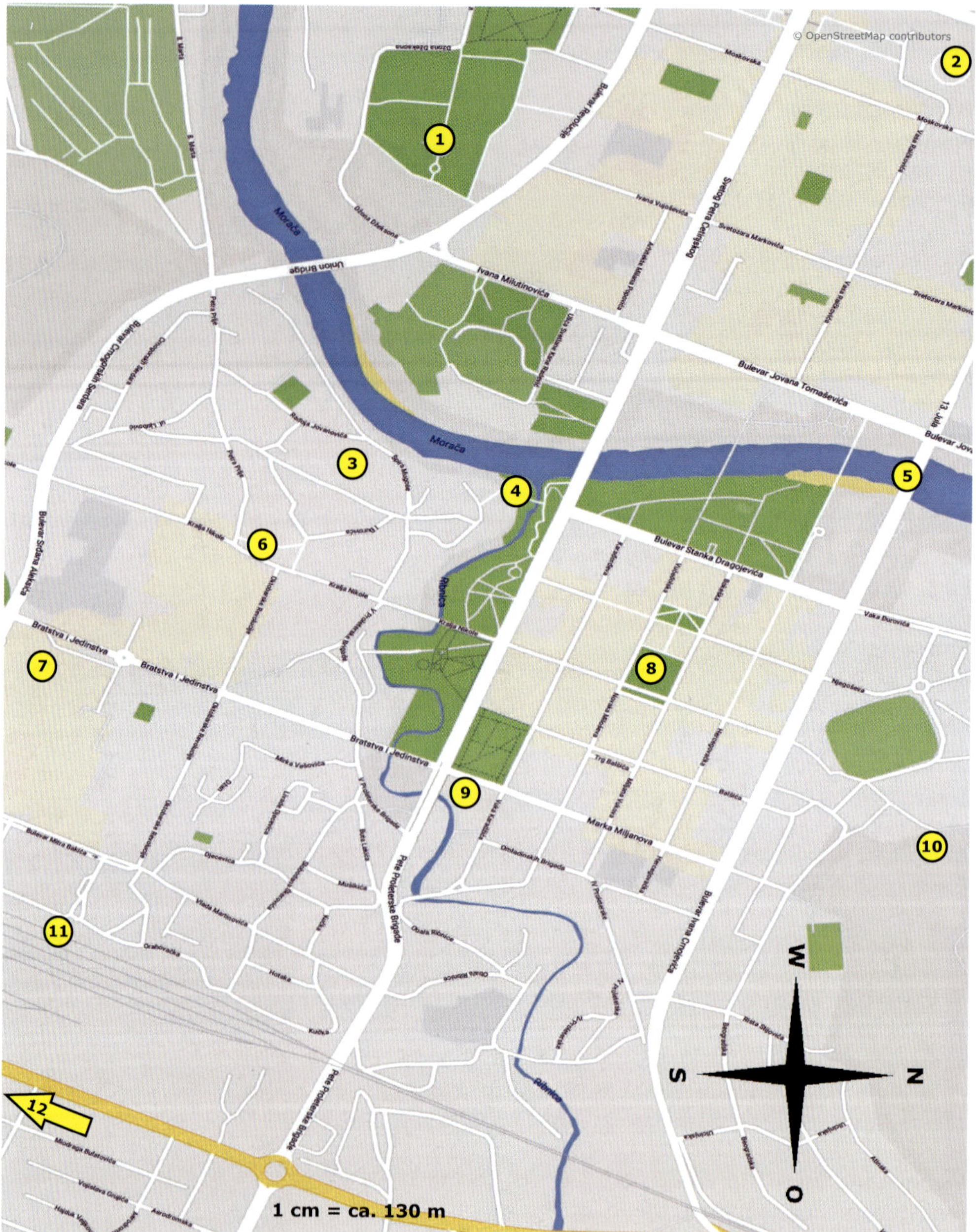

1 cm = ca. 130 m

1 - Petrovića Park - der kleine Stadtpalast
2 - Neue Serbisch-Orthodoxe Kirche
3 - Osmanischer Stadtteil
4 - die türkische Bogenbrücke Adždi-Paša
5 - Millennium Brücke - Most Milenijum
6 - Uhrturm - Sahat Kula

7 - Mall of Montenegro - DER Stadtmarkt
8 - Platz der Republik - Trg Republike
9 - Stadtmuseum - Muzej i Galerije
10 - Suma Gorica-Park - Kirche Sveti Đorđe
11 - Bahnhof Podgorica - Haupteingang
12 - zum internationalen Flughafen "TGD"

Eine allgemeine Touristeninfo: 57 Slobode, wenige Meter nördlich vom Platz der Republik. Neben den obligatorischen Unterkunftsempfehlungen gibt es auch ein Veranstaltungsverzeichnis und eine Übersicht über die Weinkeller der Region (www.podgorica.travel). Die Nationale Tourismusorganisation www.montenegro.travel befindet sich in der Marka Miljanova 17;

Parken: Tickets gibt es an allen Kiosken. **Neustadt:** Nova Varoš: Trg Balšića (42°26'26.4"N 19°15'54.1"E) und gegenüber, Gradski stadion (42°26'42.5"N 19°15'56.4"E), **Neustadt Novi Grad:** rund um die Orthodoxe Kathedrale und westlich davon; **Altstadt:** Otkobarske Revolucije (42°26'05.4"N 19°15'45.0"E), 8. Marta (42°26'03.4"N 19°15'07.7"E);

Transport: Der Haupt-Busbahnhof liegt am Bulevar Mitra Bakića, 1 km östlich der Altstadt, ab hier Busse in alle Regionen und Städte des Landes und benachbarte Ausland (www.busticket4.me). Der Bahnhof befindet sich unmittelbar östlich dahinter;
Mietwagen: mehrere Anbieter u.a.: Sixt am Bahnhof, Tel.: +382 67 645205, www.sixt.global; Meridian Rent a car am Flughafen, Tel.: +382 69 316 666, www.meridian-rentacar.com;

Internet & Telefonie: m:tel, 74 Slobode, nahe der Touristeninformation, 20 Meter weiter nördlich Telekom, Telenor gegenüber vom Platz der Republik;

Krankenhäuser: Milmedika Allgemeinspital, Vojvode Maša Đurovića L 3 2-6, Tel. +382 20 220 190 oder +382 67 287 278, 42°26'25.8"N 19°14'08.0"E; Privatklinik Codra, Radosava Burića, Tel. +382 20 648 334, 42°25'44.3"N 19°15'17.2"E;

Einkaufen: Mall of Montenegro, zahlreiche Shops unter einem Dach, im Untergeschoss findet täglich ein Grünmarkt im Bazar-Stil statt, Bul. Save Kovačevića 74, 42°25'56.0"N 19°15'45.4"E; vergleichbar ist das Delta City, Cetinjski put, 42°26'13.9"N 19°14'08.3"E; Naš Diskont, riesiger Supermarkt mit enormer Auswahl, 4. Jul., 42°25'15.2"N 19°15'23.1"E;

Übernachten - Essen & Trinken:
Hilton Ziya - im Stil eines 5-Sterne-Hauses aber weitaus gemütlicher als Hilton & Co., modern-klassischer Stilmix, Hallenbad & Wellness, gelobter Service. DZ ab € 110,-- zzgl. Frühstück. Restaurant vorhanden. Am Rand des Donja Gorica Parks, nördlich des Zentrums, www.hotelziya.me/montenegro/, Tel.: +382 (20) 230 690, reception@hotelziya.me;
Hotel Hemera - etwas flippig gestaltetes Haus mit ausgefallenem Dekor im griechischen Stil, sehr empfehlenswertes Restaurant. DZ ab € 95,-- zzgl. Frühstück. Sehr zentral gelegen, Njegoševa 17, www.hotelhemera.com, Tel.: +382 (20) 221 650, info@hotelhemera.com;
Hotel Eminent - schlichte, geschmackvolle Ausstattung, angenehmes Personal. DZ ab € 45,-- zzgl. Frühstück. Zentral in der Neustadt gelegen, Njegoševa 25, www.eminent.co.me, Tel.: +382 20 664 545, eminent@t-com.me;
Hostel Nice Place - familiär geführte Unterkunft für etwas Anspruchslosere, zuvorkommender Betreiber, Garten. DZ mit Gemeinschaftsbad ab € 25,--, Bett ab € 12,--, Kochmöglichkeiten vorhanden. Zentrumsnah am Stadion, 19. Decembar, Tel.: +382 67 339 298, auch über facebook;

Pod Volat - original montenegrinische Küche, üppige Menükarte mit zahlreichen Grillspezialitäten, bei den Einheimischen sehr beliebt, große Portionen bei moderaten Preisen. Schattiger Garten. In der Altstadt am Uhrturm, Tel.: +382 69 618 633, 7.00-00.00 h;
Voda u Krsu - ordentliche Auswahl an Fisch- und Fleischgerichten, zudem echte Hausmannskost, was sonst in montenegrinischen Restaurants eher nicht zu finden ist, günstige Preise. Südlich vom Zentrum, unscheinbar in der Delta City Mall, Cetinjski Put/Vladik Danila 24, Tel.: +382 67 246 708, 10.00-23.00 h;
Lanterna - urig-rustikales Lokal mit einer bunt gemischten Speisekarte, auch für Vegetarier geeignet, moderate Preise, oft traditionelle Musik. Zentral in der Neustadt, Marka Miljanova 41, Tel.: +382 20 663 163, 8.00-23.00 h;

Montenegros Niagara-Fälle

Die Cijevna - Wenige Kilometer östlich von Podgorica, in Richtung albanische Grenze, befindet sich einer der schönsten und wildesten Flüsse der montenegrinischen Karstregion. Das äußerst saubere, wasser- und fischreiche Gewässer der Cijevna entspringt in der nordalbanischen Alpenregion, durchläuft zahlreiche tiefe und enge Schluchten und mündet nach 63 Kilometern nördlich vom Skadar See unterirdisch in die Morača. An deren Unterlauf, in der Zeta-Ebene bei Tuzi, kann man eine unter ausländischen Besuchern ziemlich unbekannte Naturbesonderheit vorfinden: Montenegros Niagara-Fälle.

Dieses eindrucksvolle Schauspiel zieht an den Wochenenden zahlreiche Montenegriner aus der Umgebung an. Mehrere imposante Wasserfälle stürzen aus bis zu 10 Metern Höhe in aufeinanderfolgende, verkarstete Becken. Sie sind zwar nicht so spektakulär wie die amerikanisch-kanadische Variante, aber für europäische Maßstäbe doch recht eindrucksvoll und passabel. An warmen Sommertagen lädt der Fluss davor zum Baden ein, allerdings nicht in extrem trockenen Sommern, dann versiegt das Wasser bereits weit davor und auch die Wasserfälle sind ausgetrocknet.

Was wäre ein populäres Ausflugsziel ohne entsprechende Einkehrmöglichkeiten. Das gleichnamige Restaurant „Niagara" ist mit seiner liebevollen Einrichtung schon eine kleine Sehenswürdigkeit an sich und bietet vorzügliche Fischgerichte und andere Spezialitäten. Die Fälle sind einfach zu finden: Von Podgorica die E762 Richtung Tuzi fahren. Nach ca. 2 Kilometer an der Bahnunterführung den Abzweig nach rechts wählen, ausgeschildert hier ist „Rakića Kuće". Dem Flussverlauf 2 weitere Kilometer folgen. Ebenso lohnenswert und ohne Trubel ist ein Abstecher in die einsame und wilde Gegend im Bereich des Oberlaufes der Cijevna. Der Fluss, welcher stellenweise in bis zu 15 Meter tiefen Spalten verschwindet, teilt sich die enge Schlucht mit einer schmalen Straße, die direkt an der Grenze zu Albanien endet (die Öffnung des GÜ Grabom lässt weiter auf sich warten). Das sehr ursprüngliche und fruchtbare Naturschutzgebiet ist ein wichtiges Rückzugsgebiet von seltenen und teils endemischen Tierarten, besonders von Vögeln. **Tipp:** TVRDJAVA Restaurant, urig gemütliches Lokal mit schöner Terrasse und Badestrand, traditionelle montenegrinische Gerichte und Getränke, Apartments ab € 25,-- (über airbnb).

Manastir Dajbabe - Unmittelbar am südwestlichen Stadtrand liegt in ländlicher Umgebung ein serbisch-orthodoxes Kloster aus dem späten 19. Jahrhundert. Die Besonderheit liegt darin, dass der Kirchenraum komplett in eine Höhle des Hügels integriert wurde, die man später um „Seitenkapellen" erweitert hat. Die Fresken wurden der natürlichen Gesteinsform angepasst. Von außen sichtbar sind einzig das Portal und die Glockentürme. **Anfahrt:** Am besten am Kreisverkehr M2/M18 (Naš Diskont), auf die M18 abzweigen, nach 400 m links, den Hügel auf 3 km umfahren, dann am Schild „Manastir" rechts abbiegen.

Alt und Neu friedlich vereint

Duklja - Montenegros bedeutendste antike Stätte, auch Doclea genannt, liegt 4 Kilometer nördlich von Podgorica auf einem weiten, flachen Plateau zwischen den Flüssen Morača und Zeta. Ursprünglich wurde sie im 1. Jhd. v. Chr. vom illyrischen Stamm der Docleati gegründet und entwickelte sich aufgrund der günstigen klimatischen und strategischen Lage rasant zu einer für damalige Verhältnisse riesigen Stadt mit etwa 10.000 Einwohnern. Bald darauf gehörte sie zum Römischen Reich und war im 1. Jhd. n. Chr. unter Kaiser Vespasian ein bedeutendes kulturelles und wirtschaftliches Zentrum Dalmatiens. Als Ende des 5. Jhd. das Weströmische Reich langsam seinem Untergang entgegensteuerte, konnte sich auch Duklja nicht vor Plünderungen, Erdbeben und dem Verfall, retten. Die Slawen bauten im 7. Jhd. die Stadt wieder auf. Im 9. Jhd. erlangte Duklja vorübergehend Metropolitenstatus, allerdings war sie durch feindliche Übergriffe über kurz oder lang vor ihrem endgültigen Niedergang nicht mehr zu retten. Die letzten bewohnbaren Gebäude, Tempelanlagen und Kirchen zerstörten dann die Türken. Im 19. Jhd. fanden einige Ausgrabungen statt, eines der wertvollsten Fundstücke war die Glasplatte aus einer Nekropole mit eingravierten frühchristlichen Darstellungen. Heute scheinen die antiken Überreste wie willkürlich auf dem Gelände verteilt, wobei einige Details, wie Mauerreste und Stücke der Nekropolen noch in bemerkenswert gutem Zustand sind. Zahlreiche Exponate werden im Stadtmuseum von Podgorica ausgestellt. Das Gelände ist frei zugänglich, es existieren keine Erläuterungstafeln und die vermutlich einzige Gesellschaft sind Schildkröten und Eidechsen. **Anfahrt:** Auf der alten Straße nach Danilovgrad ab Millennium-Brücke am rechten (westlichen) Morača-Ufer flussaufwärts fahren. Nach 2,8 km nach rechts unten abbiegen (am Restoran Stefan), die Zeta überqueren und gleich wieder rechts (am IDEA), nach 1 Kilometer ist das antike Duklja erreicht.

Eselfarm Martinići - Eine recht junge Attraktion Montenegros befindet sich 20 km westlich der Hauptstadt nahe Danilovgrad, die Farma Magaraca Martinići.

2015 erst wurde im Dorf Gradina von der Familie Saveljić eine Art Auffangstation für altersschwache, misshandelte und vernachlässigte Esel gegründet, mit dem Ziel, den Tieren einen angenehmen Lebensabend zu bieten und die Rasse generell vor dem Aussterben in Montenegro zu schützen. Vor 30 Jahren gehörte der Esel als Arbeitstier noch zu jedem montenegrinischen Dorfhaushalt, die Tiere waren anspruchslos und anpassungsfähig. Nach und nach wurden sie

durch Maschinen ersetzt bzw. hat die Industrialisierung die Landwirtschaft überrollt. Aktuell gibt es nur noch etwa 150 Esel im ganzen Land, davon leben an die 30 hier auf dieser Farm. Die Familie bietet jedoch nicht nur den Eseln Asyl, sondern engagiert sich aktiv mit gesunden Tieren im Bereich der Hippotherapie für autistische Kinder. Finanziert wird das Projekt unter anderem durch den Verkauf der Eselsmilch, die ein ausgesprochen wirksames Naturheilmittel bei zahlreichen Krankheiten ist, vor allem im Immunbereich. Ein Liter kostet um die € 50,--, der Preis ist durchaus gerechtfertigt, eine Eselstute produziert maximal einen halben Liter pro Tag. Ein neues Produkt ist eine biologische Gesichtscreme mit 50% Eselsmilch. Generell ist die Farm, bedingt auch durch die Gastfreundschaft der Familie eine ausgesprochene Wohlfühloase.
(*i* - *Sonntag 10.00-13.00 h, Eintritt in Form von Naturalien oder gerne auch Spenden)*
Anfahrt: Auf der alten Landstraße am westlichen Morača-Ufer Richtung Danilovgrad, 9 km ab Millennium-Brücke rechts abbiegen, nach Überquerung der Zeta links, nach der Fabrikruine rechts, ab hier der Ausschilderung folgen (42°32'31.9"N 19°12'07.1"E), Tel.: +382 67 569 043.

Tierpark und Streichelzoo Blizna - Auf 50.000 m² erstreckt sich zwischen Wiesen und Wäldern das Gelände des einzigen Zoos dieser Art in Montenegro. Eine Vielzahl verschiedener Tiere aus aller Welt, darunter Emus, vietnamesische Schweine, Kamele, sibirische Eichhörnchen, Pfaue und chinesische Enten, leben und gedeihen hier friedlich nebeneinander und werden fürsorglich gepflegt. Die Betreiberfamilie Miličković, die sich übrigens seit Gründung vor wenigen Jahren um eine offizielle Lizenz bemüht, holt vernachlässigte und missbrauchte Tiere aus Touristenattraktionen der Nachbarländer hierher, um ihnen ein besseres Leben zu bieten. Das ist schwierig genug, da die Eintrittsgelder kaum für die Verpflegung reichen. Trotzdem sind die Tiere gut gepflegt und sauber. Der Park ist ein ideales Ziel für einen entspannten Familienausflug.
(ℹ️ -10.00-17.00 h/20.00 h Juli/August, € 3,--). **Anfahrt:** Von Podgorica über die E80 an der Morača Richtung Norden bis zur gelben Ausschilderung nach Blizna (ca. 17 km ab Zentrum).

Montenegro - ein Land der Weine

Die alten Griechen? Die Römer? Die Slawen? Wer vor langer Zeit den ersten Rebstock nach Montenegro gebracht hat, wird wohl für immer ein Geheimnis bleiben, doch dass das Land auf eine sehr lange Geschichte der Weinkeltterei zurückblicken kann, ist zumindest im Südosten offenkundig. Seit vielen Jahrhunderten ist der Wein ein wesentlicher Bestandteil der montenegrinischen Kultur und der Bräuche und beschreibt eine lange Geschichte seiner jetzigen Heimat. Besonders in den Weinbergen zwischen Skadar-See und Cetinje, zwischen Bar und Ulcinj, in der fruchtbaren Zeta-Ebene und im Crmnicatal reifen unter der mediterranen Sonne die besten und süffigsten Weine des Balkans. Und bereits zu Zeiten des ehemaligen Jugoslawiens waren der rote Vranac und der weiße Krstač weit über die Landesgrenzen hinaus berühmt. In den ursprünglichen und alten Dörfern mit ihren typischen Steinhäusern hat der Weinanbau eine besonders lange Tradition mit Erfolg. Unabhängige Winzer produzieren hier stolz unter ökologischen Voraussetzungen und mit viel Sorgfalt vorzügliche Weine der hauseigenen Rebsorten. In deren kleinen, liebevoll dekorierten Weinkellern herrscht eine außergewöhnlich harmonische Atmosphäre, hier ist eine Weinprobe noch ein kleines Erlebnis. Zu finden sind die privaten Kleinbetriebe anhand zahlreicher Ausschilderungen problemlos. Auch im Besucherzentrum von Virpazar kann man die köstlichen Tropfen der kleinen Kellereien erstehen. Hinzu kommt das berühmte Weingut 13.Jul-Plantaže, in der Tiefebene nahe der Hauptstadt. Es handelt sich um eine der größten Weinplantagen weltweit. Auf knapp 2.300 ha wachsen mehr als 11 Millionen Rebstöcke und in den Kellern des Gutes lagern über 30 Millionen Liter montenegrinischer Wein. Das Herzstück des Betriebes ist der 2007 eröffnete Šipčanik Weinkeller. Der 356 Meter lange und durchschnittlich 13,5 Meter breite Tunnel liegt 30 Meter unterhalb des größten Weinberges und bietet optimale klimatische und technische Reifebedingungen für 2 Millionen Liter edler Tropfen. Zum alten Weinkeller gehört eine Weinhandlung mit 28.000 Flaschen Wein, bis zu 10 Jahre alt, Verkostungsräume, hochmoderne Veranstaltungs- und Konferenzsäle für bis zu 700 Personen. Ansonsten exportiert der Marktführer des Balkans seine Produkte in mehr als 30 Länder. Die Weine von Plantaže haben bereits zahlreiche, auch internationale Preise erzielt, mitunter den ersten Preis 1907 für den Vranac an der London Wine Fair. Das traditionsreiche Unternehmen offeriert neben den herkömmlichen Weinproben auch umfangreiche Verköstigungen und betreibt mehrere Restaurants. Per Kutsche oder einem originellen Touristenzüglein werden Besichtigungsfahrten durch die weiten Plantagen angeboten. Nähere Infos über das Gut, Veranstaltungen und weitere Freizeitprogramme; www.plantaze.com, eine Übersicht der kleinen Weinproduzenten unter www.montenegrinwines.com.

Wein wird auf der kleinsten Terrasse angebaut

Kučka krajina, Medun und die Runde über Korita (Top-Tipp)

Ein großartiger Tagesausflug von Podgorica führt in eine in eine recht einsame, schon etwas albanisch geprägte Gegend, auf eine Hochebene mit einer ganz ursprünglichen Atmosphäre. Es ist eine eindrucksvolle Panoramastrecke über 70 Kilometer, durch verschiedene Landschafts- und Vegetationsformen, in die Bergwelt nahe der Hauptstadt, welche jegliche Hektik vergessen lässt. Einst war das als Kučka krajina bekannte Gebiet nur sehr dünn von Schäfern besiedelt, die in aller Ruhe ihre Bergweiden bewirtschafteten. Heute trägt die schöne Strecke den Namen „Runde über Korita" und wird sogar intensiv beworben, um den Fremdenverkehr zu fördern. So gibt es zwischenzeitlich etliche infrastrukturelle Verbesserungen mit vielen Wegweisern, Aussichtspunkten und Rastplätze mit Sitzbänken sowie ausgewiesene Wanderwege. Das touristische Potential an den Ausläufern des Prokletije wurde hier bereits erkannt. Erster Halt auf der Reise in die Vergangenheit ist das kleine Dorf Medun, 12 Kilometer nordöstlich von Podgorica. Der malerisch gelegene Komplex oberhalb des ursprünglichen Weilers enthält unüberseh-

bare Zeitzeugen aus bewegten früheren Tagen. Die Überreste einer einst illyrischen Festungsanlage aus dem 4. Jhd. v. Chr. zeigen mit ihren riesigen Quadern von der ausgereiften Cyklopenbautechnik des hoch entwickelten Stammes. Das damalige Meteon entwickelte sich schnell zu einer großen Stadt, deren Burg später sowohl von den Römern und sehr viel später auch von den Türken zur Verteidigung genutzt wurde. Unterhalb des Festungshügels befindet sich das Geburtshaus von Marko Miljanov (1833-1901), einem geachteten Kriegshelden, bedeutenden Staatsmann und berühmten Schriftsteller. Seine Werke umfassten melodramatisch das Leben und den Kampf seines Stammes gegen die Feinde des Landes. Er war eine der wichtigsten Figuren der montenegrinischen Geschichte zur Zeit Danilos I. und berühmt angesichts seiner Erfolge gegen die

Blick in die Ebene von Podgorica

Osmanen. Heute ist in dem schönen Steinhaus ein interessantes Gedenkmuseum untergebracht, welches sich seinem Leben als Kämpfer und Poet widmet und eine stattliche ethnografische Sammlung mit Objekten des 19. Jhd. (ℹ - € 1,--, Audioguide). Miljanovs Grab befindet sich neben der Dorfkirche Sv. Nikola aus dem 18. Jhd. Von Medun hat man bei gutem Wetter einen sensationellen Blick auf Podgorica und die Zeta-Ebene. Bis zum Dorf Korita schlängelt sich die Straße auf knapp 1.350 Meter mit etlichen Aussichtspunkten und Abzweigungen zu Wanderwegen. Ein besonders Eindrucksvoller (ausgeschildert) führt

ein sehr einsamer Gletschersee

Idylle auf der Hochebene

direkt vom Dorf in östliche Richtung über 4,5 km (ca. 1,5 Std.) zur sogenannten „Kehle des Falken". Von einer Aussichtsplattform am Rande der 1000 Meter tiefen Schlucht bietet sich einer der fantastischsten Ausblicke des Landes. Im Anschluss beginnt eine abwechslungs- und kurvenreiche Fahrt zurück in die Ebene. Es folgen einige albanisch geprägte Dörfer und spätestens bei Delaj am großen Kreuz bietet sich der nächste atemberaubende Blick in die tief unten liegende Schlucht der Cijevna und die auffälligen Serpentinen im albanischen Teil des Cem-/Cijevna-Schluchtengebietes. Ein traumhafter Ort, um die Zeit zu vergessen. 10 km vom Kreuz liegt der Abzweig in das etwa 2 km² große Quellgebiet von Fundina mit 76 Quellen, die die Menschen seit Jahrhunderten in diesem kargen Landstrich mit Wasser versorgen. Einst gab es an die 30 Wassermühlen. Zum Abschluss der Route bietet sich ein Abstecher zum Dorf Rašovići an, nochmals 2,5 km weiter. Ein Denkmal erinnert an den Sieg von 5.000 Montenegrinern 1876 über 20.000 Osmanen. Informativ: über die App izi.travel gibt es einen Audioguide „Panoramastraße 4-Krug oko Korita" mit 44 Infos zu Wegpunkten entlang der Route.

Tipp: Die Runde lässt sich noch um den Weg über die idyllischen, abgelegenen Gletscherseen Bukumirso und Rikavačko jezero erweitern, der Asphalt endet am ersten See, es folgt eine stellenweise anspruchsvolle offroad Piste (gesamt 50 km, Hälfte auf Asphalt). Die Strecke ist östlich von Medun ausgeschildert und endet in Korita. Die Bewohner am Rikavačko jezero leben noch ohne jegliche Zivilisationskrankheiten wie Mobilfunk, Strom und fließend Wasser.

Morača - ein Fluss und ein Kloster (Top-Tipp) (freytag & berndt 1:150 000 F/G 7)

Reist man von Podgorica Richtung Norden nach Kolašin, wird man von einem weiteren Naturschauspiel in den Bann gezogen, dem Morača-Canyon (s. auch Foto Doppelseite 82/83). Auf über 40 Kilometern begleitet die M2 (E65) den reißenden Gebirgsfluss und durchquert hierbei spektakuläre Landschaften unterschiedlichster Ausprägung, schon Winnetou blickte vom Teufelsfelsen über die Schlucht, eine alte Brücke aus einem der Filme ist heute noch zu sehen. Die Strecke, welche sich bis auf 1.040 Meter hoch windet, gilt als eine der schönsten Routen Europas, ist aber auch eine der gefährlichsten. Man benötigt sehr gute Nerven und sollte langsam und überlegt fahren. Da sie, bis die Autobahn fertiggestellt ist, die Hauptverbindung zwischen Serbien und Montenegros Küste bildet, ist das Verkehrsaufkommen extrem hoch, gerade große LKWs frequentieren die enge Fahrbahn und beanspruchen automatisch das Recht des Stärkeren für sich. Unzählige Kurven, enge und niedrige, unbeleuchtete Tunnel und steile Felswände erfordern hohe Konzentration. Entschädigt wird man von immer wiederkehrenden Ausblicken auf den strahlend türkis-grünen Fluss, der einen faszinierenden Kontrast zu den imposanten Felsformationen und den teils kahlen Bergspitzen bildet. Nach der Tara ist die knapp 100 km lange Morača wohl der interessanteste Fluss Montenegros. Glücklicherweise sind die irrsinnigen Pläne, den Fluss mit vier Staudämmen zur Stromerzeugung zu versehen, erst mal passé. Die Verwirklichung hätte fatale Folgen für den Skadar-See, in den die Morača mündet. Bei ausreichend Wasserstand wird der Fluss für Rafting- und Kajaktouren genutzt.

die phänomenale Schlucht

Noch ein echter Geheimtipp unter den Schluchten des Balkans ist der **Mrtvica-Canyon (f & b 1:150 000 F 7)**. Der Abzweig dorthin befindet sich verkehrsgünstig gelegen 30 km südlich von Kolašin beim Ort Medjurecje, dort wo die Mrtvica in die Morača mündet. Teilweise bis zu 1.100 Meter tief hat sich das klare Gewässer in den senkrechten, dicht bewachsenen und an manchen Stellen nur einen Steinwurf breiten Kalkfelsen gearbeitet und bietet diversem Getier, auch Schlangen, einen paradiesischen Lebensraum. Über die Länge der Schlucht ist man sich uneinig, zwischen 7 und 13 Kilometer soll sie lang sein. Das Highlight ist in etwa 5 Stunden auf einem markierten, teils schmalen und anspruchsvollen Pfad bis zum Dorf Velje Duboko zu erwandern, hierbei müssen jedoch über 600 Höhenmeter überwunden werden. Eine besondere Attraktion sind die sprudelnden Quellen und die alte Steinbrücke Danilov Most, die König Danilov 1858 zu Ehren seiner Mutter errichten ließ. Nach dem Abzweig von der E80 und Überquerung der Morača über eine Holzbrücke, beginnt nach etwa 200 Metern

Abenteuerspielplatz für Erwachsene

der ausgeschilderte Wanderpfad. Alternativ kann man sich auch zum Dorf Velje Duboko bringen lassen und von dort flussabwärts starten. Die Brücke erreicht man auch über schmale Fahrwege und einzelne Weiler links oder rechts der Mrtvica.

Kloster Morača - Direkt an dieser Hauptverbindung zwischen Kolašin und Podgorica liegt der Komplex des Klosters Morača. Es ist eines der eindrucksvollsten alten serbisch-orthodoxen Baudenkmäler des Landes und neben der Anlage von Ostrog und Piva die bedeutendste religiöse und kulturelle Pilgerstätte, man ist hier selten alleine. Das ausgesprochen gepflegte Ensemble, mit der architektonisch bestechenden Kirche im byzantinischen Stil, liegt sehr malerisch am Ufer der

das wunderschöne Kloster

Morača auf einem bewaldeten Felsplateau. Die Gründung durch Fürst Stefan, einem Mitglied der bedeutenden serbischen Herrscherfamilie der Nemanjiden, geht auf das Jahr 1252 zurück. Die Klosterkirche verfügt über ausgesprochen gut erhaltene und sehr eindrückliche Fresken. Ein Großteil der ursprünglichen Malereien löste sich auf, als die Türken im 16. Jhd. das Kloster plünderten und das Bleidach abtrugen. Somit war das Innere der Kirche für etliche Jahre ungeschützt und dem Wetter ausgesetzt. Erst 1570 konnte das Dach erneuert werden und das Innere erfuhr eine kostspielige Instandsetzung. Der Hauptteil der Fresken stammt somit aus dieser Zeit danach und zeigt vor allem Motive aus dem Leben Jesu. Sehr wertvoll ist zudem die umfangreiche Ikonensammlung, darunter eine aufwendig geschnitzte Ikonostase aus dem Jahr 1617. Eine künstlerisch bemerkenswerte Arbeit sind das romanische Portal und die mit Knocheintarsien versehenen Türen. Die kleine Kapelle rechts vom Eingang enthält ebenfalls schöne Wandmalereien aus dem Leben des heiligen Nikolaus. Außerhalb der Klostermauern plätschern Bäche, auf einem kurzen Fußweg am Turbinenhäuschen vorbei, gelangt man zur Brücke der Mönche aus dem 19. Jhd. und zu einem rauschenden Wasserfall.

Kloster Ostrog (Highlight) (Karte freytag & berndt 1:150 000 F 5)

Durch eine für Montenegro überaus untypische, sattgrüne Auenlandschaft, entlang des Zeta-Flusses, gelangt man nach weniger als 50 Kilometern von Podgorica zu einem der wichtigsten Touristenhighlights und zum, wie es auch oft genannt wird, religiösen Gravitationszentrum des Landes - die serbisch-orthodoxen Ostrog-Klöster. Sie zählen zu den Meistbesuchten des Balkans und nicht nur serbisch-orthodoxe Gläubige, sondern auch Katholiken und Moslems treffen sich hier zum Gebet und zu fröhlichen Feiern.

Schon von Weitem fällt der architektonisch außergewöhnlich schöne und schneeweiße Bau des oberen Gebäudekomplexes Gornji Ostrog um zwei kleine Felsenkirchlein auf und hebt sich markant vom graubraunen Gestein der schroffen Felswand ab.

Überaus spektakulär wurde der bekannteste und wichtigste Wallfahrtsort Montenegros auf 900 Metern Höhe in eine Steilwand des Prekornica-Gebirges gemeißelt und ist durch seine einmalige Lage mit dem sensationellen Blick über die Bjelopavlićko-Ebene auch für Nicht-Gläubige oder -Pilger ein ergreifendes Ziel. Wenn man vom kommerziellen Rummel einmal absieht, der besonders an den Wochenenden über Ostrog hereinbricht. Der beginnt bereits am unteren Klosterkomplex Donji Ostrog, gut 200 Höhenmeter tiefer auf einer Terrasse am Hang gelegen. Man passiert ihn automatisch auf der Anfahrt, dort befinden sich die Hauptparkplätze und Stände mit Naturalien, Souvenirs und Devotionalien. Zu Donji Ostrog gehören die kleine Kirche Sveti Trojica aus dem 19. Jhd. mit ihren üppigen Fresken, großflächig angelegte Klostergärten und einige Festunterkünfte für Pilger, ansonsten wird campiert. Es diente damals wie heute der Versorgung des oberen Klosters.

Die Gründung der Abtei geht auf das Jahr 1656 zurück. Als der serbische Metropolit Vasilje Ostroški (weltlich Stojan Jovanović) auf der Flucht vor den Türken, nach der Zerstörung des Klosters Trdvos in Bosnien-Herzegowina mit 30 Mönchen die fruchtbare Zeta-Ebene erreichte, erschienen ihm die so hoch gelegenen Höhlen als Rückzugsort vor den Osmanen ideal und er errichtete hier ein neues, gut geschütztes Glaubenszentrum. Der verehrte Oberbischof der serbisch-orthodoxen Kirche, Wanderprediger, Dichter und Philosoph Vasilje setzte sich außerordentlich für das Wohl der Menschen in Montenegro, Bosnien und Herzegowina ein, was ihm den Beinamen „Engel auf Erden und Mann des Himmels" einbrachte. Er lebte bis zu seinem Tod 1671 in Ostrog und wurde hier beigesetzt. Auf Anordnung des neuen Bischofs, dem Vasilje im Traum erschien, wurde sein Körper 7 Jahre später exhumiert und man fand ihn ohne Verwesungsspuren in seinem Grab vor. Dies galt als ein großes Wunder und fortan wurde er über die Grenzen Europas hinaus als Heiliger verehrt. In seinem fast unversehrten Zustand werden seine Reliquien heute noch, eingehüllt in rotem Samt, in der unteren der kleinen Höhlenkirchen in einem Sarkophag aufbewahrt. Seither pilgern viele gläubige Kranke nach Ostrog, um von Vasilje Heilung zu erbeten, welche ihnen oftmals auch widerfährt. Bis ins späte 19. Jhd. war Ostrog immer wieder Zielscheibe der osmanischen Truppen, blieb jedoch weitgehend uneinnehmbar und war somit auch ein begehrter Zufluchtsort. Sein heutiges Aussehen, inkl. des modernen Neubaus neben der oberen Anlage, in welchem sich Shops und Schlafstätten für Pilger befinden, erhielt Ostrog 1923-26, nachdem ein Brand Großteile des Komplexes zerstört hatte. Die Höhlenkirchen mit den wertvollen Fresken auf dem Naturstein aus dem 17. Jhd. blieben verschont. Während des Zweiten Weltkrieges wurden große Teile des serbischen Staatsschatzes sowie Münzgold und Aktien im Wert von mehreren Milliarden Dinar hier versteckt.

Die Besichtigung der Klöster beginnt meist mit einem Besuch der unteren Felsenkirche, in welcher der heilige Vasilje aufbewahrt wird. Normalerweise ist der Andrang recht groß und mehr als drei bis vier Besucher haben in der Höhle kaum Platz. Zu außergewöhnlichen Anlässen wird der Sarkophag geöffnet und eine besondere Atmosphäre erfüllt die kleine Grabkammer. Den Raum verlässt man, wie übrigens sämtliche Räumlichkeiten des Klosters, aus Respekt rückwärts. Über eine weitere, schmale Treppe gelangt man in die obere Heilig-Kreuz-Kirche. Hier werden die Reste einer Granate aus dem Zweiten Weltkrieg aufbewahrt, welche ohne zu explodieren die darüber liegende Steilwand traf - welch ein Wunder! Von hier bietet sich ein atemberaubender Blick über weite Teile der bereits oben erwähnten Bjelopavlićko-Ebene. Die Fresken dieser Höhlenkirche wurden sorgfältig abgetragen und in der unteren Klosterkirche Donji Ostrog originalgetreu neben den neuen Malereien wieder aufgebracht. Vom Frühjahr bis in den Herbst sind die wenigen Parkplätze unmittelbar vor Gornji Ostrog restlos überfüllt, besonders am 29. April, dem Gedenktag des Heiligen Vasilje. Auf halbem Weg zwischen den beiden Komplexen gibt es 200 Meter vom Hauptweg ebenfalls Parkmöglichkeiten. Ansonsten bleibt nur der Anmarsch von Donji Ostrog, ein steiler Fußpfad verkürzt die 2,5 Kilometer. Das Betreten des Klosters ist nur mit langärmeliger Kleidung und langen Hosen oder Röcken erlaubt, Fotografieren ist verboten! Übernachtungsmöglichkeiten, natürlich nach Geschlechtern getrennt, bieten die Schlafsäle in Donji Ostrog für € 5,--.

Laden und unterer Klosterkomplex

Eine landschaftlich sehr reizvolle Alternative zur Hauptverbindung in der Bjelopavlićko-Ebene bietet die erhöht verlaufende Strecke von Podgorica über Spuž, Vinići und Mandići, bzw. von Nikšić über Stubica und Povija.

Nikšić (freytag & berndt 1:150 000 F 4)

Die zweitgrößte Stadt Montenegros, die Heimat des weit über die Landesgrenzen hinaus bekannten und beliebten Bieres Nikšićko pivo, zählt knapp 57.000 Einwohner, ca. 64% von ihnen sind Montenegriner, 25% sind Serben, kleinere Bevölkerungsgruppen bilden den Rest. Flächenmäßig stellt sie die größte Gemeinde des Landes. Nikšić liegt auf einer fruchtbaren Hochebene, 630 Meter ü.M., umgeben von hohem, kaum erschlossenem Karstgebirge und Almen. Richtig kalt wird es selbst im Winter nicht, da der Ort von mediterranem Klima beeinflusst wird. Die Entfernung von Podgorica beträgt nur 50 Kilometer in nordwestliche Richtung, man erreicht die Stadt in weniger als einer Stunde über die Schnellstraße M18 via Danilovgrad. Es existieren zudem Zugverbindungen, auch nach Bosnien-Herzegowina bzw. nach Serbien. Ferner gibt es einen kleinen Regionalflughafen. In Nikšić sind neben der Trebjesa-Brauerei etliche wichtige Industriebetriebe angesiedelt, die Stadt ist Mittelpunkt der Landwirtschaft und ein wesentliches Kultur- und Bildungszentrum, es existieren 40 Schuleinrichtungen. Die Brauerei ist übrigens seit 1896 aktiv und produziert jährlich ca. 50 Mio. Liter Bier in vier verschiedenen Sorten, auch für den Export nach Serbien. In der Nähe entspringt die Zeta, einer der Hauptflüsse des Landes. Bis zur Inbetriebnahme des ersten Wasserkraftwerks des Landes „Perućica" 1960, war die Stadt häufig von Überschwemmungen betroffen. Mit dessen Bau entstanden in der Umgebung drei Stauseen, besonders die beiden größeren sind ein beliebtes Erholungs- und Freizeitziel der Bewohner. Auf den ersten Blick wirkt Nikšić wenig reizvoll, spiegelt aber, wenn man sich auf eine Besichtigung einlässt, eine spürbare Mischung aus Tradition und Moderne wieder und verfügt zudem über eine äußerst reizvolle landschaftliche Umgebung mit lohnenswerten Ausflugszielen.

Chronik - Nikšić ist im 4. Jhd. als Militärbasis von den Römern auf den Resten einer illyrischen Siedlung gegründet worden. Das damalige Anagastum, mitsamt der Umgebung, wurde im 6. und

die quirlige Fußgängerzone

Promenade am Stausee

7. Jhd. von slawischen Stämmen besiedelt und in Onogošt umbenannt. In der zweiten Hälfte des 10. Jhd. übernahmen die Serben unter der Nemanjić-Dynastie das Gebiet. Mit dem Fall des Serbischen Reiches kam Onogošt im 14. Jhd. unter die Herrschaft des bosnischen Königreiches, bis 1448 die Osmanen in das Territorium einfielen und ab 1455 für 400 Jahre die Kontrolle über die Region behielten. In den späteren Jahren wurde die Stadt als militärische Festung ausgebaut, konnte aber dann 1877 von montenegrinischen Truppen erobert werden. Danach erst entwickelte sich die Siedlung nach Plänen zu einer modernen Stadt und in Folge zu einem wichtigen wirtschaftlichen und kulturellen Zentrum. In den beiden Weltkriegen ist Nikšić zwar weitgehend vor Verwüstungen verschont geblieben, das wirtschaftliche Wachstum kam aber dennoch zum Stillstand. Erst ab 1945 konnte sich die dynamische Entwicklung fortsetzen, die Einwohnerzahl explodierte stark und die Stadt wurde zum Mittelpunkt der montenegrinischen Industrie. Hierzu zählen neben der berühmten Brauerei die Stahl- und Eisenwerke, Bauxitminen, Stromerzeuger (in der Nähe befindet sich das oben erwähnte Perućica-Wasserkraftwerk) und holzverarbeitende Fabriken. Während der Wirtschaftskrise und des Balkan-Krieges in den 1990er Jahren stagnierte die Entwicklung, heute ist die Gemeinde wieder der wichtigste Arbeitgeber der Region, wenn nicht sogar des Landes.

Stadtrundgang - Ausgangspunkt für eine kleine Rundtour ist die lebhafte **Fußgängerzone Njegoševa** um den neu gestalteten Trg Sloboda, nebst **Reiterstandbild von Nikola I.**, mit den zahlreichen Bars, Kneipen und Cafés. Hier kann man sich vom jungen, (modisch) bunten Treiben mitreißen lassen. Oft findet hier ein Markt mit den landwirtschaftlichen Erzeugnissen aus der Umgebung statt. Am nördlichen Ende liegt die **Brauerei**, in südliche Richtung gelangt man zum großen Kreisverkehr Trg Save Kovačevića, wo sich zwischen Bulevar 13. Jul und Vučedolska der große **Stadtpark** erstreckt. An dessen Ende besticht der schöne Bau der **orthodoxen Saborna-Kirche**,

die stolze Festung über der Stadt

dem Heiligen Vasilje von Ostrog geweiht, im Inneren erwähnenswert ist lediglich die schöne Ikonostase. Ein weiterer ehemaliger **Palast des Fürsten Nikola** befindet sich ebenfalls hier, das darin liegende **Heimatmuseum** ist schon etwas verstaubt und wartet seit vielen Jahren auf eine gründliche Umorganisation. Folgt man dem Weg zwischen Kirche und Museum, gelangt man zum weitläufigen Sportpark um den **Stadtberg Trebjesa**, welcher durchaus für Aktivurlauber interessant ist. Es gibt ein Sportzentrum mit Tennisplätzen und Fahrrad- sowie Wanderwegen. Ein fantasievolles **Monument** erinnert an die gefallenen Soldaten des Zweiten Weltkrieges und zugleich an 32, dort auf dem Hügel hingerichtete Partisanenkämpfer. Das gleichnamige, idyllisch im Wald gelegene Hotel bietet komfortable Unterkünfte und eine gute Küche. Vom höchsten Punkt hat man einen schönen Blick auf die Stadt. Ab dem Kreisverkehr am Stadtpark erreicht man in nördliche Richtung über die Vuka Mićunovića den Abzweig nach links zum Hügel Bedem, dem historischen Zentrum von Nikšić. Dort befinden sich gut erhaltene Reste der türkischen **Festung Tvrđava Onogošt**. Ursprünglich umfasste sie eine Größe von etwa 250 x 30 Meter. Hier lag auch die antike Vorgängersiedlung der Illyrer. Zwar ist ein gutes Stück Atmosphäre durch die Renovierungsmaßnahmen verlorengegangen, doch sind die noch vorhandenen Ruinen recht stattlich. Im Sommer finden hier Konzerte und Theateraufführungen statt.

Nikšić hat eine sehr interessante Umgebung - In der unmittelbaren Nähe gibt es zwei bemerkenswerte alte Brücken. Entlang der alten Landstraße nach Podgorica befindet sich ein imposantes Exemplar aus dem 19. Jhd., die **Carev Most**, oder auch **Zarenbrücke**, benannt nach dem russischen Kaiser Alexander III., der den finanziellen Teil übernahm und ausgerechnet am Tag des Baubeginns, dem 20. Oktober 1894, verstarb. Der Entwurf stammt aus der Hand des berühmten kroatischen Architekten Josip Slade aus Trogir, er konzipierte auch Nikšić selbst. Die Bogenbrücke aus Bruchstein wurde 1896 fertiggestellt und war damals eine Meisterleistung dieser Baukunst: Mit 298 Metern Länge und 18 Rundbögen, 13 Meter hoch, überspannte sie damals die Zeta. Heute überquert sie nur noch einen schmalen Kanal mit einer nachträglich angebrachten Fußgängerverbindung. Man stelle sich vor, welch ein breites Flussbett die Zeta vor dem Bau des Rückstaubeckens in Anspruch nahm. Anfahrt: vom Kreisverkehr am Stadtpark knapp 5 km geradeaus nach Süden, man überquert automatisch die Brücke.

Das andere Brückenmonument ist noch ein ganzes Stück älter, die **Most Moštanica** stammt aus der Römerzeit, man vermutet das 3. Jhd. als Entstehungszeit, was Münzfunde und kaum erkennbare Gebäudereste in unmittelbarer Umgebung belegen. Vermutlich lag sie an einer bedeutenden antiken Handelsstraße. Andererseits lassen mittelalterliche, verbaute Grabsteinreste in den Säulen auf eine spätere Entstehungszeit schließen. Das bekräftigt die These, dass man die Schäden

die alte Most Moštanica

Seenplatte - Postkartenmotiv

der Jahrhunderte zu osmanischer Zeit reparierte, was die Grabsteinstücke rechtfertigt. Auf jeden Fall wurde das 37 Meter lange, 9 Meter hohe Kulturmonument 1957 im römischen Stil restauriert. Anfahrt: Von der Kreuzung M6/M18 westlich von Nikšić der M6 am Flughafen vorbei 2,6 km folgen, links abbiegen und 1,5 km nach Süden bis zur kleinen Kirche.

Letztendlich sind es geomorphologische und hydrologische Besonderheiten, die Nikšić´ Umland so attraktiv machen. Ein Resultat davon sind drei landschaftlich attraktiv gelegene **Stauseen** von ganz unterschiedlichem Charakter, sie sind alle beliebte Ausflugsziele. Am schönsten, vor allem im Frühjahr nach der Schneeschmelze, wirkt der knapp 900 Hektar große **Slano jezero** (Salzsee) mit seinem zerklüfteten Ufer und den unzähligen Inselchen. Das beliebte Fotomotiv wird vorwiegend zur Fischerei genutzt. Man erreicht ihn über die M6 und P15 Richtung Westen/Süden. Der ca. 580 Hektar große, sehr saubere **Krupac jezero** liegt ebenfalls im Westen und ist ab der M6 vom ausgeschilderten Abzweig gegenüber des Flughafens zu erreichen. Er ist ein von Einheimischen gut genutzter Badesee und die riesige, schattenspendende Grünfläche davor ist ein optimaler Picknick-Platz, wenn der ganze Müll nicht wäre. Verlässt man Nikšić vom Zentrum über die Vuka Karadžić nach Osten, gelangt man nach 10 km an den **Liverovići jezero**. Er ist überaus fischreich und dient nicht nur den Bewohnern der umliegenden Dörfer als Nahrungsquelle, sondern auch der Sportfischerei als Ziel, sehr beliebt sind die Karpfen.

In den Bergen nördlich und östlich des Sees existiert eine Vielzahl an **Bauxit-Minen**. Der Aluminium-Rohstoff ist Grundlage für eine inzwischen wieder steigende Exportquote, nachdem der Uniprom-Konzern 2014 die insolvente Schmelze KAP (Kombinat Aluminijuma Podgorica) übernommen hat und umfangreiche Investitionen und Innovationen durchsetzen konnte.

Achtung: die Straße vom Liverovići jezero Richtung Podgorica ist nicht durchgehend asphaltiert und stellenweise eine anspruchsvolle Piste.

Tipp: Zweigt man die letzte Straße, ca. 500 Meter vor dem See, nach Norden Richtung Oblato ab und folgt man dem Weg über die Weiler bzw. Minen über 25 km immer aufwärts nach Nordosten, gelangt man zur **Hochebene von Lukavica** auf etwa 1.600 Meter (42°48'39.3"N 19°12'27.6"E). Die Landschaft hier oben mit ihren vereinzelten Häuseransammlungen ist mit Sicherheit eine der eindrücklichsten des Landes. Umrahmt wird die Idylle von den Gipfeln des Žurim- und Maganik-Gebirges. Etwa 3 km östlich liegen die Gletscherseen Kapetanovo jezero und Manito jezero. Ein herrlicher Flecken, um die Zeit zu vergessen, zu wandern, Berge zu besteigen oder schwimmen. Es gibt Einkehr- und Übernachtungsoptionen, z.B. im Hostel jezero. Die Hälfte des Anfahrtsweges ist nicht asphaltiert, jedoch PKW-tauglich.

An den Hängen des Krnovo-Plateaus, auf 1.300 Metern Höhe, liegt 20 Kilometer nordöstlich von Nikšić der Ausflugsort **Vučje**. Im Sommer lohnt sich der Abstecher für Wanderungen in der reizvollen Umgebung, im Winter ist er ein sehr beliebtes Skigebiet. Es gibt inzwischen vier Skipisten mit einer Gesamtlänge von fast 3 km, drei Skilifte, eine Skischule sowie Ski- und Snowboardverleih. Zudem Hotels und ein Campingareal. Anfahrt: vom Zentrum in Nikšić über die Vuka Karadžić stadtauswärts, dann der Ausschilderung folgen.

Crvena stijena - Höhle und Bilećko-Stausee (Karte freytag & berndt F 1)

Zwischen Orjen-Gebirge, Nikšić und der Piva-Region befindet sich ein kleines Fleckchen Montenegro, ein weißer Fleck auf der Landkarte, wohin sich ein Abstecher wirklich auszahlt und der sich als wahrer Geheimtipp entpuppt. Eine faszinierende Mischung aus Landschaft und Kultur. Beim Ort Vilusi, 35 Kilometer westlich von Nikšić (M6), zweigt eine Straße nach Norden ab. In der Höhe des kleinen Dorfes Bročanac Viluski befindet sich rechter Hand eine kleine Kirche, auf deren Friedhof sich ein Blick auf die riesigen, mittelalterlichen Grabsteine lohnt, sie zählen zu den schönsten „Stecci" des Landes. Die Bogomilen, eine asketisch lebende, christliche Religionsgemeinschaft, brachten solche aufwendig verzierten Gedenksteine hervor. Bei Petrovići folgt man den Wegweisern zum Kloster Kosijerevo. Die Klosterkirche ist sichtlich jüngeren Datums, der ursprüngliche Komplex aus dem 14. Jhd. lag etliche Meter tiefer am Oberlauf der Trebišnjica. Da er nur noch aus Ruinen bestand, wurde er ohne Bedenken 1966 nach Fertigstellung eines Wasserkraftwerkes geflutet und versank im Stausee Bilećko jezero. Eine Überraschung ist die kleine Nebenkirche des Erzengel Michael mit einigen wunderschönen alten Fresken, durch Feuchtigkeit sind sie aber schon recht in Mitleidenschaft gezogen.

Kloster Kosijerevo...

Zweigt man unmittelbar vor dem Kloster rechts ab und fährt den schmalen Weg bis ans Ende, gelangt man zu einem ummauerten Anwesen, hier kann man parken und zu Fuß weiter laufen. Man erreicht ein exponiertes Plateau, umgeben von einer wunderschönen Landschaft, in absoluter Einsamkeit und Stille gelegen. Am Fuße der riesigen, rötlichen und sehr bizarren Karstfelsen liegt tief unten der blaue Stausee. Gegenüber, auf bosnischer Seite, erstrecken sich die üppig grünen, blühenden Hügel. Ein phantastischer Anblick, nicht nur im Frühjahr. Dies ist nur einer der Höhepunkte des Abstechers.

Ein Schild weist zu einer weiteren Attraktion in der Gegend, den Red Rocks bzw. Crvena stijena. In etwa 10 Minuten gelangt man zu einem eingezäunten Areal, das Tor ist jedoch nicht verschlossen. Dahinter verbirgt sich der Eingang zur großen Höhle, 700 Meter hoch gelegen. Der Eingang ist 24 Meter breit, es geht 15 Meter in die Tiefe, neuerdings kann man das bequem über Treppen bewältigen. Es handelt sich nicht nur um ein natürliches Phänomen, sondern auch um eine kulturhistorische Besiedelung. Diese Naturbehausung wurde erst 1954 entdeckt. Über 5.000 Artefakte aus Stein, Knochen und Horn konnten die Archäologen retten, die ältesten über 180.000 Jahre alt, ein Teil davon verstaubt im Heimatmuseum in Nikšić. Das bedeutet, die Funde reichen von der Altsteinzeit bis in die jüngere Bronzezeit zurück und umfassen einen Kulturzeitraum von über 31 Perioden. Wie viele Halbnomaden in dieser Gegend lebten ist und bleibt vermutlich unklar.

...und der Stausee

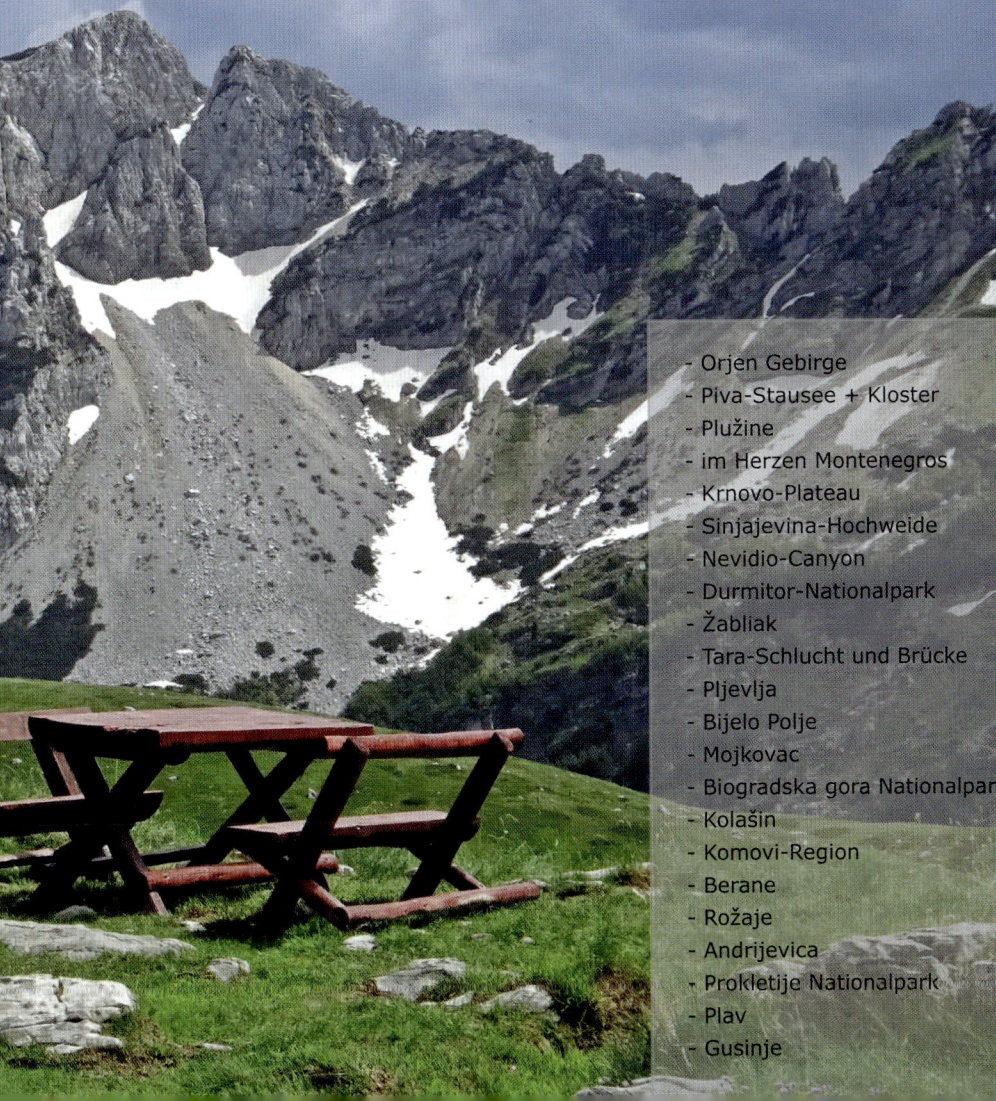

"Schwarze Berge", grüne Almen mit ursprünglichen Katuns, atemberaubende Schluchten, reißende Flüsse und idyllische Gletscherseen - Einsamkeit abseits von jeglichem Rummel und kauzige, aber liebenswerte Menschen!
Hier existiert noch jenes mystische "Universum in der Nußschale".

- Orjen Gebirge
- Piva-Stausee + Kloster
- Plužine
- im Herzen Montenegros
- Krnovo-Plateau
- Sinjajevina-Hochweide
- Nevidio-Canyon
- Durmitor-Nationalpark
- Žabliak
- Tara-Schlucht und Brücke
- Pljevlja
- Bijelo Polje
- Mojkovac
- Biogradska gora Nationalpark
- Kolašin
- Komovi-Region
- Berane
- Rožaje
- Andrijevica
- Prokletije Nationalpark
- Plav
- Gusinje

Montenegros namensgebende Bergregionen und Gebirgszüge

Diese durchwegs spektakulären, über ganz Montenegro verteilten Landesabschnitte, bilden das echte, authentische Crna Gora. Das Hochgebirgsland der Schwarzen Berge, mit der allgegenwärtigen Tatsache, dass das kleine Land hier seine geringe Größe durch Höhe wettgemacht hat. Die faszinierenden, schier unzähligen Berge sind wirklich hoch, ragen weit über 2.500 Meter in den Himmel und jeder hat seinen eigenen Charakter, seine ganz eigene Geschichte. Gepaart mit bemerkenswerten Beigaben wie ausgedehnte Wälder, einzigartige Höhlensysteme, reißende und zahme Flüsse, bezaubernde Gletscherseen, idyllische Almen und einsame Hochebenen sowie auserwählte Kulturspots. Hinzu kommen atemberaubende Schluchten, die tiefsten Europas, in denen das Wasser die Handschrift der Zeit im Stein hinterließ. Manche sind bereits gut erschlossen und mit dem Fahrzeug zu erforschen, andere wiederum nur per Rafting und abenteuerlichem Canyoning und viele von ihnen sind bis heute unentdeckt geblieben. Diese schroffe und dünn besiedelte Hochgebirgslandschaft bietet nur wenig Raum für landwirtschaftlich nutzbaren Boden. In dieser unzivilisierten Gegend haben sich die derben aber freundlichen Menschen an ihre Umgebung angepasst und uralte Brauchtümer konnten sich über Jahrhunderte weg erhalten. Manche Flecken sind noch nie und von niemandem betreten worden. Ein Besuch dieser phänomenalen, touristisch kaum erschlossenen Bergwelt mit einer unglaublichen Fülle von üppigen Naturschönheiten wird sicherlich jedem Besucher den Atem rauben.

Orjen-Gebirge und Nationalpark (Highlight) (Karte f & b 1:150 000 G 2)

Der Orjen ist ein überaus eindrucksvoller Hochgebirgszug der Dinariden, zahlreich übersät mit typisch eiszeitlichen Spuren und außergewöhnlichen Karstphänomenen der besonderen Art. Imposante Steilwände, 800 bis 1.300 Meter hoch, erheben sich unmittelbar hinter der Bucht von Kotor und mit einer Höhe von bis zu fast 1.900 Meter bilden die hellen, schroffen und zahlreichen Gipfel eine natürliche, aber nicht unüberwindbare Wegsperre zwischen Küste und Hinterland. Die Gesamtfläche des Orjen beträgt etwa 400 km², von der die Hälfte in Bosnien-Herzegowina liegt. Insgesamt besteht er aus vier ausgedehnten Hochkarstplateaus, getrennt durch strahlenförmig verlaufende Kämme. Der höchste Gipfel des Massivs ist mit 1.894 Metern Höhe der Zubački kabao. Das extrem verkarstete Bergland steht im starken Kontrast zu der üppigen und vielfältigen Flora, bis in hohe Lagen existieren ausgedehnte, unberührte Urwälder, hauptsächlich aus Buchenbeständen, welche seltene und auch endemische Tierarten beherbergen. In niedrigeren Höhenlagen fallen große Waldareale immer noch der Abholzung zum Opfer, doch sämtliche Vorkommen der seltenen Schlangenhautkiefer sind länger schon als Reservate ausgewiesen. Im späten Frühjahr bestechen die ausgedehnten Almen mit üppig blühenden Wiesen.

Die ersten Wege durch dieses Bergland entstanden während der österreich-ungarischen Fremdherrschaft im späten 19.Jhd. und haben sich bis in die Gegenwart fast ohne Sanierung erhalten, das spricht für die Qualität der damaligen Straßenbautechnik. Andere Trails wiederum sind nicht breiter als ein ausgetretener Maultierpfad.

Erste Ansätze zur Gründung eines Nationalparks stammen aus dem Jahr 1960, aber erst 2007 stimmte die Regierung zu, 19.000 Hektar dafür bereitzustellen, obwohl bis zu diesem Zeitpunkt keinerlei wissenschaftliche Nachweise und Voraussetzungen für die Umsetzung vorhanden waren. Lediglich ein kleiner Teil des südlichen Orjen-Gebirges gehört nun bereits seit den späten 1970er-Jahren zum UNESCO-Weltnaturerbe der Bucht von Kotor. Allerdings hatte man das Projekt bereits mehrfach im Rahmen von Biodiversitätskonventionen vorgestellt und inoffiziell zählt man den Orjen bereits zu den Schutzzonen der Nationalpark-Kategorie.

auf dem Weg zum Gipfel

Das Gebirge gehört zu den regenreichsten Regionen in ganz Europa, der Jahresniederschlag steigt auf über, für mediterranen Raum ungewöhnliche, 5.000 mm im Durchschnitt, was natürlich die üppige Vegetation begünstigt, die sich sonst auf dem trockenen Karstboden nicht entwickeln könnte. Nicht selten werden auf den höchsten Gipfeln sogar Mengen von 6.400 mm gemessen, als niederschlagsreichster Ort gilt Crkvice. Von Dezember bis Juni fällt Schnee. Doch die reichlichen Niederschläge verschwinden sofort wieder im durchlässigen Gestein der Kalkstöcke und treten erst in den Talböden in Form von Quellen wieder ans Tageslicht. Einzige Ausnahme bilden die Poljen (Felder), in denen sich sämtliche Kalkbestände bereits aufgelöst haben und das verbleibende Gestein somit einen festen Untergrund bildet. Die Oberflächen der Plateaus und Hänge sind stark zerfurcht, das Innere der Berge extrem durchlöchert. Tiefe Rillen und Spalten, teilweise über 180 Meter tief, verbreitern sich zu unzähligen unterirdischen Höhlen, nur ganz wenige konnten bisher erforscht werden.

Das Orjen-Massiv bietet ausgezeichnete Möglichkeiten für ein paar Tage Aktivurlaub: Wandern, alpines Bergsteigen, Klettern, Mountainbiken und Paragliding. Hervorragende Arbeit und Unterstützung leistet hierbei der Bergsteigerclub Herceg Novi (Planinarski Klub Subra, www.pksubra.me) in Zusammenarbeit mit anderen Vereinigungen aus den Nachbarländern. Dank der jährlichen Überprüfung und Instandhaltung zählen die Wanderwege im Orjen zu den am besten ausgeschilderten und mit über 60 Kilometer Wegenetz auch zu den ausgedehntesten des Landes.

Ein beliebtes Terrain zum Wandern und Bergsteigen bietet die 1.679 Meter hohe Subra und die Landschaft zu ihren Füßen. Auf gut markierten Wegen gelangt man auf einen der drei Hauptgipfel des Orjen mit wohl den spektakulärsten und lohnendsten Ausblicken. Von Süden und Osten wirkt der Berg sanft und zahm, von Nordwesten dagegen unbezwingbar, hier versperrt eine 500 Meter hohe Steilwand, das sogenannte Subra-Amphitheater, für Normal-Wanderer den Weg zum Gipfel.

Der Hauptweg startet etwa 10 Kilometer nordöstlich von Herceg Novi und Kameno bei Borići, hier existieren Parkmöglichkeiten beim ehemaligen Hotel. Der erste Abschnitt führt erst über ein bewaldetes, flachhügeliges, leicht ansteigendes Plateau, später über Serpentinen auf den 1.160 Meter hohen Vratlo-Pass und zur Bergalm Za Vratlom.

Die steinerne Schutzhütte bietet einfachste Übernachtungsmöglichkeiten für 50 Personen, geöffnet hat sie nur im Sommer, ansonsten muss man campen. Im Anschluss hält man sich links. Anfangs geht es leicht bergauf, hier folgt eine wilde, verkarstete und stetig ansteigende Etappe durch dichte Wälder und über den sogenannten Hexentanzplatz. Sein typisches Merkmal sind die tiefen Karren, Rillen und Ponore - ein schwieriges Gelände für Ungeübte, welches enorm viel Trittsicherheit erfordert. Hier entfaltet die Natur eine besonders urschöpferische Kraft und lässt die reiche Vegetation auf dem kahlen Boden ungehindert gedeiht.

ein toller Rastplatz mit Ausblick

Auf dem Gipfelplateau eröffnet sich ein grandioser Rundumblick auf die umliegenden Kronen, die Adria und weite Teile Montenegros. Jenseits des Grates liegt besagte größte Wand des Gebirges, ein gewaltiger Felsenbogen, der durch einen Gletscher entstand, dessen Endmoräne 500 Meter tiefer das Geröll zurückließ. Der Weg bis zur Berghütte ist auch mit einem Allradfahrzeug zu bewältigen, ansonsten sollte man ab Borići etwa 6 Stunden einfach einplanen, ab Za Vratlom etwa 4 Stunden einfach. Trinkwasservorräte nicht vergessen, es gibt nur ganz wenige Quellen entlang des Weges.

schöne offroad-Strecke zum Pass

Karstvielfalt - Gestein lebt!

Als Karst bezeichnet man steinigen, unfruchtbaren Boden, der infolge von Korrosion löslicher Gesteins-materialien mit hohem Kalkanteil unter gewissen Voraussetzungen eben jene typischen Karstformen gebildet hat. Sie entstehen durch die Einwirkung von Wasser und Kohlendioxid, welche die dafür nötige Kohlensäure bilden. Unter dieser sogenannten Kohlensäure- verwitterung entwickeln sich Hydrogencarbo-nate, welche das Sedimentgestein lösen und abspalten. Entstanden ist dieses poröse Sedimentgestein durch fossile Ablagerungen auf dem Meeresgrund, der sich aufgrund tektonischer Bewegungen in Millionen von Jahren zu Gebirgen erhoben hat. Mit der Auflösung des Kalksteins und Einbruch der sich bildenden Hohlräume aus nicht verkarstetem Gestein entstehen vielfältige Felsformationen. Die kleinste Form der Kalksteinverwitterung sind die Karren und Spalten. Sie können rinnenförmig oder rundlich sein und bilden sich durch abfließendes Regenwasser auf einer Kalksteinoberfläche in ein unterirdisches Hohlraumsystem. Die langgestreckten Hohlformen sind durch Grate voneinander getrennt. Tauschnee verursacht eher kleine, rundliche Nischenkarren. Erstrecken sie sich über einen größeren Bereich, spricht man von einem Karren-feld. Auf steilem Gelände bilden sich auch Schichttreppen mit unendlich vielen Rillen- oder Kluftkarren. Ein typisches Beispiel hierfür in Montenegro ist der sogenannte Hexentanzplatz unterhalb des Subra-Gipfels im Orjen-Gebirge. Eine weitere, charakteristische Karstform sind die Ponore oder Schlucklöcher. Aufgrund einer durchgehend fehlenden Oberflächenentwässerung verschwinden Wasser und auch ganze Flüsse in einer einzigen Öffnung in unterirdische Hohlräume, wo es teilweise Kilometer weiterfließt und dann an anderer Stelle als Karstquelle wieder an die Oberfläche tritt. Dies ist auch unter der Wasseroberfläche möglich, wie z.B. stellenweise in der Boka. Große, nach oben offene Hohlformen sind die kessel- oder trichterförmigen Dolinen. Sie entstehen durch langsames Einsinken des Gesteins infolge der Kalklösung und dem daraus folgenden Einsturz von Höhlen. Wachsen zahlreiche Dolinen als Folge von Nachbrechen nichtverkarstungsfähigem Gestein zusammen (Erdfall), entstehen sogenannte Uvalas bzw. geschlossene Karstsenken. Schließen sich mehrere dieser Senken zusammen, bildet sich die größte Hohlform eines Karstgebietes, ein sogenanntes Feld oder Polje. Diese haben einen Umfang von mehreren Kilometern. Manchmal bleiben die Uvalas als auch eigenständige Form bestehen. Eine besonders eindrucksvolle Hohlform bilden die Karsthöhlen, in Montenegro sind sie noch kaum erforscht. Anfänglich handelt es sich hierbei lediglich um kleine, mit Wasser gefüllte Hohlräume, deren Inhalt im Laufe tektonischer Verände-rungen in einen ungesättigten Bereich gelangt. Zur Gesteinskorrosion kommt die Erosion, durch die meist die Zwischenräume zerfallen und sich aus den Hohlräumen Höhlen bilden, in vielen Fällen sogar über mehrere Etagen. Die Folge davon ist häufig die Bildung der typischen, aus Kalk bestehenden Stalakmiten und Sta-laktiten, wenn sie zusammenwach-sen entstehen Tropfsteinsäulen, so-genannte Stalagnaten. Montenegros Karsthöhlen haben meist einen eher schmalen Zugang in Form eines waag-rechten Schlotes. Im Besonderen tritt die verkarstete Form eines Berglan-des eiszeitlich bedingt in ehemals stark vergletscherten Gebirgsregionen auf, wie hierzulande. Montenegros Bergmassive weisen eine typisch me-diterrane Gestalt des Karstes auf.

Hält man sich ab Za Vratlom auf dem alten Militärweg rechts, gelangt man über einen Rundweg zu einem kleinen Stützpunkt und über den Kamm des Veliko ćedilo zurück zur Schutzhütte (etwa 1,5 Stunden). Neben der Subra gibt es eine Reihe weiterer Gipfel, welche eine Besteigung lohnen. So bietet der 1.769 Meter hohe, ebenfalls stark verkarstete Međugorje beste Grundlage für alpines Klettern und liefert beeindruckende Ausblicke auf die benachbarten Gipfel des Zubački kabao und der 1.862 Meter hohen Velika jastrebica.

romantisch im Polje gelegen - Ubli

Tipp: Verfolgt man die Straße ab Kameno über Borići weiter, so gelangt man auf einer wunderschönen Panoramastrecke mit Ausblicken auf die Bucht nach Ubli. Das weitläufige Dorf liegt malerisch in einem typischen Polje am Fuße des knapp 1.400 Meter hohen Baštik. Entlang der Etappe zweigen immer wieder ausgeschilderte und auch, wie überall im Land, vorbildlich markierte Wanderwege ab. Ab Herceg Novi führt über Kameno, Kruševice und Vrbanj (mit Einkehr- und Übernachtungsmöglichkeiten, Mountain Resort, Hotel Konak), ebenfalls adrette Dörfer mit einfacher und rustikaler Lokalarchitektur, eine abwechslungsreiche Strecke in etwa 25 Kilometer (Empfehlung: 4x4) zum Orjen-Pass auf knapp 1.600 Meter Höhe. Durch Randabbrüche ist der Weg ab dem Pass nicht immer weiter befahrbar, der Abstecher lohnt sich aber auf alle Fälle auch als Hin- und Rücktour!

Schnee im Orjen Anfang Juni

Auch von Risan, ab der inneren Bucht von Kotor, gelangt man über eine schmale Serpentinenstraße und Überquerung der neuen Verbindung in den Norden und Durchquerung des Krivošije-Plateaus zum Orjen-Pass. Am Weg liegen, stellenweise an schönen Aussichtspunkten, einige interessante, architektonisch für die Gegend typische Weiler, Militärkasernen und Befestigungsanlagen aus der österreich-ungarischen Besatzungszeit, die größte davon in Crkvice. Ab dort ist die Straße nicht mehr asphaltiert, die Streckenlänge umfasst etwa 30 Kilometer. Durch diese Gegend verlief damals die Militärgrenze zwischen Österreich-Ungarn und dem Türkischen Reich.

Der Piva-Stausee mit Kloster (Highlight) und Plužine (Karte f & b 1:150 000 C-D 4)

Ganz im äußersten Nordwesten, nahe der Grenze zu Bosnien-Herzegowina, wartet das Land mit einer unglaublich beeindruckenden Naturbesonderheit auf - den sensationellen, unbeabsichtigt schönen, von Menschenhand geschaffenen Piva-Stausee. Das größte künstliche Gewässer Montenegros beansprucht eine Fläche von 12,5 km² für sich, stellenweise beträgt seine Tiefe 190 Meter. Auf einer Länge von 33 Kilometern durchläuft der tiefblaue See eine großartige Gebirgslandschaft, hoch über seinen Ufern erstreckt sich beidseitig auf einer durchschnittlichen Höhe von 1.500 Meter ein Karstplateau, 325 km² sind seit 2015 als Naturpark ausgewiesen.

Die 55 Kilometer lange und 30 Kilometer breite Hochebene ist durchsetzt von den teilweise über 2.300 Meter hohen Gipfeln der umliegenden Gebirgsmassive. Der höchste Berg ist der Veliki Vitao mit 2.396 Metern Höhe. Wie viele andere Gebiete auch, zeichnet sich die Region durch einen sehr unberührten Charakter aus, es existieren nur wenige Siedlungen auf dem den Stausee umgebenden Plateau der Piva. Der Piva-Speichersee entstand im Jahr 1976, nach Fertigstellung des Wasserkraftwerkes und der Mratinje Talsperre an dessen nördlichem Ende. Damals war die 220 Meter hohe Staumauer die höchste Europas. Die Länge der Bogenmauer beträgt stattliche 268 Meter. Die Hydropoweranlage mit seinen drei Turbinen erzeugt jährlich etwa

die gigantische Staumauer

mal von oben - mal von unten...

...Traumausblicke sind garantiert

860 GWh Elektrizität, welche vorwiegend in das bosnische Netz gespeist werden, obwohl der Eigenbedarf den Export kaum rechtfertigt. Bevor die Piva gestaut wurde, damals war sie Teil eines weitverzweigten Fluss-Systems, betrug ihre Länge 34 Kilometer, heute entfällt die Hälfte der Stauseelänge auf den gefluteten Unterlauf der Komarnica. Nördlich der auffallenden Brücke bei Plužine beginnt der schönste Teil der Fahrt entlang des Stausees. Die Staatsstraße E762 führt durch eine Vielzahl von Tunneln im groben Gestein und nur die kurzen Abschnitte dazwischen geben einen spektakulären Blick auf den See und die steilen, grün bewaldeten Ufer frei. Am Ende der Strecke bei Mratinje trifft man auf die gewaltige Staumauer des Wasserkraftwerkes. Es bietet sich eine letzte Aussicht auf das Wunderwerk und ein schwindelerregender Blick in den Abgrund, wo sich ganz tief unten die Piva träge ihren Weg bahnt. Jenseits der Talsperre schließt sich, auf 10 Kilometer bis zur Grenze nach Bosnien-Herzegowina, die eindrückliche Piva-Schlucht an, hier zeigt sich der Fluss noch naturbelassen und hat sich stellenweise bis zu 1.200 Meter tief in den schroffen Felsen gegraben. Auf halbem Weg dorthin wird sie von der grazilen "Brücke der Brüderlichkeit und Einheit" überspannt. Hoch über dem Piva-Stausee, westlich von Mratinje, liegt unterhalb des Volujak-Massivs und des Maglić, nahe der bosnischen Grenze und dem Berg Veliki Vitao, auf einer Höhe von 1.517 Meter, der herzförmige Gebirgssee Trnovačko jezero. Das nur 0,5 km² kleine Gewässer ist lediglich knapp 9 Meter tief, das Wasser ausgesprochen klar, obwohl der Grund vollständig mit Wasserpflanzen bewachsen ist. Trotz seiner abgelegenen Lage ist er ein sehr beliebtes Wanderziel, wird jedoch vorwiegend von bosnischer Seite aus angesteuert.

Plužine (f&b 1:150 000 D 4)

Nur an die 1.400 Einwohner zählt die Kleinstadt am Ufer des zweitgrößten Sees in Montenegro. Sie gilt als die Jüngste des Balkans, wurde erst 1975 bezogen, bevor man den Bau des gewaltigen Staudamms beendet und das alte Plužine geflutet hatte. Von Nikšić führt eine gut ausgebaute Straße in 60 Kilometer über den 1.235 Meter hohen Javorak-Pass dorthin.

Der Ort liegt privilegiert an einem Seitenarm des Sees und lohnt sich durchaus für einen Aufenthalt, man rüstet sich langsam für den zunehmenden Tourismus. Es existiert bereits eine Anzahl an Gästehäusern, Apartments und kleinen Bungalows, in unmittelbarer Umgebung inzwischen auch einige Etno- und Eko-Selos. Optisch macht die Stadt durch die zweckmäßigen und bereits in die Jahre gekommenen Plattenbauten nicht viel her, dafür entschädigt die idyllische Lage und das Freizeitangebot in der herrlichen Umgebung. Die Unterkunftsbetreiber sind gerne bei der Umsetzung der Freizeit-Aktivitäten behilflich und am Ortseingang existiert eine kleine Touristeninformation (Parka Prirode). Da werden natürlich die obligatorischen Bootsfahrten angeboten, dazu Jeepsafaris, Mountainbike-Touren, Reiten, Rafting und Canyoning auf den Nebenflüssen der Piva und der Tara, Angelscheine sowie organisierte Wandertouren (www.parkpiva.com/en).

Tipp: Unmittelbar nach der großen Brücke über die Piva, nördlich von Plužine, zweigt eine abwechslungsreiche und wunderschöne Panoramastrecke in das Durmitor-Gebirge ab. Anfangs windet sich die Asphaltstraße in Serpentinen, teilweise durch Tunnel, immer höher und gibt etliche Male einen phantastischen Blick auf den Stausee frei. Im kleinen Ort Trsa hält man sich rechts, nach ca. 38 Kilometer durch eine fantastische Gebirgslandschaft ist der 1.907 Meter hoch gelegenen Sedlo-Pass erreicht. Bis Žabljak sind es dann noch etwa 15 Kilometer.

Piva Kloster - Neben Ostrog und Morača gehört das Pivski manastir zu den bedeutendsten serbisch-orthodoxen Klöstern in Montenegro. Es wurde während der Herrschaft der Türken gegründet, die dreischiffige Basilika entstand zwischen 1573 und 1586 und war die größte ihrer Art zu damaliger Zeit.

Den Bau ermöglichte der zum Islam übergetretene Staatsmann Mehmed Paša Sokolović, der in verwandschaftlicher Beziehung zum damaligen Metropoliten der Herzegowina Savatije stand. Für heutige Verhältnisse ist der Komplex eher klein.

Das Kloster hat eine bewegte Vergangenheit hinter sich. Dreimal fiel es Brandanschlägen zum Opfer, wurde aber wieder und wieder aufgebaut, zum letzten Mal 1876. Dann ereilte es das gleiche Schicksal wie Plužine. Denn hier, 9 Kilometer südlich der Stadt Plužine, stand es nicht immer. Ursprünglich lag die Anlage landschaftlich sehr reizvoll in einem Tal an der Quelle des Flusses Piva. Infolge des Staudammbaues wurde es in mühevollster Kleinarbeit um etliche Kilometer nach oben verlegt.

die Fresken im Kloster

1.260 m² Fresken wurden abgetragen, Stein für Stein versetzt, um anschließend die wertvollen Malereien originalgetreu wieder aufzutragen. 12 Jahre dauerte der Umzug und wurde 1982 beendet. Der Aufwand ist durchaus zu rechtfertigen, denn die Darstellungen, welche vorwiegend von einem unbekannten aber talentierten griechischen Künstler stammen und die gesamte innere Kirche bedecken, sind sehr beeindruckend und haben kaum an Farbenpracht eingebüßt. Ebenso prächtig ist die aufwendig geschnitzte und vergoldete Ikonostase. Zum frei zugänglichen Komplex zählen neben den obligaten Wohngebäuden auch eine Bäckerei und Spinnerei. Die Schatzkammer beherbergt wertvolle Goldschmiedearbeiten und Ikonen, zudem vier kostbare handgeschriebene Evangeliare aus dem 16. Jhd.

Im Herzen Montenegros - zwischen Nikšić und Durmitor (Karte f & b D 6 + E 6 + 7)

Das Bergland zwischen der mittelmontenegrinischen Stadt Nikšić und den nördlich davon gelegenen Gebirgsregionen zeichnet sich vor allem durch endlose Weiten und Einsamkeit aus, gepaart mit wunderschönen landschaftlichen Besonderheiten.

16 Kilometer nördlich von Nikšić zweigt eine kaum befahrene Route nach Šavnik bzw. Žabljak im Durmitor-Gebirge ab. Sie führt durch eine abgeschiedene, wenig besiedelte Bergwelt, deren nennenswerte Gebirgsmassive teilweise Gipfel mit über 2.000 Meter Höhe besitzen: Lola, Vojnik, Žurim und Treskavac sind nur einige von ihnen. Hinzu kommen ausgedehnte Plateaus, riesige Karstfelder, großflächige Almen und Matten, deren scheinbare Unendlichkeit bis in hohe Lagen nur durch einzelne Buchenwaldbestände aufgelockert wird.

Stufenförmig führt die enge Straße kontinuierlich durch die Karstabschnitte von 1.000 Meter nach oben auf 1.500 Meter Höhe zum **Krnovo-Plateau**. Im Winter sind Teile der Etappe kaum passierbar. Diese einsame, weite und reizvolle Gegend an den Ausläufern des Maganik, wartet noch auf seine Entdeckung, das leichte Gelände ist prädestiniert für ausgedehnte, einfache Wanderungen, die Gipfel und Grate sind verhältnismäßig unbeschwerlich zu besteigen. Zahlreiche Pisten und Pfade eignen sich bestens zum Mountainbiking und zur Erkundung per Geländefahrzeug. Hier findet man noch ein ausgesprochen ursprüngliches Montenegro vor. Die wenigen ansässigen Almwirte gehen harter Arbeit nach und leben noch in typisch mit Stroh bedeckten Hütten ohne Strom und fließendes Wasser, den sogenannten Kolibe, deren Dächer bis zum Boden reichen. Abgelöst werden diese Unterkünfte von den neueren, vergleichsweise moderneren Häuschen, welche von der jungen Generation meist nur während der Sommerferien bewohnt werden. Eine Bewirtschaftung des Bodens ist nur mit robusten Gemüsesorten und Kartoffeln möglich, vereinzelte Viehherden lockern die Bilderbuchidylle auf. Hier, in dieser unwirtlichen Einsamkeit, entstand Montenegros erster kommerzieller Windpark. Mit dem Krnovo-Projekt werden inzwischen 46.000 Haushalte mit Strom versorgt und so jährlich 79.000 Tonnen CO_2 eingespart. Ein guter, innovativer Schritt in Richtung Ökologischer Staat.

Nach einem längeren Serpentinenabschnitt abwärts erreicht man **Šavnik**, einen kleinen Ort mit 600 Einwohnern. Er liegt sehr malerisch, aber einsam in einer Talsenke an der Bukovica, umgeben von dicht bewaldetem Bergland und wartet auf seine touristische Erschließung, was hier durchaus Potential hat, das Städtchen ist ein guter Ausgangspunkt für Wanderungen. Noch verirrt sich kaum ein Tourist hierher. Es existiert eine kleine Brücke aus römischer Zeit über die Bukovica. Der Honig aus der Umgebung von Šavnik ist im ganzen Land bekannt und beliebt. Zudem ist der Ort das Zentrum der regionalen Holzverarbeitung.

Etwa 10 Kilometer östlich von Šavnik, bei Tušina, befindet sich das **Kloster Podmalinsko**. Der Abstecher lohnt sich auf jeden Fall, es liegt definitiv idyllisch und sehr ruhig am Ufer der

typische Strohdach-Hütte

hohe Gipfel und Einsamkeit

Bukovica. Die serbisch-orthodoxe Kirche stammte ursprünglich aus dem Jahr 1252, Stefan Uros aus dem bedeutendsten serbischen Herrschergeschlechts des Mittelalters, den Nemanjić, ließ es erbauen. Im Laufe seiner Geschichte wurde es mehrmals zerstört, vor allem später durch die Türken, jedoch hartnäckig immer wieder aufgebaut und der Grundriss dürfte weitestgehend erhalten geblieben sein. Der heutige Bau mit dem nebenstehenden Glockenturm stammt aus dem Jahr 1840. Die Rekonstruktion der Fresken wurde erst vor wenigen Jahren fertiggestellt. Im weiteren Verlauf wird die Strecke alles andere als langweilig und nach Durchquerung des Ursprungsgebietes der Morača und einiger verschlafener Weiler, trifft man nach 50 km auf die E65, die Hauptachse zwischen der Hauptstadt Podgorica und Kolašin.

Eingebettet zwischen den Ortschaften Šavnik, Žabljak, Mojkovac und Kolašin liegt **Montenegros höchstes Bergweideland** - die 40 km lange und 15 km breite **Sinjajevina** (auch Sinjavina). Auf durchschnittlich 1.600 Metern Höhe erstreckt sich diese wunderschöne, eindrückliche Landschaft. Der klangvolle Name steht aber nicht nur für das Bergplateau, sondern auch für einen Gebirgszug mit zahlreichen grauen Kalkstein-Gipfeln über 2.000 Meter, die erhaben über der weiten, grünen Einsamkeit thronen. Der höchste von ihnen ist der 2.277 Meter hohe Babin zub (auch Torna) im südlichen Teil. Für die einst zahlreichen Viehherden hier oben war der gräserreiche Flecken ein Paradies, heute wird nur noch wenig Viehwirtschaft betrieben. Die relativ waldarme Sinjajevina wird eingerahmt von den Flüssen Tara im Norden, der Morača im Osten und der Bukovica im Süden. Dennoch ist es, trotz etlicher Quellen, ein relativ trockenes Gebiet und die wenigen kleinen Gletscherseen sind in ihrer Existenz bedroht. Dazu gehören der Zabojsko und der Zminičko jezero. Das Gelände bietet viele Möglichkeiten zum Mountainbiken, Klettern, Wandern, für Offroad-Erlebnisse und im Winter auch zum Skifahren. Zugänglich ist die Sinjajevina recht gut südlich von Zabljak aus, für Wanderungen auf die höchsten Gipfel, z.B. den 2.203 Meter hohen Jablanov vrh mit der schönsten Aussicht, wählt man die Zufahrt unmittelbar nördlich von Kolašin über Donje Lipovo. Wer länger hier im Herzen Montenegros bleiben möchte, findet auch einfache Unterkünfte und Campingwiesen.

Doch zurück nach Šavnik. Denn die eigentliche Attraktion der Ortschaft ist der nördlich davon gelegene **Nevidio- oder Komarnica-Canyon** (Top-Tipp) **(f & b E 5)**. Das ist einer der atemberaubendsten Fleckchen Montenegros, ein wildes, einzigartiges Juwel für Abenteuerlustige. Hier, wo vor Millionen von Jahren die Massive des Durmitor und des Vojnik aufgrund geologischer Veränderungen aufeinanderprallten, hat sich der kleine Fluss Komarnica, ein kristallklares, eiskaltes Gebirgsgewässerchen, unaufhaltsam seinen Weg durch das harte Gestein nach Nordwesten gebahnt und im Laufe der Zeit eine spektakuläre, unglaublich wunderschöne Naturbesonderheit im silbrigen Grau der Felsen hinterlassen.

Nevidio - der Unsichtbare - wurde erst 1965 nach etlichen erfolglosen Versuchen erobert und zählt seither zu den schönsten und abenteuerlichsten Schluchten Europas. Der faszinierende Canyon ist 2.700 Meter lang und an der engsten Stelle gerade mal 50 Zentimeter breit. Die durchschnittliche Höhe von 35 Metern erstreckt sich vom 935 Meter hoch gelegenen Eingang bis zum 125 Meter tiefer gelegenen Ausstieg. Mindestens drei Stunden benötigt man für die Durchquerung dieser Naturschönheit, vorbei an rauschenden Wasserfällen und Kaskaden, riesige Felsbrocken versperren kaum passierbare Engstellen. Schäumende Stromschnellen sowie Rutschen und Sprünge aus 8 Metern Höhe in eiskalte Becken müssen bewältigt werden, gefolgt von Abseilstellen und Kletterei über Galerien mit steinernen Figuren und senkrechten Felsen mit nur karger Vegetation. Und über all dem unrealistischen Zauber schimmert nur ein winziger Streifen düsteren Lichts, der kaum den Grund der engen und schroffen Felswände erreicht, der so lange Zeit den menschlichen Blicken verborgen gewesen war.

der schmale Eingang zum Canyon

Der beste Zeitpunkt für dieses unvergessliche Erlebnis liegt zwischen Juni und September, eine gute körperliche Kondition und entsprechende Ausrüstung sind Voraussetzung. Veranstalter für dieses Abenteuer mit erfahrenen Guides und der entsprechenden Ausrüstung gibt es in Nikšić, Šavnik und Žabljak oder im Internet (www.nevidio-canyoning.com). Nicht-Canyonbegeher können von oben einen vagen Eindruck des einmaligen Naturwunders nur erahnen. Der Eingangsbereich der Schlucht ist vom beschaulichen Dorf Poščenje aus zu erreichen, knappe 4 Kilometer nördlich von Šavnik zweigt eine Straße nach links dorthin ab.

enge Straße hinter dem Canyon

Eine kleine Brücke führt über den ersten Abschnitt der Schlucht. Folgt man besagter Straße (nur teilweise asphaltiert und schmal) weiter über die kleinen Weiler Duži, Dubrovsko und ein landschaftlich reizvolles Hochplateau 25 Kilometer nach Westen, gelangt man zur ersten Brücke über den Piva-Stausee.

Tipp: Zwei Etno-Selo Dörfer direkt am Canyon in idyllischer Lage mit Restaurant und echt nordmontenegrinischer Küche sowie authentischen, rustikalen Hütten zum Übernachten laden zu einem längeren Aufenthalt ein: Nevidio (www.etnoselonevidio.com) und Jatak (www.jatak.me). Beide bieten zudem Camping, Canyoning, Angeln, Wandern, uvm.

Durmitor-Gebirge (Highlight) (Karte freytag & berndt 1:150 000 D 5)

Das Dach Montenegros, wie die Bergwelt des Durmitor oft bezeichnet wird, ist ein wahres Prachtstück der montenegrinischen Natur, markant überragt vom höchsten Berg des Landes, dem Bobotov kuk - 2.522 Meter hoch ist er. Hinzu kommen weitere 47, durch Verkarstung und Gletscher geformte Gipfel, die ebenfalls die 2.000 Meter-Marke übersteigen. Doch nicht nur schroffe Berge und spektakuläre Schluchten prägen diese fantastische Gebirgslandschaft. Unzählige Hochalmen, ausgedehnte Wälder, tiefe Höhlen und 18 einmalig idyllische und glasklare, saphirblaue oder grünschwarze Gletscherseen, die sogenannten „Gebirgsaugen", liegen eingebettet in den Senken der Berge. Der Debeli namet-Gletscher ist einer der südlichen in Europa. Hunderte von Schlucklöchern, ganze 748 Quellen, unzählige Bäche und Flüsse bereichern das Gebiet mit dem aus dem keltischen, klangvollen Namen „Berge der vielen Wasser", was „Durmitor" übersetzt bedeutet. Eine neuere Interpretation bezeichnet ihn als „Schlafstätte Gottes".

Nur wenige Dörfer und Almhütten existieren in dieser atemberaubenden Natur, die Häuser der Einheimischen sind schlicht und ohne jeglichen Luxus und verlangen den Menschen hier viel Verzicht ab, was sie aber als Selbstverständlichkeit empfinden. All dies gibt es in vier Varianten, da sich hier die Jahreszeiten, trotz des Mittelmeereinflusses, deutlich unterscheiden. Das Klima ist typisch kontinental geprägt. Erhebliche Schneemengen mit 3 Metern und mehr sind nicht ungewöhnlich, die Durchschnittstemperatur im Januar beträgt etwa -5° in höheren Lagen und zwischen +7° und +15° im Juli. Die Niederschlagsmengen sind reichlich, selbst im Hochsommer kann Schnee fallen und an manchen exponierten Nordhängen hält er sich hartnäckig bis zum ersten Schneefall im September.

Doch als Durmitor bezeichnet man nicht nur das einmalige Bergland im Norden des Landes, sondern auch den gleichnamigen, herrlichen Nationalpark, durchschnittlich auf 1.500 Metern Höhe gelegen. 1952 wurden rund um das Gebirgsmassiv 390 km² zum geschützten Gebiet erklärt,

1980 erfolgte die Aufnahme von 20.000 Hektar, aufgrund der atemberaubenden Landschaft, mit weiten Teilen der rauhen Tara-Schlucht, durch die UNESCO zum Weltnaturerbe. Eine recht kleine Fläche für den gewaltigen Reichtum an Naturschönheiten. Hier gedeiht unter der Mischung von alpinen und mediterranen Einflüssen eine reichhaltige, einzigartige Flora und ebenso vielfältige Fauna.

das „Badezimmer Gottes"

1.600 Pflanzenarten haben Forscher entdeckt. Buchen, Birken und Föhren entfalten sich neben ausgedehnten Kiefernbeständen, duftender Wacholder und Bergkräuter lockern die felsigen Hochplateaus auf.

173 Vogelarten, darunter etliche Raubvögel, wachen über die vielseitige Natur, in der Wildkatzen, Gämsen, Wölfe, Füchse, Wildschweine und Braunbären sowie Auer- Birk- und Felshühner Zuflucht in den einsamen Wäldern finden.

Geschichtlich gibt es aufgrund der dünnen und erst späten Besiedelung der Durmitor-Region wenig historisch Belegbares. Eindeutig erwiesen ist lediglich, dass hier in der vorchristlichen Epoche sowie einige Zeit danach Illyrische Stämme von der Viehzucht und ganz wenig Landwirtschaft gelebt haben. Das östliche Areal dürfte im Mittelalter eine wichtige Rolle gespielt haben, unweit des Riblje jezero beim Dorf Novakovići, 13 Kilometer südöstlich von Žabljak, entdeckte man sogenannte Stecci weit verstreut in der Wiese, die alten Grabsteine der Bogumilen. Hierbei handelte es sich um einen slawischen Stamm bulgarischen Ursprungs, welcher zwischen dem 12. und 16. Jhd. hier siedelte. Sie lebten streng asketisch und verachteten sämtliche Gotteslehren, außer einer im Neuen Testament verbindlich definierten christlichen. Die Stecci sind heute noch zu finden. Für die Türken war das Durmitor-Gebiet ab dem 15. Jhd. eine wichtige Station auf ihren Handelswegen über die Berge. Erst nach deren Verdrängung 1878 wurde der Landstrich montenegrinisch.

Das Gebirge und der Nationalpark sind inzwischen ganzjährig ein beliebtes Reiseziel, die Hauptsaison fällt aber immer noch vorwiegend auf den Winter, die Infrastruktur für Skisport ist hervorragend, wenngleich bislang vorwiegend serbische Skifahrer den Schneereichtum der traumhaften Pisten um den Savin kuk (2.313 m) nahe Žabljak genießen. Besucher aus anderen Ländern nutzen hauptsächlich den Sommer, dann steht die faszinierende Gebirgslandschaft vordergründig Wanderern, Bergsteigern, Mountainbikern, Raftern, Kletterern, Zip-Linern und Anglern zur Verfügung (www.yumpu.com/en/document/read/58712721/zabljak-tourist-guide).

Žabljak - das touristische Zentrum des Durmitor, mit seinen knapp 2.000 Einwohnern, ist die höchstgelegene Stadt des Balkans. Der Ort auf 1.465 Meter Höhe eignet sich sehr gut als angenehmes Urlaubsdomizil für mehrere Tage und Ausgangspunkt für zahlreiche Aktivitäten in den Bergen. Zwar wuchs Žabljak erst in den letzten 150 Jahren zu seiner heutigen Größe heran, allerdings siedelten bereits Illyrer und Kelten, später Römer und Slawen an dieser Stelle. Im Zweiten Weltkrieg wurde Žabljak während der Partisanenkämpfe fast komplett dem Erdboden gleichgemacht, konnte jedoch innerhalb kürzester Zeit wieder aufgebaut werden. Inzwischen verfügt das angenehme Städtchen über eine gute Infrastruktur mit Hotels unterschiedlicher Klassen, Pensionen und Privatzimmern sowie Restaurants und auch Campingplätzen in der Umgebung. Es gibt Supermärkte, Bäcker, zahlreiche Geschäfte, Banken, einen Busbahnhof und

und hier fährt er im Winter Ski

eine gut organisierte Touristeninformation, welche Unterkünfte, Rafting-, Wander- und Bergsteigertouren vermittelt. Es existiert ein Fahrrad- und Skiverleih sowie ein Skifachgeschäft, der Ort ist eines der Skizentren des Landes. Mit dem Auto ist Žabljak ganz entspannt in etwa vier Stunden von der Küste aus zu erreichen.

Aktivitäten und Sehenswertes - Rund um Žabljak gibt es ein ausgedehntes Netz von Wanderwegen mit einer Gesamtlänge von fast 70 Kilometern. Sehr beliebt sind die zahlreichen Gletscherseen, sie bieten gerade in den Morgenstunden einen sehr reizvollen Anblick, wenn sich der Nebel zwischen den 2.000ern auflöst. Ein schöner Rundweg über etwa eine Stunde führt um den ortsnahen Hauptsee des Nationalparks, den Crno jezero - Schwarzer See. Namensgebend war seine dunkelgrüne, fast schwarze, spiegelglatte Oberfläche. Er liegt 1.416 Meter ü. M., nur 2,5 Kilometer vom Ortszentrum entfernt, sehr idyllisch umgeben von dichten Wäldern, am Fuße des 2.287 Meter hohen Međed-Massivs. Rund 500 Hektar groß ist er und besteht im Sommer, wenn der schmale Verbindungskanal austrocknet, aus zwei Seen. Dann hat der Kleinere durch seine doppelte Tiefe von 50 Metern auch doppelt so viel Volumen wie der Große. Baden im Gletschersee ist erlaubt, das Wasser ist jedoch sehr kalt!

Auf dem Weg dorthin liegt die Nationalparkverwaltung, hier wird auch der Eintritt für den Nationalpark inkl. Besucherzentrum über € 3,-- fällig (für mehrere Tage gibt es Ermäßigungen). Der See eignet sich gut zum Angeln, eine Lizenz gibt es direkt bei der Parkverwaltung.

Der Crno jezero ist Ausgangspunkt von zahlreichen weiteren Wanderungen durch den Nationalpark. Populär ist zudem der nahe gelegene See Zminje jezero. Die Umrundung des Međed-Massivs können außerdem auch nicht geübte Kletterer antreten, allerdings sollten Sie schwindelfrei sein und Ausdauer mitbringen, ca. sieben Stunden muss man veranschlagen.

Auch die Besteigung des Bobotov kuk dauert etwa sieben Stunden. Auf halbem Weg erreicht

ohne Nebel sähe man Almhütten

man die faszinierende Eishöhle Ledena pećina, unterhalb des Obla glava auf 2.100 Meter, mit ihrer bezaubernden, unterirdischen Landschaft aus gefrorenen Stalagmiten und Stalagtiten. Die letzte Etappe bis zum Gipfel über steile Geröllabschnitte ist anspruchsvoll. Der Rückweg führt über die Südseite, in der Nähe des 1.907 Meter hohen Sedlo-Passes gibt es Almhütten.

Über den gesamten Durmitor verteilt, befindet sich übrigens ein gewaltiges Höhlensystem. Die Öffnungen erreichen teilweise imposante Ausmaße.

Eine weitere, sehr schöne, fast unverzichtbare und recht einfache Tour führt in einer Stunde, teilweise am Rand der Tara-Schlucht entlang, auf den Gipfel des 1.625 Meter hohen Ćurevac, mit einer wunderschönen Rundumsicht. Der Trail beginnt beim Dorf Uskoci, nördlich von Žabljak.

Einen ebenso reizvollen Panoramablick bietet der Gipfel des Crvena greda auf 2.164 Metern Höhe über den idyllischen Jablan jezero (4 Stunden), der Trail ist an der nördlichen Ringstraße, 8 Kilometer von Žabljak ausgeschildert.

Die Bergwanderwege sind ausnahmslos sehr gut gekennzeichnet, zudem gibt es organisierte Wanderungen und Führungen. Über den gesamten Nationalpark verteilt, existieren einfache kleine Hütten zum Übernachten. In der Touristeninformation und der Nationalparkverwaltung sind ausführliche Wanderkarten erhältlich.

Zminje jezero - Schlangensee

Für alle diejenigen, die lieber mobil unterwegs sind, gilt, dass etliche Trails teilweise zumindest auch mit dem Geländewagen machbar sind, hierbei sollte man aber unbedingt auf mögliche Verbotsschilder achten. Ein echtes Erlebnis in diesem Zusammenhang ist die kürzlich erst komplett mit Asphalt fertiggestellte Ringstraße durch den Durmitor und den Piva-Naturpark. Die schmale Panoramastraße Nr. 2 schlängelt sich über 76 Kilometer durch Wälder und Dörfer, vorbei an phänomenalen Aussichtspunkten, vorbei am höchsten Dorf des Balkan, Bosača, über den mit 1.952 m höchsten Štuoc-Pass zum Dorf Mala Crna Gora (Klein-Montenegro), das im Winter monatelang von der Außenwelt abgeschnitten ist. Es geht hinab in die Sušica-Schlucht

Bobotov kuk und Međed-Massiv

mit einem kleinen See, der in den Sommermonaten einem grünen Tal Platz macht. Dann hinauf zu den Dörfern Nedajno und Trsa, die bereits im Piva-Naturpark liegen. Trsa bietet Einkehr- und Unterkunftsmöglichkeiten, zudem zweigt hier die Strecke an den Piva-Stausee ab, eine schöne Anfahrtsalternative zu der Straße über Šavnik. Im Anschluss durchquert man die Hochebene um Pišče mit einer herrlichen Weitsicht, bevor man inmitten der eindrucksvollen Gipfel und den Sedlo-Pass wieder nach Žabljak zurückkehrt. Der montenegrinische Tourismusverband hat die Runde inklusive einer sehr guten Karte mit Straßen und Wanderwegen ausführlich dokumentiert: www.montenegro.travel/files/multimedija/37418739.pdf

Ruhemöglichkeit an der Schlucht

Als drittgrößtes Wintersportzentrum Montenegros (nach Kolasin 1450 und 1600) bietet Žabljaks Umgebung für etwa 120 Tage im Jahr Skivergnügen mit einer geschlossenen Schneedecke. Das Skizentrum um den Savin kuk liegt nur 5 Kilometer vom Ortszentrum entfernt, es verkehren Shuttlebusse. Die Anlage verfügt über 2 Seilbahnen und 4 Skilifte (einer mit Scheinwerfern für Nachtfahrten, einer für Kinder). Die Gesamtlänge der einfachen bis mittelschweren Pisten im Durmitor beträgt 8,5 Kilometer, der Höhenunterschied 700 Meter. Die Preise sind mit ca. € 15,-- pro Tag sehr moderat. Die Seilbahn auf den Gipfel ist auch in den Sommermonaten in Betrieb.

Tara-Schlucht (Highlight) (freytag & berndt 1:150 000 D 6)

Mit ausschlaggebend dafür, dass der Durmitor zum Nationalpark ernannt wurde, ist eine ganz besondere Naturschönheit und ein Reise-Höhepunkt des Landes - die Tara-Schlucht.

Über 1.300 Meter tief hat der Fluss mit dem Beinamen „Träne Europas" über viele Kilometer den Kalksandstein des Gebirges ausgespült und formte den tiefsten Canyon Europas. Weltweit steht nur der Grand-Canyon in der Rangfolge davor, dieser misst 1.800 Meter Tiefe. An ganz wenigen Stellen erreichen die steilen Felswände des Tara-Ufers sogar eine Höhe von 1.600 Metern. Das wilde Gewässer bildet eines der ursprünglichsten europäischen Flusstäler, das Wasser ist glasklar und trinkbar. Mit 141 Kilometern Länge ist der wohl populärste Fluss Montenegros auch der längste des Landes. Ihren Ursprung hat die Tara im an Albanien grenzenden Komovi-Gebirge und bildet ab der bosnischen Grenze zusammen mit der Piva die Drina, die über die Save und die Donau in das Schwarze Meer entwässert. Über ihren gesamten Verlauf überwindet die Tara ein durchschnittliches Gefälle von 3,6 Metern pro Kilometer.

Der Fluss bietet stellenweise ein wirklich phänomenales Naturschauspiel. Man kann sie als unvergessliches, spannendes Abenteuer ganz hautnah aus unmittelbarer Nähe erleben und auch

Der erste Ökologische Staat der Welt

Am 20. September 1991 beschloss Montenegros Parlament mehrheitlich, dass das Land zukünftig den Beinamen eines Ökologischen Staates tragen soll, der erste weltweit. Der Umweltschutz wurde als Staatsziel in der Verfassung verankert, man setzte betont auf Nachhaltigkeit. Dass es sich hierbei bislang mehrheitlich nur um eine reine Absichtserklärung handelt, sieht der aufmerksame Besucher schnell, von einer konsequenten Umsetzung ist man nach fast drei Jahrzehnten noch weit entfernt. Etliche hemmende Ereignisse der Vergangenheit wie Krieg, Flüchtlinge aus dem Kosovo und Wirtschaftskrisen mit finanziellen Engpässen sollten keine Entschuldigung für Versäumnisse zur Realisierung darstellen. Im Bereich der alternativen Energien steckt das Land im Gegensatz zu einigen seiner Nachbarn noch merklich in den Kinderschuhen. Trotz sehr starker Sonneneinstrahlung kommt eine intensive Nutzung der Solarenergie bisher nur selten zum Einsatz, obwohl in den privaten Haushalten 70% der Energie zur Erwärmung von Wasser verbraucht werden. Von den zahlreichen Flüssen wurden bislang erst zwei mit Wasserkraftwerken ausgestattet, zum Glück muss man einwenden, dennoch verkauft eines von ihnen fast seine komplette Energie nach Bosnien. Lobenswert hingegen muss man den Fortschritt im Bereich der Windenergie bezeichnen, die Schaffung von Windparks steht weit oben auf der To-Do-Liste, optimale Voraussetzungen erleichtern die Umsetzung, gefördert werden sie international. Ein großes Problem stellt die Abwasserregelung dar. Hier müssen, gerade im Zuge der weiter anhaltenden touristischen Entwicklung, schnell Lösungen geschaffen werden, um die noch zum großen Teil sauberen Binnengewässer nicht noch mehr zu belasten und das ökologische Gleichgewicht zu gefährden, es reicht alleine die Ableitung in das Meer, der man kaum Herr werden will. Zwar existieren noch vergleichsweise wenig Industriebetriebe, doch diese verschmutzen die Umwelt jetzt schon erheblich mit Schadstoffen. In der Landwirtschaft kommen immer noch Pestizide unkontrolliert zum Einsatz. Kohlekraftwerke und Heizsysteme sind hoffnungslos veraltet und bedürfen dringend einer kompletten Modernisierung bzw. Abschaffung. Tourismusprojekte müssen unbedingt noch sensibler im Bezug auf die Umwelt abgestimmt und realisiert werden. Kleine Fortschritte sind dennoch zu verzeichnen. Bei Konzerten und Festivals gibt es inzwischen eine freiwillige Umweltabgabe, um den CO_2-Fußabdruck abzuschwächen. Aber es wird für Montenegro dennoch weiterhin eine große Herausforderung bleiben und ein langer Weg werden, um das hochgesteckte Ziel doch noch zufriedenstellend umzusetzen. Immer noch fehlt es an allen Ecken und Enden an Regelungen und entsprechenden Verordnungen. Im Kleinen fängt das an bei den immer noch geduldeten Abschüssen von seltenen Tieren und endet noch lange nicht bei den unzähligen wilden, tolerierten Müllkippen, welche vor allem das ursprüngliche Hinterland verschandeln. Bestechliche, gierige Politiker bilden hierbei aber vermutlich das größte Problem. Rücksichts-

los wurden in der Vergangenheit Küstenabschnitte an höchstbietende, ausländische Investoren verschachert, die dann wertvolle Natur einfach wegsprengten, um ihren wahnsinnigen Bauideen Platz zu schaffen. Wertvolle Feuchtgebiete werden trockengelegt, um riesige Ressorts entstehen zu lassen. Es wird höchste Zeit für Umweltschutzorganisationen, sowohl die Volksvertreter als auch den einzelnen Bürger zu einem verantwortungsvollen Umweltbewusstsein zu bewegen. Ansonsten wird einzig die gute Absicht des Landes zu einem Ökologischen Staat zu werden, als Hoffnung für die Zukunft einer wunderschönen Landschaft und bemerkenswerten Natur bleiben.

www.lowcarbonmne.me, hier kann man seinen Beitrag leisten.

aus weiter Ferne, denn von oben bietet die Schlucht unvergleichbare Fotomotive. Aufgrund der zahlreichen Wasserfälle - 60 Stück insgesamt, plätschernden Kaskaden, Quellen, Höhlen und über 40 unberechenbaren Stromschnellen ist die Tara ein äußerst beliebtes Raftingziel und bietet damit allen, die den Adrenalin-Ausstoß suchen, die optimale Grundlage für die aufregendsten Aktivitäten im Land. Und es ist die beste Möglichkeit, die Tara-Schlucht kennenzulernen. Hierzu stehen nicht nur moderne und sichere Achtkammer-Schlauchboote zur Verfügung, sondern auch abenteuerliche, aber sichere Holzflöße und Kajaks. Mehrere Raftinganbieter haben sich inzwischen auf das Angebot spezialisiert.

...die Brücke...

Touren werden meist im Spätfrühling und Sommer beworben, wenn die Fließgeschwindigkeit aufgrund des niedrigeren Wasserstandes ruhiger und das Abenteuer sicherer ist. Das Frühjahr ist den Profis und ganz Mutigen vorbehalten, dann erreicht das Wildwasser sogar Stärke V. Angeboten werden Touren zwischen drei Stunden (15 km) bis hin zu mehreren Tagen (über 100 km) mit Übernachtungen auf Campingplätzen und Lagerfeuer. Auch mit eigenen Booten sind Trips möglich, jedoch wird beim Einsetzen eine Gebühr fällig (um die € 25,-- inkl. Nationalparkgebühr, entlang der Schlucht gibt es Häuschen der Verwaltung und an der Strecke finden Kontrollen statt).

...die Straße...

Der aufregendste Teil folgt unterhalb der Tara-Brücke flussabwärts, hier sind die Felswände am höchsten, die Schlucht am engsten. Später treten die Berge weiter zurück, es folgt jedoch die anspruchsvollste Etappe. Auf den letzten dreißig Kilometern, hier wo die Tara zwischen Brštanovica und Šćepan Polje den Grenzfluss zu Bosnien-Herzegowina bildet, wartet sie mit den meisten Stromschnellen auf. Šćepan Polje an der Grenze ist der Endpunkt der spannenden Touren.

...die Tara...

Anbieter gibt es vor Ort ab Bistrica (zwischen Mojkovac und Đurđevića-Brücke), in Žabljak, in Kolašin und auch in den Küstenorten. Eine gute Anlaufstelle ist Summit-Travel, Touren ab Euro 45,-- (www.summit.co.me/en/tours/rafting), oder das Drina-Tara Rafting Center (www.raftingtara.com). Unterkünfte (private Zimmer, Hostels, Hotels und Zeltplätze) entlang des Flusslaufes sind ausreichend vorhanden.

Veranstaltungen - Einmal jährlich finden im Sommer die sehr beliebten "Tage an der Tara" statt, ein dreitägiges, internationales Festival. An diesem Wettbewerb nehmen die 20 besten Springer ähnlicher Wettkämpfe aus dem gesamte Balkanraum teil. Aus einer Höhe von 17,5 Metern über der Tara müssen verschiedene, waghalsige Sprungarten vorgeführt werden. Die drei Besten erhalten Preise. Das Schauspiel in Mojkovac an der alten Brücke hat sich inzwischen zu einer touristischen Veranstaltung mit mehreren 1.000 Besuchern entwickelt. Ein weiteres Veranstaltungshighlight im Mai ist das Northern Rafting Challenge, ein Rafting- und Kajakrennen zwischen Sjerogošte und Mojkovac. Anschließend findet eine große Feier in Mojkovac unter der markanten Doppelbrücke statt.

Die Đurđevića-Tara-Brücke (Top-Tipp) **(Landkarte freytag & berndt 1:150 000 D 6)**
Für die nicht ganz so Mutigen bleibt nur der Blick aus weiter Ferne auf einige Schluchtabschnitte, denn die Uferböschungen sind oft unzugänglich und die Straße führt nur an wenigen Stellen direkt am Fluss entlang. Die somit beste Möglichkeit, einen Blick von oben in den Canyon zu werfen, bietet sich von der berühmten Đurđevića-Tara-Brücke, 25 Kilometer nordöstlich von Žabljak. Von ihr hat man einen unvergleichlich phantastischen Blick auf das Schauspiel in der Tiefe. Gutes Wetter vorausgesetzt, sonst verwehrt hartnäckiger Nebel die Sicht, aber selbst das hat seinen Reiz. Und die Brücke selbst ist ein Höhepunkt für sich. Mit 350 Metern Länge und 7 Metern Breite überspannt sie die Tara in einer Höhe von 150 Metern und klammert sich an die steilen Felswände. Der Hauptbogen direkt über dem Fluss ist 116 Meter weit. Das filigrane aber doch stattliche Bauwerk wurde im Jahr 1940 fertiggestellt und gehörte damals zu den größten Stahlbeton-Bogenbrücken Europas. Die Hilfskonstruktion bestand aus 650 m³ Fichtenholz und konnte innerhalb nur eines halben Jahres fertiggestellt werden. Während eines Partisanenaufstandes 1942 wurde der Hauptbogen gesprengt, um den Vormarsch der italienischen Truppen zu stoppen. Das Ganze geschah unter der erzwungenen Mithilfe des Brückeningenieurs Lazar Jaukovic. Er wurde gefangen genommen und auf der Brücke erschossen. Doch seinen geschickten Berechnungen und Aufzeichnungen war es zu verdanken, dass der Schaden relativ gering blieb und die Brücke 1946 wieder hergestellt werden konnte. Das Denkmal vor der Brücke erinnert an den sehr jung verstorbenen Ingenieur, er wurde nur 26 Jahre alt. Die Brücke wird auch gerne von Bungee-Jumpern genutzt, ein Flying-Fox (Zipline) sorgt für Nervenkitzel. Eine Handvoll Outdoor-Veranstalter vor Ort organisieren ebenso die beliebten Rafting- und Floßfahrten. Wer privat einsetzen will, zahlt eine Gebühr (ab € 25,--). Ab der Brücke flussaufwärts bis Mojkovac verläuft die Straße über fünfundvierzig Kilometer direkt oberhalb der Tara mitten in der Schlucht. Ab und zu kann man zwischen den Felsen oder dichten Bäumen einen Blick auf den meist türkisfarbenen Fluss erhaschen.

Pljevlja (Karte freytag & berndt 1:150 000 B 7)

Nicht viele Besucher Montenegros verirren sich in das Gebiet nördlich der Tara, das touristisch demnach bislang wenig erschlossen wurde. Dennoch gibt es auch hier reizvolle Ziele. Eines davon ist die Stadt Pljevlja, in 35 Kilometern nordwestlich der Tara-Brücke, über die P4 zu erreichen.

Der Ort mit seinen knapp 20.000 Einwohnern liegt landschaftlich privilegiert in einem Talkessel der Ćeotina und ist umgeben von einigen mittelhohen, bewaldeten Gebirgszügen. Als drittgrößte Stadt des Landes ist sie, trotz ihrer abgeschiedenen Lage, durch Bodenschätze ein wichtiges industrielles Zentrum. Schon bei der Anfahrt vermittelt Pljevlja eine angenehme Ausstrahlung, die sich dann aus der Nähe, trotz der architektonischen Altlasten aus sozialistischer Zeit, noch verstärkt. Der gepflegte und lebhafte Stadtkern, die sehenswerten osmanischen Gebäude, die eigenwillige Architektur der Neuzeit und die vielen Grünanlagen machen Pljevlja attraktiv. Außerdem kann die Stadt und Umgebung auf eine interessante Geschichte verweisen. Seine wirtschaftliche Bedeutung schöpft die Stadt aus dem nur fünf Kilometer südöstlich befindlichen, einzigen Wärmekraftwerk des Landes, betrieben mit der Braunkohle aus den umliegenden Tagebauwerken. Das Kraftwerk liefert mit 210 MW inzwischen nur mehr etwa 1/3 der Energie, 2/3 stammen aus Wasserkraftwerken. Beide Systeme können übrigens, trotz sinkendem Verbrauch, den Bedarf nicht decken und man ist auf Importe angewiesen. Zink- und Bleiförderung, sowie die holzverarbeitende Industrie aufgrund der üppigen Waldbestände, sorgen ebenfalls für zahlreiche Arbeitsplätze in der Region.

Chronik - Erste Spuren menschlichen Lebens in der Gegend um Pljevlja lassen sich für eine Zeit von 40-50.000 Jahren v. Chr. nachweisen. Steinzeitliche Werkzeugfunde belegen eine Besiedelung um 12-8.000 v. Chr. und Nekropolen sowie Hügelgräber zeugen von menschlichen Siedlungen um 2.000 v. Chr. Damals lebten die Menschen in den Höhlen der nahen Umgebung. Illyrische Stämme kultivierten das Gebiet im vorchristlichen Jahrtausend und um die Jahrtausendwende wurde die Region von den Römern erobert. Sie errichteten auf den Ruinen der Illyrer-

siedlung eine beachtliche Stadt, nach Duclea die zweitgrößte einer hochentwickelten Kultur auf heutigem montenegrinischen Gebiet. Der Name der ursprünglichen Stadt ist bis heute unbekannt, Archäologen nannten sie einfach „Municipium S", nachdem man nur den Anfangsbuchstaben des Siedlungsnamens auf einem Ruinenstück identifizieren konnte. Deren Bewohner waren Meister des Kunsthandwerks. Man fand hochwertigen Schmuck, vor allem reich verzierte Terrakotta-Erzeugnisse und Exemplare der besonders wertvollen Diatreta-Glasvasen. Dabei handelt es sich um ein außergewöhnliches Prunkglas mit einer netzförmigen zweiten Schicht um den Glaskörper, hergestellt mittels einer für damalige Zeiten ganz besonderen Schleiftechnik. Weltweit gibt es davon nur etwa 50 verbliebene Exemplare. Mitte des 6. Jhd. lösten die Slawen die Römer ab und durch die günstige Lage an der Handelsroute von Dubrovnik nach Konstantinopel entwickelte sich Breznik, wie es fortan hieß, schnell zu einem bedeutenden Handelsplatz. Im Mittelalter war das Gebiet ein Teil des Serbischen Reiches unter der Nemanjiden-Dynastie. 1462 übernahmen die Osmanen die Gewalt über den Landstrich. Nach einem anfänglichen drastischen Rückgang der Bevölkerung stieg die Einwohnerzahl von Pljevlja bis ins 19. Jhd. wieder enorm an.

Husein-Paša-Moschee

Nach Mostar war der Ort mit 7.000 Bewohnern der zweitgrößte des herzegowinischen Sandschaks. Es war ein überaus gepflegtes und fortschrittliches Handelszentrum mit Abwassersystem und Wasserwerken. Nach zwei Großbränden kam die wirtschaftliche Entwicklung vorerst zum Stillstand und 1833 wurde das Zentrum der Herzegowina nach Mostar verlegt. Von 1878 bis 1908 übernahmen die Österreicher vorübergehend die Verwaltung und Pljevlja wurde eine moderne Stadt. 1912 konnte sie im ersten Balkankrieg befreit werden und gehörte dann zum Königreich Montenegro. Vor der letzten Jahrtausendwende zerstörten erneut etliche Brände große Teile des Ortes und besonders im Zweiten Weltkrieg litt Pljevlja unter Bombardierungen und war bis zur Wiederherstellung der Tara-Brücke regelrecht vom Rest des Landes abgeschnitten. Nachdem in den 1960er Jahren große Braunkohlevorkommen entdeckt wurden, erlangte die Stadt schnell ihre wirtschaftliche Bedeutung zurück und entwickelte sich zum industriellen Zentrum.

Stadtrundgang - Bildungsgeschichte und Kultur sind in Pljevla weitläufig präsent. Ein guter Ausgangspunkt für eine Besichtigung ist das Hotel Pljevlja in der verkehrsberuhigten Zone Kralja Petra, Parkplätze sind im gesamten Stadtgebiet ausreichend vorhanden. Nordöstlich des Hotels liegt unübersehbar die **Husein-Paša-Moschee**, die vielleicht schönste ihrer Art in Montenegro. 1569 ließ sie der bosnische Sandschakverwalter Gazi Husein Paša errichten, er stammte aus einem Dorf in der Region. Das Bauwerk mit klassisch quadratischem Grundriss ist aus feinstem, geformten Sandstein mit einer flachen, aber auffallenden achteckigen Kuppel. Das schlanke Minarett mit 42 Metern ist das höchste des Landes und immer noch eines der höchsten auf dem gesamten Balkan. Es wurde aber erst Anfang des 20. Jhd. errichtet, nachdem das Ursprüngliche bei einem der Großbrände zerstört wurde. Die Innenwände und Kuppeln sind reich mit bunten, filigranen Blütenornamenten nach persischem und arabischem Vorbild verziert und enthalten Zitate aus dem Koran. Im Gebetsraum tritt man auf wertvollen Teppich. 2008 wurden mehrjährige Renovierungsmaßnahmen abgeschlossen. Außerhalb der Gebetszeiten kann die Moschee auch innen besichtigt werden (Kleidervorschriften bitte beachten!). Umgeben sind der Bau und die verwitterten **Grabsteine** von einer Mauer mit einem auffälligen **Uhrturm**, ebenfalls eine Hinterlassenschaft aus türkischer Zeit. In unmittelbarer Umgebung existieren noch **traditionelle Häuser** mit Innenhöfen aus der damaligen Zeit sowie zwei kleinere Moscheen. Zwischen Altstadt und Moschee findet **täglich ein bunter Basar** mit regionalen Produkten statt, es gibt aber auch zahlreiche Angebote gefälschter Edelmarken, hauptsächlich Kleidung. Auf der anderen

Seite des großen Platzes liegt das **Kulturzentrum**, darin befindet sich das **Heimatmuseum**. Die Sammlung zeigt Exponate sämtlicher Epochen, unter anderem einen dieser wertvollen Diatreta-Pokale, der aber nur auf Anfrage zu besichtigen ist (**i** -Mo-Fr 8-16 h, € 2,--). Südöstlich der Moschee liegt noch ein erwähnenswertes Gebäude, das **Tanasije-Pejatović-Gymnasium**. Es wurde 1901 von der serbisch-orthodoxen Kirche gegründet und war den christlichen Schülern im Sandschak vorbehalten. Auch heute dient die damals bedeutende Bildungseinrichtung wieder als Gymnasium, der architektonisch stattliche Bau kann auch innen besichtigt werden und enthält zudem eine sehenswerte Gemäldegalerie.

Die Umgebung - Nur zwei Kilometer nordwestlich von Pljevljas Zentrum (ausgeschildert) liegt, eingebettet in eine reizvolle Waldlandschaft am Flüsschen Breznica, das serbisch-orthodoxe **Kloster Sveti Trojica** (Heilige Dreifaltigkeit). Der Ursprung der bedeutenden Pilgerstätte geht noch auf die Zeit vor der türkischen Herrschaft zurück, somit muss bereits vor 1465 dort eine Kirche gestanden haben, denn kirchliche Neuerrichtungen wurden unter Mehmed II. verboten. Erste schriftliche Hinweise auf die Existenz stammen aus dem Jahr 1573. Ungefähr zu dieser Zeit wurde die erste Renovierung bzw. Erweiterung des Klosters fertiggestellt, die wunderschönen Fresken in der Basilika stammen teilweise ebenfalls aus dieser Zeit. Architektonisch ist

serbisch-orthodox - Sveti Trojica

es ein außergewöhnlicher Bau, der Grundriss ist fast quadratisch und die Apsis im Verhältnis groß. Das Kirchenschiff besteht aus einem großen Mittel- und zwei kleinen Seitenteilen, überdeckt von einem Tonnengewölbe. Der Glockenturm und die Anbauten stammen aus dem 19. Jhd. Seit Gründungsbeginn war Sveti Trojica stets ein wichtiges kulturelles Zentrum sowie Ausbildungsstätte verschiedener Kunstgewerberichtungen. Die Mönche wurden in Holzschnitzerei, Schriftstellerei und Buchillustration gelehrt, diese Tätigkeiten füllten lange Zeit deren Alltag aus. Zum Kloster gehört eine außerordentlich wertvolle Schatzkammer mit einer Ikonensammlung und kostbaren Kunstgegenständen. Ebenso eine umfangreiche Bibliothek mit handschriftlichen Büchern und seltenen Drucken. In der Anlage gibt es mehrere Brunnen mit frischem Quellwasser.

Drei Kilometer südlich der Stadt befindet sich die archäologische Stätte **Komini** mit den Überresten des antiken „**Municipium S"**. Man vermutet dort die illyrische Stadt Splonum, die bereits weit in vorchristlicher Zeit bestanden hatte und deren Bewohner, die Inschriften gemäß von der Küste stammten, kulturell weit vorangeschritten waren. Selbst unter römischer Zeit konnten sie sich ihre Selbstbestimmung erhalten und lebten wohl mit römischem Anteil in der Stadt, die bis zum 4. Jhd. existiert haben dürfte. Besonders bedeutende Entdeckungen stellen die Nekropolen mit wertvollen Kunstgegenständen dar. Darunter eben auch jene Diatreta-Glasgefäße. Die Ausgrabungen dauern sicher noch lange an, es wurde erst ein winziger Bruchteil der vermutlich großen Stadt freigelegt. Anfahrt: Pljevlja Richtung Kohlekraftwerk über die P4 verlassen, Komini ist dort ausgeschildert. Am Ortsschild Pljevlja rechts abbiegen, gleich wieder rechts, nach 100 Metern am Schrottplatz links (ca. 200 Meter Feldweg).

Das die Landschaft dominierende **Kraftwerk** wurde 1982 in Betrieb genommen, der Schornstein ist mit 250 Metern Höhe das höchste Bauwerk in Montenegro. An den Braunkohleminen wurde bereits 1952 mit dem Abbau begonnen. Aktuell bestehen Pläne für die Errichtung einer zweiten, ultrahochmodernen Einheit, jedoch muss erst ein Investor für die 366 Millionen Euro gefunden werden, angesichts der aktuellen Klimadiskussionen eher schwierig. Der bestehenden Anlage wird nur noch eine begrenzte Nutzungsdauer von maximal 10 Jahren eingeräumt.

Ansonsten gibt es um Pljevlja **vorzüglichen Käse** (Ende Oktober finden die Tage des Käses statt), endlose Weite und Einsamkeit, den dichtesten Waldbestand Montenegros, kleine Ansiedlungen und wunderschöne **Landschaften**. Eine davon durchquert auf 65 km die P10 Richtung Bijelo Polje. Nach 8 Kilometern erreicht man das kleine **Kloster Dubočica** aus dem 16. Jhd. Da es ursprünglich sehr versteckt am Fluss Ćeotina lag, konnte es vor der Zerstörungswut der Türken weitgehend bewahrt werden. Erst 1983 wurde es im Zusammenhang mit der Stauung des gewundenen Flusses an seine heutige Stelle verlegt. Das Innere beherbergt eine schmucke Ikonostase und Fragmente der alten Fresken.

Nach weiteren 5 Kilometern führt ein Weg nördlich des Dorfes Mataruge nach Süden zu einem exponierten Aussichtspunkt mit einer knorrigen Kiefer über die engen, Ornamenten gleichenden Schleifen des weitverzweigten **Otilovići-Stausees**, eingebettet zwischen üppigem Baumbestand, touristisch ist er noch komplett unerschlossen. Er entstand 1982 im Zusammenhang mit dem Bau des Kraftwerkes. Der Abstecher lohnt sich durchaus. Ab Ende des Weges noch etwa 200 Meter zu Fuß weiter.

Bijelo Polje (Karte freytag & berndt 1:150 000 D 9)

Einige wenige Regionen Montenegros führen touristisch gesehen immer noch ein Schattendasein. Bijelo Polje mit seinem Umland ist eine davon und ein Abstecher in die kleine Stadt mit 16.000 Einwohnern lohnt sich nur für Vollständigkeitsfanatiker, welche auf dem Weg in den äußersten Osten auch noch hinter die letzten eindrücklichen Landschaften sowie schönen Kirchen und Klöster des Landes einen Haken machen möchten.

Das nördliche Tor zu Montenegro liegt direkt an der Hauptverbindungsstrecke von Belgrad zur Küste, nur 16 Kilometer von der Grenze zu Serbien und ist die wichtigste Stadt im Norden, zumindest noch so lange, bis die neue Autobahn fertiggestellt ist. „Weißes Feld" bedeutet Bijelo Polje wörtlich übersetzt. Und wer im Frühjahr hierher reist, ist sicherlich von der weißen und duftenden Blütenpracht beeindruckt, welche weite Teile der Umgebung bedecken. Und auch im Winter strahlt die sanfte, bergige Landschaft um die Gemeinde ganz in Weiß, die Gegend ist ein beliebtes Skiziel. Somit hat die, auf den ersten Blick wenig attraktive Stadt am Lim durchaus ihre Reize. Sie ist umgeben von üppigen und saftigen Grünflächen, von den bis zu 1.500 Meter hohen, großzügig bewaldeten Spitzen des Lisa-Gebirges im Norden sowie von den über 2.100 Meter hohen Gipfeln der Bjelasica im Süden. Durchzogen ist das Gebiet von klaren Flüssen und Bächen und im näheren Umland der Stadt existieren etliche gesunde Mineralwasserquellen.

Besiedelt war das fruchtbare Land bereits während der Steinzeit, später folgten Illyrer, Altgriechen und Römer. Serbische Stämme ließen sich nach Kämpfen nieder und ab dem Mittelalter folgte bis 1912 die Zugehörigkeit zum Osmanischen Reich.

Wirtschaftlich gesehen war Bijelo Polje spätestens mit der Fertigstellung der Bahnlinie nach Belgrad von Bedeutung, es ist der letzte Bahnhof vor dem Grenzübergang nach Serbien. Kulturelle Gewicht erlangte der Ort mitunter durch seine berühmten Schriftsteller, einige von ihnen sind im **Park der Poeten**, unten am Lim-Ufer, mit Steinbüsten verewigt worden.

Das Wahrzeichen der Stadt ist die **Kirche des Heiligen Apostels Petrus** im Ortsteil nördlich des Lim in der Kneza Miroslava. Der architektonisch markante Sakralbau stammt aus dem späten 12. Jhd., wurde zur osmanischen Invasion in eine Moschee umgewandelt und verlor dabei einen seiner beiden Glockentürme. Erst kürzlich wurden die zwei weithin sichtbaren Campaniles wieder rekonstruiert. Im Inneren dominieren neben wenigen alten Freskenfetzen leuchtende Malereien und eine moderne Ikonostase. Das älteste in kirchenslawischer Schrift verfasste Stück,

gemütliches Lokal im Park der Dichter

das Miroslav-Evangelium, seit 2005 UNESCO-Weltdokumentenerbe, wurde hier verfasst. Ein weiteres Kirchenjuwel ist die **Heilige Nikolas-Kirche** aus dem 14. Jhd., die wertvollen Fresken stammen aus dem 16. Jhd. Die dreischiffige Basilika befindet sich auf der östlichen Lim-Seite, südlich des Zentrums in der Nedeljka Merdovića am großen Friedhof. Die Türken haben Bijelo Polje eine ganz besondere, wenn auch schlichte Moschee hinterlassen. Die **Gusmire-Moschee** in der Šukrija Međedović, westlich des Zentrums, wurde nämlich nicht hier erbaut, sondern 1741 im heute kosovarischen Jabucina Stein für Stein abgetragen und innerhalb 24 Stunden an dieser Stelle neu errichtet. Den grünen Hauptplatz der Stadt, 300 Meter nördlich der Lim-Brücke, dominiert ein riesiges **Denkmal** für die Kämpfer der Volksbefreiung. Nur wenige Meter südöstlich davon gelangt man zum baulich sehr ansprechenden und inzwischen renovierten Geburtshaus des berühmten montenegrinischen Dichters und Diplomaten Risto Ratković (1903-1954). Das kleine aber feine **Ethnografische Museum** der Stadt wurde 1957 gegründet und ist in einem ehemaligen Schulgebäude untergebracht. Es besitzt eine wertvolle Sammlung an Möbeln, Teppichen, Haushaltsgegenständen, Malereien. Zu finden südwestlich vom Stadtplatz in der Ul. Radnička, nördlich vom Park der Poeten.

Die **Touristeninformation** befindet sich östlich des Lims am großen Sportstadion in der Nedeljka Merdovića (www.tobijelopolje.me, hier auch ein Unterkunftsverzeichnis und Events).

Die nähere Umgebung - Wenige Kilometer nördlich von Bijelo Polje (6,3 ab Voli-Hipermarket) zweigt nach Osten eine Straße über den Lim ab. Folgt man dieser gut 2 Kilometer nach Nordosten, gelangt man zu einer hervorragend erhaltenen **Steinbogenbrücke** aus osmanischer Zeit über die Bistrica. Die Jahreszahl der Entstehung ist nicht bekannt, es soll sich aber dennoch um die älteste der Region handeln, der Mörtel wurde damals angeblich aus Eiern und Milch gefertigt. Nach weiteren 6 Kilometern erreicht man das **Dorf Bistrica**, einen vor langer Zeit wirtschaftlich florierenden Ort mit kleinen Wasserkraftwerken und Mühlen, es war das erste Dorf

der Region mit elektrischem Strom. Überquert man die Bistrica und hält sich über weitere 6 Kilometer auf dem Fahrweg direkt unterhalb des Flusses, gelangt man zum winzigen **St.-Nicholas-Kloster von Podvrh**. Zwar gleicht es mehr einer Hirtenhütte, war aber zur Zeit seiner Errichtung im Jahr 1606 das bedeutendste seiner Art im ganzen Lim-Tal. Alte Grundmauern belegen vermutlich einen weitaus größeren Vorgängerbau. Das schlichte Schindeldach verbirgt wunderschöne Fresken. Von dort aus führt der Wanderweg 961A (3 km) zur größten Höhle des Landes, der **Đalovića pećina**. Das weit verzweigte System durchzieht auf 17.500 Metern den Berg und beherbergt etliche Kammern mit eindrucksvollen Stalagmiten und Stalagtiten. Erforschungen werden seit 1987 unternommen, seit wenigen Jahren steht sie Besuchern auf etlichen Metern erschlossen offen.

Touren unterschiedlichen Schwierigkeitsgrades können auch ab Bijelo Polje gebucht werden (PSK Akovo +382 (0)69 377 393, polje@t-com.me, www.speleologija.me/p/alovica-pecina.html)

Tipp für Camper: 15 km westlich von Bijelo Polje befindet sich die phantasievolle Anlage des Etno-Selo Dorfes Vukovic, direkt am Waldrand an der P10. Im Restaurant gibt es traditionelle Speisen, kunstvoll angelegte Badebecken bieten Erfrischung; 43°02'42.2"N 19°39'17.4"E.

Titos Gebirgsbahn – die phänomenale Eisenbahnstrecke Belgrad - Bar

Dieses technische Meisterwerk des 20. Jahrhunderts zählt zu den ganz großen und auch teuersten Eisenbahnprojekten Südosteuropas. Über das extrem schwierige Gelände des dinarischen Gebirgsmassives mit 5 hydrologischen Wasserscheiden verband man mit einem immens technischen Aufwand auf 455 Kilometern mit 254 Tunnel und 435 Brücken Serbiens Hauptstadt Belgrad auf kürzestem Weg mit dem Mittelmeerhafen Bar, stellenweise mit einer Steigung von 25 Promille. Die Realisierung des Projekts war nur durch die Mobilisierung fast aller jugoslawischen Arbeitskräfte über einen langen Zeitraum möglich. Die Finanzierung lag zeitweise durch innerpolitische Kontroversen fast ganz bei den Ländern Serbien und Montenegro und konnte nur durch immens hohe Kredite und Anleihen fortgeführt werden. Das wahre Budget und vor allem die tatsächlichen Kosten des Baus wurden nie offiziell bekanntgegeben, doch ergaben Untersuchungen, dass das Projekt ohne Elektrifizierung und die Anbindung des Hafens Bar an die 450 Mio. US$ der 70er Jahre verschlang und somit als kostspieligster Schienenweg Europs gilt. Alleine von der Idee bis zur Verwirklichung vergingen 121 Jahre. Die ersten Trassenplanungen aus den 1930er-Jahren (u.a. durch das Prokletije) wurden oft verworfen, bis man vor dem II. Weltkrieg endlich mit dem Bau etlicher Etappenstücke begann. Ende Mai 1976 erfolgte die langersehnte Eröffnung des technischen Wunderwerkes, die als aufwendiger Staatsakt von Tito persönlich vollzogen wurde. Hunderttausende verfolgten euphorisch die zweitägige Eröffnungsfahrt durch ein menschliches Meer, während die Trasse endlich für den öffentlichen Verkehr freigegeben wurde. Die Feierlichkeiten gingen als ein historisches Großereignis in die Geschichte Jugoslawiens ein. Schon bald nach der Verkehrsübergabe rechnete sich das Großprojekt und so wurden 1985 bereits über 7 Mio. Tonnen Güter und fast 20 Mio. Passagiere befördert. Bar entwickelte sich immer mehr zu einem bedeutendem Transporthub für Automobile aus serbischer Produktion (früher Yugo, heute Fiat-Modelle; ca. 2.800 Autos/Woche seit 2014) für den US-Markt.

Die Bahn wurde im Laufe ihrer Existenz von etlichen verheerenden Katastrophen heimgesucht, so z.B. durch das schweren Erdbeben von 1979. Nur drei Jahre nach der Eröffnung wurde durch das Unglück fast die gesamte Schienenstruktur zwischen Podgorica und Bar zerstört. Nur durch den Masseneinsatz von Arbeitern konnten die Schäden innerhalb kurzer Zeit behoben werden. Hinzu kam eine vernachläßigte Wartung des Schienennetzes. Ein schweres Zugunglück 2006 bei Bioče (hier hatte aber "nur" der Zug einen Bremsdefekt) nahm man letztendlich zum Anlaß, die gesamte Strecke nach und nach zu modernisieren, größtenteils mit internationaler Finanzhilfe.

Neben den technischen Fakten ist eine Fahrt mit dieser legendären Gebirgsbahn auf jeden Fall ein unvergessliches Erlebnis und Abenteuer - eine spannende Reise der Superlative, mit der nur ganz wenige Bahnstrecken weltweit konkurrieren können. Der Zug durchquert überaus abwechslungsreiche Landschaften, das knapp 1.800 Meter hohe Gebirge zwischen den Tälern der Tara und der Morača, dann windet er sich hinauf bis zum höchsten Punkt auf 1.032 Meter bei Kolašin. Darauf folgt über die nächsten 40 Kilometer eine besonders atemberaubende und abenteuerliche Etappe in schwindelerregender Höhe mit phänomenalen Ausblicken auf die Hunderte von Metern tief im Talboden liegende Schlucht der Morača. In rasanter Folge wechseln über 200 Tunnel mit Brücken und Galerien. Höhepunkt ist das Viadukt über den Fluß Mala Rijeka - mit 202 Metern über dem Talgrund das höchste der Welt. Der Zug überquert mit 60 km/h die 500 Meter lange, für damalige Zeiten beachtliche Stahl-, Betonkonstruktion. Nach gut eineinhalb Stunden erreicht die Bahn dann die Zeta-Tiefebene bei Podgorica.

Für die Tour muss man gut einen Tag einplanen. Am besten fährt man per Bus zum gewünschen Abfahrtsbahnhof. Es verkehren 5 Personenzüge täglich, davon zwei Expresszüge. Erste Zusteigemöglichkeit ab Belgrad auf montenegrinischer Seite ist Bijelo Polje. Besonders in der Hochsaison im Juli und August steigt der Ansturm und die Züge sind stets voll besetzt. Sitzplätze sollten mindestens 10 Tage im Voraus reserviert werden. (Aktuelle Zeiten und Preise an den Bahnhöfen, in den Touristeninformationen oder unter www.zcg-prevoz.me/search).

Tipp: Eine Reise der ganz besonderen Art kann man exklusiv bei Montenegro Ferienwohnungen & Apartments UTJEHA.me buchen: Die Mitfahrt im Führerstand einer der alten, elektrisch betriebenen Lokomotiven der Reihe JŽ 461, inzwischen sind sie über 40 Jahre alt. Das Programm beinhaltet zudem den Besuch des Bahndepots in Bar und die Besichtigung des Mala-Rijeka-Viadukts aus nächster Nähe. Infos und Buchung: www.utjeha.me/bahn

Mojkovac - romantische Lage an der Tara

Mojkovac (Karte freytag & berndt 1:150 000 E 8)

Die Kleinstadt mit gerade mal 3.500 Einwohnern liegt am Mittellauf der Tara, nur siebzig Kilometer nördlich von Podgorica, und ist ein guter Ausgangspunkt für den Besuch des Nationalparks Biogradska Gora, aber auch für Rafting auf der Tara. In der Vergangenheit war der Ort zwischen den Sinjajevina- und Bjelasica-Bergen ein strategisch wichtiger Punkt entlang der Route zwischen dem osmanischen Sandschak im Norden und der Küste und das einzige Handelszentrum auf heute montenegrinischem Boden, dessen Bedeutung jener der Küstenorte gleichgestellt werden konnte. Grund hierfür bildeten die reichhaltigen Silbervorkommen in den Minen des nahegelegenen Brskovo. Diese waren seit ihrer Entdeckung im 13. Jhd. für die Münzprägung in der Region von größter Bedeutung. Im Januar 1916, während des Ersten Weltkrieges, war Mojkovac zwischen den Truppen Österreich-Ungarns und Montenegros stark umkämpft. Der Kampf endete mit einem Sieg der Montenegriner unter der Führung von Serdar Janko Vukotić, welcher heute als Bronzefigur am Marktplatz der Stadt verehrt wird. Dennoch war die Schlacht von Mojkovac die letzte, die die Montenegriner ausgetragen hatten, am 13. Januar 1916 musste König Nikola I. die Kapitulation bekanntgeben. Heute ist Mojkovac ein wichtiges Zentrum der Holzverarbeitung. Es existieren aber Pläne, die Förderung der Silbervorkommen wieder aufzunehmen. Der alte Komplex liegt neun Kilometer östlich von Mojkovac am Fuße des Bjelasica-Gebirges inmitten von dichtem Wald und kann, inklusive verfallener Befestigungsanlagen, besichtigt werden. Weitere Kleinattraktionen der Stadt sind die alte Doppel-Steinbrücke über die Tara, die Partisanengedenkstätte Grotulja, das Denkmal für die Helden der Schlacht um Mojkovac und die auffällige rote, serbisch-orthodoxe Kirche (siehe Cover hinten). Sie wurde als „Tempel Christi Geburt" erst 2008 den Opfern des Ersten Weltkriegs geweiht. Am Ortseingang gibt es eine grüne Orientierungstafel.

Ein wichtiges kulturhistorisches Denkmal der Region ist das Kloster des Hl. Georg aus dem Jahr 1592 in Dobrilovina, 27 Kilometer westlich des Ortes an der Tara gelegen.

Biogradska Gora NP (Highlight) und Bjelasica-Gebirge (freytag & berndt 1:150 000 E 8)

Mitten in der zentralmontenegrinischen weiten Bjelasica-Gebirgsregion, zwischen den Tälern der Tara im Norden und des Lim im Osten, liegt der kleinste Nationalpark des Landes. Biogradska Gora misst nur knapp 60 km², ist aber außerordentlich reich an eindrücklichen Naturbesonderheiten und beinhaltet eine enorme Fülle an außergewöhnlicher Flora und Fauna sowie ein einzigartiges Ökosystem auf kleinstem Raum.

Über 2.000 Pflanzenarten sind dort beheimatet, 400 davon endemisch. In den uralten, teils noch unberührten Wäldern mit über 85 verschiedenen Baumarten leben 200 Vogelarten, unzählige Reptilien- und Amphibienarten, 80 Schmetterlingstypen und 350 verschiedene Insekten.

...die offroad-Strecke...

...der schön gelegene See...

...der Urwald und die Bäume...

Zu den Säugetieren gehören u.a. Bären, Wölfe, Füchse, Rehe, Wildschweine, Siebenschläfer, Eichhörnchen und Fledermäuse. Berühmt jedoch ist Biogradska Gora in erster Linie für einen der letzten europäischen Urwälder. Über 500 Jahre alt und zwischen 40 und 50 Meter hoch sind einige der eher unscheinbar wirkenden Ulmen, Erlen, Buchen, Eschen und Ahorne.

Hinzu kommt eine Vielzahl von plätschernden Gebirgsbächen, idyllischen Hochalmen und sechs abgeschiedenen Gletscherseen, fünf davon auf über 1.800 Meter. Alles umrahmt von den Zweitausendern der Bjelasica, einem der attraktivsten Wandergebiete des Landes.

Nationalparkstatus hat das Naturjuwel bereits 1952 erhalten und ist somit der älteste Park des Landes. Nachdem Kolašin 1878 von den Osmanen befreit wurde, gelangte ein Teil des Waldgebietes in den Privatbesitz von König Nikola I., dieser stellte es damals bereits unter Naturschutz.

Touristischer Mittelpunkt von Biogradska Gora ist der malerisch in den Wäldern gelegene Biogradska jezero auf 1.095 Meter Höhe, er liegt 3,5 Kilometer vom Eingang des Parks entfernt, der sich an der Verbindungsstraße von Kolašin nach Mojkovac befindet. Der langgestreckte, nur 6 Meter tiefe See inmitten der uralten Baumriesen kann auf einem bequemen, 3,5 Kilometer langen Wanderweg in etwa einer Stunde umrundet werden. Seit 2009 existiert nahe des Nordufers ein 21 Meter hoher Aussichtsturm.

Mit dem Geländefahrzeug besteht die Möglichkeit, den Park auf einem 30 Kilometer langen Fahrweg zu erkunden. Dieser führt auch in die Nähe der höchsten Gipfel der Bjelasica, „Zekova glava" (2.117 m) und „Crna glava" (2.139 m), sowie zu den Gletscherseen „Šisko jezero" und „Ševarina jezero".

Auf über 2.000 Metern Höhe existiert ein ausgedehntes Wandernetz mit viel Entdeckungspotenzial über saftige Wiesen und durch dichte Wälder. Immer wieder passiert man Katuns, die kleinen, naturnahen Übernachtungshütten, alte Türme, Gräber und Wassermühlen, Quellen liefern bestes Trinkwasser. Für etwas höheren Anspruch gibt es Etno Selos mit Verpflegung. Ein exponierter Aussichtspunkt liegt auf dem 1.774 Meter hohen Bendovac (13 km, 4 Std. ab B. jezero) mit einer umwerfenden Rundumsicht. Die Bjelasica-Region umfasst 630 km², die sanfthügelige Landschaft ist vulkanischen Ursprungs und unterscheidet sich kontrastreich zum sonst so karstigen Erscheinungsbild der montenegrinischen Berge.

Wer all das nicht mit dem eigenen Fahrzeug oder zu Fuß unternehmen möchte, kann sich einen Jeep mieten. Die Nationalparkgebühr beträgt € 3,--. Es gibt einfache Blockhütten zum Übernachten, im Sommer ein Restaurant und auch Campen ist gegen Gebühr möglich. Angeln ist mit einer Lizenz erlaubt (€ 20,--), zudem gibt es einen Bootsverleih.

Kolašin (Karte freytag & berndt 1:150 000 F 8)

Das ehemals verschlafene Bergdorf an der heutigen Hauptachse des Landes zählt aktuell gut 3.000 Einwohner. Der Ort liegt direkt an der Wasserscheide des Landes, die Tara fließt nach Norden in die Drina und somit ins Schwarze Meer, die Morača in den Skadar-See und die Adria.

Bereits im 16. Jhd. gab es eine kleine Ansiedlung namens Kolašin, die Ortschaft selbst, inklusive einer Festung, wurde aber erst im 17. Jhd. von den Osmanen gegründet. Nach langen Kämpfen um die Stadt zwischen Türken und Montenegrinern, 23 mal in drei Jahren wechselte die Herrschaft, wurde auch Kolašin 1878 im Berliner Kongress den Montenegrinern zugesprochen. Im Zweiten Weltkrieg hat ein Erdbeben immensen Schaden angerichtet, so existieren keine Zeitzeugen aus vergangenen Epochen und der Ort wirkt entsprechend modern, für montenegrinische Hinterlandverhältnisse zumindest. 1943 gründeten Partisanenkämpfer hier den Antifaschistischen Rat der Volksbefreiung, aus dem später die Volksversammlung der Montenegriner hervorging.

In den 1980ern erlitt Kolašin im Zusammenhang mit der Planung eines Staudammes an der Tara beinahe das Schicksal einer Flutung, das Vorhaben wurde aber zugunsten des intakten Ökosystems begraben. Seither nimmt der Ort erfolgreich die Chance wahr, sich touristisch zu entwickeln und wirkt durch zahlreiche Wochenendbesucher und Touristen das ganze Jahr über lebhaft. Die Infrastruktur ist gut, es gibt Hotels für alle Ansprüche, und somit bietet sich Kolašin durchaus als Basis für einen mehrtägigen Aufenthalt mit Ausflügen in den Biogradska Gora

Nationalpark und Wander- sowie Mountainbiketouren in den umliegenden Bergen der Bjelasica und östlichen Sinjajevina an. Ebenso können hier Rafting-Touren auf der Tara gebucht werden. Kolašin verfügt über eine sehr gut organisierte Touristeninformation (22 Junaka Mojkovačke Bitke/M9), hier gibt es eine Wanderkarte der Region, Bike-, Skiverleih, Safaris, Reiten, etc. (www.sportturist.me). Auf über 1.000 Metern Höhe gelegen, besitzt das Städtchen im Sommer ein angenehmes Klima und eine gute Bergluft, was es zu einem beliebten Luftkurort macht. Doch so richtig lebendig wird es hier erst im Winter. Zwischen Bjelasica und Sinjajevina gelegen, hat Kolašin inzwischen Žabljak als bedeutendster Wintersportort des Landes den Rang streitig gemacht.

Sehenswertes in der Umgebung

Das nur 10 Kilometer entfernte Bjelasica-Skizentrum mit Basis in Jezerine, bekannt unter dem Namen „Kolašin 1450", verfügt über moderne Anlagen mit 6 Skiliften und insgesamt 16,5 Kilometern Piste, für alle Ansprüche. Man wird dort durchaus auch internationalen Anforderungen gerecht. Es gibt Deutsch und Englisch sprechendes Personal, Ski- und Snowboardverleih sowie Nachtfahrten. Ganz neu, im Februar 2019 eröffnet, ist „Kolašin 1600", eine 27 Hektar große Basisanlage mit Apartments, Hotels, Restaurants und Sporteinrichtungen. Nach kompletter Fertigstellung sollen zusammen mit „Kolašin 1450" in der südlichen Bjelasica Skipisten unterschiedlichsten Schwierigkeitsgrades mit einer Länge von über 60 Kilometern zur Verfügung stehen. Die Hotels in Kolašin bieten einen Shuttle-Service zum nur 9 km entfernten Skigebiet an. Die Tageskarten sind für europäische Verhältnisse unschlagbar günstig, € 15,-- zzgl. Parkgebühr € 5,--.

Kleiner Stadtrundgang - Für die meisten von uns jedoch beschränkt sich der Besuch Kolašins vermutlich auf die wärmeren Monate.

Am **Zentralplatz Trg Boraca** erinnert ein Partisanendenkmal an die Befreiungskämpfe im Zweiten Weltkrieg. Nebenan fällt das architektonisch auffällige **Kulturzentrum** ins Auge. Im Krieg diente es als Gefängnis, heute enthält es eine übersichtliche Sammlung von Fotos, Gemälden und ethnografischen Objekten (ℹ - 8.00 – 15.00 h). Für echte Naturliebhaber hält

der Botanische Garten

Kolašin eine kleine aber feine „Sehenswürdigkeit" bereit - eine Art **„Botanischen Garten"**. Der nicht mehr junge Bergwanderer und Verfasser mehrerer Wanderbücher Daniel Vincek hat hier seit 1981 in liebevoller Kleinarbeit seinen idyllisch in einem Wald gelegenen Garten zu einem echten Naturwunder umgestaltet. Auf engstem Raum, gerade mal 650 m², kann man die bedeutendsten und seltensten Bäume, Kleinpflanzen und Blumen der montenegrinischen Bergwelt bewundern, alle akribisch beschriftet. Vincek selbst, der Deutsch spricht, bezeichnet sein Werk mit mehr als 400 Exemplaren als „Fenster zur Natur". Besichtigungen am besten vorher vereinbaren: Tel.: 020/865477. Am schönsten wirkt der Garten von Mai bis Anfang Juli. An der kleinen Kirche Sveti Dimitrija südöstlich vom Zentrum die Put Braće Vujisic schräg hinauf in das Waldstück wählen, nach 600 Meter rechts abbiegen.

Tipp: Von Kolašin führen zwei landschaftlich überaus reizvolle Strecken in den äußersten Osten des Landes. Eine davon durchquert oben erwähntes Skigebiet und den südlichen Rand des Biogradska Gora Nationalparks durch das Bjelasica-Gebirge nach Berane. 55 Kilometer lang ist die Route durch die sanfte und ursprüngliche, touristisch noch völlig unerschlossene Berglandschaft, Teile davon hinter Jezerine sind nicht asphaltiert.

Hoteltipp: Unter den inzwischen zahlreichen Unterkünften in Kolašin sticht eines besonders hervor: das Bianca-Resort. Eine landesteiltypische, markante Konstruktion aus Holz und Stein, innen wie außen. Das ansprechende Ambiente umfasst komfortable, helle und freundliche Zimmer, es gibt schicke Aufenthaltsräume und einen umfangreichen Fitness- und Wellnessbereich. DZ ab € 85,-- inkl. Frühstück, am westlichen Ortsrand in der Jagoša Simonovića, www.biancaresort.com.

Kulinarisch sollte man mal das Konoba probieren: Ein kleines, uriges Lokal mit traditionellen Gerichten, lecker, viel und günstig, eingerichtet mit liebevollen Details. Zentral zwischen der Palih Partizanki und 13. jula, 10.00-23.30 h, Tel. +382 69 609144.

Die erste montenegrinische Autobahn

Lange Zeit schon ist die E80 bzw. E65 von der Küste über Podgorica entlang der Morača-Schlucht bis in den hohen Norden durch den zunehmenden Schwerlastverkehr heillos überlastet und eine der gefährlichsten Strecken Europas. Aber dem Startschuss zum Bau der ersten Autobahn durch das Land, das ursprünglich auch stolz als Jahrhundertprojekt betitelt wurde, gingen viele erfolglose internationale Verhandlungen voraus, inklusive einem Bauabbruch eines kroatisches Konsortiums. Letzendlich hat man sich dann mit einem chinesischen Bauunternehmen und Investor geeinigt und sich als erstes europäisches Land mehr oder weniger "verkauft". Ziel ist es, die Hafenstadt Bar mit der serbischen Hauptstadt Belgrad zu verbinden. Während man auf serbischer Seite schon fast fertig ist, gleicht der montenegrinische Teil einem endlosen Chinesenkamp und die Eingriffe in die Landschaft schmerzen, gigantische Betonsäulen überragen Täler und Schluchten. Die Streckenlänge in Montenegro wird 165 km betragen, im Grunde nicht recht lang, aber angesichts der über 50 Tunnel und knapp 100 Brücken ein gewaltiges Mammutprojekt durch eines der unwegsamsten Gebiete Südeuropas. Die veranschlagten 2 Milliarden Euro Baukosten werden niemals ausreichen und das Land hat sich jetzt schon übernommen, um Chinas Kredite zurückzuzahlen, denn die geplante Maut wird ebenfalls erst mal in die Taschen des Investors fliessen.

Eine weitere, sehr schöne Möglichkeit, um in den äußersten Osten zu gelangen, lässt sich über die **Komovi-Region** nach Andrijevica gestalten. Die zwar kurvenreiche, aber unglaublich schöne und zudem asphaltierte Variante über die M9 führt von Mateševo südlich an der Bjelasica vorbei durch dichte Waldbestände und eine eindrucksvolle Berglandschaft über den 1.540 Meter hohen Trešnjevik-Pass. Von hier oben zweigt ein ebenfalls asphaltierter Weg zum Eko Katun Štavna mit Restaurant und Übernachtungsmöglichkeiten ab, ein optimaler Ausgangspunkt für Aktivitäten.

Das imposante Komovi-Massiv, 40 Kilometer lang und 30 Kilometer breit, gehört zu den höchsten Gebirgsstöcken der Dinariden und bildet bereits einen Teil des gewaltigen Prokletijes, einer Gipfelansammlung im Dreiländereck von Montenegro, Albanien und Kosovo. Zwei wichtige Flüsse entspringen hier, die Tara und der Lim.

Wie sollte es anders sein, gilt auch dieses an Naturschönheiten reiche, von Gletscherspuren gekennzeichnete Gebiet als Bike- und Wanderparadies, auf gut markierten Wegen geht es zu den höchsten Gipfeln des Gebirgsstocks, dem Kučki kom (2.487 m), Vasojevićki kom (2.460 m) und Ljevorćki kom (2.453 m). Die Bergspitzen können in einer Tagestour (20 km, ca. 7,5 Stunden, markiert) umrundet werden. Zudem kreuzt die montenegrinische Bergtransversale CT1 die Region. Einige Wanderwege hier oben sind auch mit dem Geländewagen befahrbar. Zwischen den Hauptgipfeln befinden sich die endlosen Schiefer-Schutthalden des Međukomlje-Trogtals.

Berane (Karte freytag & berndt 1:150 000 E 10)

Die auf den ersten Blick unscheinbare Stadt am Fluss Lim zählt zwar nur knapp 12.000 Einwohner, gehört jedoch zu den größten im Norden Montenegros. Und zwischenzeitlich zu den ärmsten Gemeinden des Landes. Fast alle Industriebetriebe aus der jugoslawischen Ära haben ihre Produktion eingestellt und auch die Glanzzeiten der Eisenhütte gehören längst sichtbar der Vergangenheit an. Die markante Anlage könnte fast als ein dominantes Wahrzeichen Beranes gelten. Auch im Skisport hat das aufstrebende Žabljak Berane inzwischen längst den Rang abgelaufen, obwohl das Umland durchaus ein überaus reizvolles Wintersportgebiet abgibt. Mittlerweile steigt wenigstens wieder die Anzahl der kleinen Landwirtschafts- und Handwerksbetriebe und auch in der Gastronomie kann die Stadt ein wenig Zuwachs verbuchen. Trotzdem ist die Arbeitslosigkeit hoch. Aber immerhin zeichnet sich Berane als wichtiges kulturelles Zentrum aus, verfügt über zahlreiche Hochschulen und das riesige, 11.000 Besucher fassende City

Stadion ist als zweitgrößtes des Landes ein wichtiger Austragungsort zahlreicher Veranstaltungen und sportlicher Wettkämpfe.

Berane ist eine sehr junge Stadt, erst 1862 wurde dort auf Anweisung eines türkischen Generals ein Militärlager gegründet und die wachsende Ansiedlung war bis zur Befreiung von den Osmanen 1912 stark umkämpft. Skelettfunde belegten jedoch bereits eine frühe steinzeitliche Besiedelung des Umlandes und die zahlreichen Kirchen stammen aus der Zeit vor den Türken, damals gehörte das Gebiet zum mittelalterlichen, serbischen Staat Raška und war sogar Bischofssitz. Nach dem Zweiten Weltkrieg entwickelte sich die Region zu einem wichtigen jugoslawischen Industriezentrum. Touristisch hat das Städtchen und seine Umgebung durchaus eine Chance verdient. Trotz ihrer bescheidenen Attraktivität lohnt sich ein Besuch der lebendigen Innenstadt, entlang der Fußgängerzone hat sich eine doch recht stattliche gastronomische Szene etabliert. Des Weiteren trifft man sich am bewaldeten Hügel Jasikovac, südlich der Hauptstraße am rechten Lim-Ufer. Ursprünglich errichteten die Türken hier besagtes Militärlager, denn der Ort bietet den besten Blick auf die Umgebung. Seit 1972 thront hier ein imposantes Denkmal. Ein 18 Meter hoher Kegel, umgeben von 40 Granitblöcken, in die mit mehr als 10.000 eingemeißelten Symbolen ein geschichtliches Ereignis dokumentiert wird: 1941 kamen bei einem Kampf mit deutschen Truppen 30 Partisanen ums Leben. Heute ist der Park ein beliebtes Freizeitziel. Ansonsten lockt das landschaftlich ansprechende Umland. Der Fluss Lim mit seinen zahlreichen Stromschnellen ist durchaus ein ideales Ziel für Rafting und Kajak. Und besonders das westlich von Berane liegende Bjelasica-Gebirge bietet viel Freizeitpotenzial - Wandern, Mountainbiken (der Biking-Trail No. 3 verbindet Berane mit Kolašin), Bergsteigen, Jeep-Safaris, Wintersport. Sage und schreibe 10 Gipfel der gesamt 630 km² sanfthügeligen Landschaft vulkanischen Ursprungs sind über 2.000 Meter hoch, der Crna Glava misst 2.139 Meter. Hinzu kommen sechs eiskalte Gletscherseen. Übernachtet wird in authentischen Katuns, kleinen, bewirtschafteten, schlichten Holzhütten.

Kulturdenkmal...

...Industriedenkmal

Die nähere Umgebung - Auch kulturhistorisch kann Beranes Umgebung Interessantes bieten. Nur zwei Kilometer vom Zentrum in Richtung des regionalen Flughafens befindet sich beim großen Friedhof (ausgeschildert) das 1213 gegründete und heute unter dem Schutz der UNESCO stehende, serbisch-orthodoxe **Kloster Đurđevi Stupovi**, Sitz des damaligen Bischofs. Natürlich blieb es von den Türken nicht verschont, wurde fünf mal niedergebrannt und immer wieder aufgebaut. So lassen es die letzten Renovierungsmaßnahmen auch recht jung erscheinen. Im Inneren beherbergt es etliche Schätze. Dazu gehören die zwar nicht mehr vollständig erhaltenen, aber dennoch sehenswerten Fresken, ein beeindruckendes goldenes Kreuz und ein beachtliches Exemplar eines Evangeliums mit einem silbernen Einband.

5 Kilometer nördlich der Stadt liegt, direkt am rechten Lim-Ufer, das beschauliche kleine **Kloster Sudikova**. Das Ensemble besteht aus einer kleinen Kirche, einem steinernen Verwaltungsgebäude und einem hübschen ausgelagerten Glockenturm mit Holzelementen. Schriftlich wurde es erstmals im 16. Jhd. erwähnt, ist aber weitaus älter, da es Überlieferungen zufolge schon vor den Invasionen der Türken als pädagogisches Zentrum der Schriftstellerei galt. 1738 setzten die Osmanen

den Kirchenbau in Brand, erst 2005 begann man mit dem Wiederaufbau. Anfahrt: Von der P2 nach Berane abfahren, über den Lim, nach 1 Kilometer nach links, an der nächsten Gabelung rechts, dem Weg bis zum Ende folgen.

Im kleinen Ort **Petnjica**, 20 Kilometer nordöstlich von Berane über eine schmale Straße zu erreichen, findet man die einzige **dreistöckige Moschee** des Landes. Das unter Denkmalschutz stehende Bauwerk mit dem hübschen Holz-Minarett stammt aus dem 17. Jhd. und bietet auf 550 m² bis zu 1.200 Gläubigen Platz. Im Ort nach dem Motel rechts abbiegen, ab hier 200 Meter.

Rožaje (Karte freytag & berndt 1:150 000 E 12)

Im äußersten Nordosten des Landes befindet sich ein noch recht unbeachtetes Juwel Montenegros, dessen Besuch den Abstecher dorthin aber auf jeden Fall wert ist - Rožaje. Vom Rest des Landes ist die abgelegene Gemeinde durch bis zu 1.800 Meter hohe Bergketten abgeschnitten und nur durch die M2 auf 30 Kilometer mit der nächsten Stadt Berane verbunden. Rožaje selbst, mit ihren knapp 10.000 Einwohnern, liegt landschaftlich sehr reizvoll auf über 1.000 Metern Höhe in einem von zahlreichen Nadelwäldern umgebenen Gebiet am Fluss Ibar. Die Länder Serbien und Kosovo befinden sich nur wenige Kilometer entfernt.

Das Gebiet um Rozaje war bereits zu illyrischer und römischer Zeit besiedelt, später kamen slawische Stämme hinzu. 1455 besetzten die Osmanen die Region, die Bevölkerung war damals ausschließlich christlich. Erstmals schriftlich erwähnt wurde der Ort 1585, er erlangte als Marktflecken Trgovište Bedeutung. Eine offizielle Stadtgründung geht wohl erst auf das 19. Jahrhundert zurück, als man 1892 bereits 81 Dörfer in der Gegend zählte, alle gehörten bis 1912 zum Sandschak Novi Pazar. Aufgrund der Lage, hier kreuzten sich etliche wichtige Handelsstraßen, war die Stadt damals ein wichtiger Verkehrsknotenpunkt. Auch heute noch prägt der Begriff "Sandžak" ein historisches Gebiet im Südwesten von Serbien und Nordosten Montenegros, eine Verwaltungseinheit im Osmanischen Reich - und spätestens hier wird deutlich, dass man sich bereits im tiefsten Balkan befindet. Heute hat der immer noch sehr muslimisch geprägte Ort komplett seine damalige Bedeutung verloren, die Menschen hier, wovon nur 2% ethnische Montenegriner sind, leben von ein wenig Holzindustrie und Einzelhandel, für größere Anschaffungen fährt man ins nur 60 km entfernte, serbische Novi Pazar. Holz gibt es hier übrigens reichlich, die Gegend ist eines der am dichtest bewaldeten Gebiete des Balkans. Und auch ein sehr pilzreiches, Unmengen davon werden nach Westeuropa, vor allem Italien exportiert. Und auch die Italiener sind es vorwiegend, die die Umgebung Rožajes als Jagdrevier, speziell für Bären und Hirsche, fatalerweise zu intensiv nutzen.

Einkaufszentrum über dem Lim

Während des Jugoslawien-Krieges 1992 wurde viele Bosnier hierher umgesiedelt und zur Zeit des Kosovo-Konfliktes 1999 diente Rožaje als Auffanglager zahlreicher albanischer Flüchtlinge. Die wenigen kulturellen Sehenswürdigkeiten beschränken sich auf den vor wenigen Jahren restaurierten **Ganića-Kula**, einen osmanischen Wehrturm aus dem Jahr 1797, in der Nähe des linken Flussufers im alten Ortszentrum. Heute dient er als Heimatmuseum (ℹ - Mo - Fr 8.00-16.00 h, € 2,--). Des Weiteren gibt es zwei bedeutende Moscheen. Die **Kurtagić- oder Sultan Murad II-Moschee** mit ihren zwei schlanken

das zentrale Hotel Rožaje

Minaretten direkt am Fluss (nicht zu verwechseln mit der neuen **Almin Muric-Moschee** im südlichen Stadtteil) fällt schon von Weitem auf. Ursprünglich entstand sie in wesentlich kleinerer Form im Jahr 1450 und wurde mehrmals notdürftig restauriert. Dann stellte der türkische Botschafter 2005 65.000 Euro zur Verfügung und sie konnte in ihrer heutigen Größe 2008 eröffnet werden. Mit Platz für 1.500 Gläubige gilt sie als größter islamischer Sakralbau in Montenegro. Die zugehörige Türbe stammt aus dem Jahr 1854.

Die schlichte kleine **Kučanska-Moschee** mit ihrem adretten Holzminarett, 250 Meter östlich davon, stammt aus dem Jahr 1830 und ist inzwischen als Kulturgut eingetragen. Die kleine rote, serbisch-orthodoxe **Ružica-Kirche** am Ortseingang sieht zwar neu aus, entstand aber bereits im 13. Jhd., angeblich gab sie der Stadt ihren Namen. In der Fußgängerzone, zwischen Ul. 30. September und Maršala Tita, gibt es ein Kulturhaus und seit 2018 eine Replika des osmanischen Brunnens Sebilj von Sarajevo. Vor allem abends erwacht die Stadt hier zum Leben.

Doch Rožaje beeindruckt weniger durch ihr städtisches Erscheinungsbild, als durch die einmalige Umgebung, welche zahlreich mit Naturschönheiten gesegnet ist. Eine davon ist der südlich an den Kosovo grenzende **Gebirgsstock Hajla** mit dem 2.403 Meter höchsten, gleichnamigen Gipfel, der auf markierten Wanderwegen unkompliziert bewältigt werden kann. Der Abzweig dorthin liegt gegenüber vom Hotel Aldi, ausgeschildert mit Izletište, 2 Kilometer vor Rožaje. Hier oben, auf 2.120 Meter, entspringt der Fluss Ibar. Die Quelle liegt 12 Kilometer südlich von Rožaje und ist mit dem Geländewagen erreichbar. Er durchfließt Rožaje in östliche Richtung und bildet auf seinem Weg nach Serbien eine bis zu 200 Meter tiefe und teils enge Schlucht. Sie ist gänzlich unerforscht. Stellenweise bieten sich von der Straße kurze Einblicke.

Die Straße (P8) in den Kosovo nach Peć (Peja) führt über den 1.800 Meter hohen Kula-Pass (Achtung: Die Grüne Versicherungskarte gilt nicht im Kosovo, es muss eine Extra-Versicherung abgeschlossen werden, am GÜ Kula direkt möglich).

2 Türme und viele Kuppeln...

...ein Fluss und viele Bäume

Für eine Entdeckung von Rožajes reizvollem Umland lohnt es sich auf jeden Fall, jeweils auf ein paar Kilometern die Landschaft auf kleinen Nebenstraßen zu erkunden. In der Region entwickelt sich Tourismus nur sehr langsam. Erst vor wenigen Jahren hat man das Potential der herrlichen Berge für sportliche Aktivitäten entdeckt. Besonders im Frühjahr bezaubern die blumenbedeckten Almen und die alpine Vegetation ist eine wahre Augenweide. Inzwischen steht ein akzeptables Netz an Wanderwegen zur Verfügung. Die Hänge der Hajla und des Turjak, die Bergregion zwischen Berane und Rožaje, hat man bereits für den Skisport erschlossen, es existieren etliche Skilifte, jedoch ohne westeuropäischen Standard am Ski Center Hajla, Karten ab € 8,--. Unterkünfte gibt es in der Stadt oder außerorts, z.B. Hotel Rožaje oder Hotel Aldi.

Tipp: Als Alternative von Berane nach Rožaje ist die zwar enge und kurvenreiche Strecke P20 durchaus zu empfehlen. Sie führt über 35 Kilometer durch eine sanfthügelige, sehr ansprechende Landschaft, deren Einsamkeit nur von wenigen Dörfern aufgelockert wird. Einkehr- und Übernachtungsmöglichkeit bietet das einladende Etno Selo Vrelo auf halbem Weg in Skenderovići (www.etnoselovrelo.com).

Andrijevica & Čakor-Pass - die "Grenze" zum Kosovo (Landkarte freytag & berndt 1:150 000 F 9)

Will man in den Prokletije-Nationalpark, durchquert man auf alle Fälle Andrijevica, eine unscheinbare Kleinstadt mit gerade mal 1.000 Einwohnern, auf einer Terrasse oberhalb des Flusses Lim. Obwohl es in unmittelbarer Nähe eine mittelalterliche Festung gab, von der aus das Tal kontrolliert wurde, ist die langgestreckte Ortschaft relativ jung, sie entstand erst Mitte des 19. Jahrhunderts und entwickelte sich zu einem wichtigen Verwaltungszentrum im Osmanischen Reich. Erwähnenswert

die Anfahrt und die Grenze

ist der Gedenkpark mit dem Denkmal für die Gefallenen des Ersten Weltkrieges und dem Mahnmal für die Kämpfer und Opfer des Zweiten Weltkrieges, der Ort war damals acht mal besetzt und wurde wieder befreit. Südlich davon liegt die Kirche des Erzengels Michael mit einer schönen Ikonostase aus dem 19. Jhd. Andrijevica hat touristisch durch die Lage zwischen Komovi, Bjelasica und Prokletije durchaus großes Potenzial und es gibt erste Ansätze, den Ort als Ausgangspunkt für Wanderungen, Biken, etc. zu etablieren. Das „Komovi" wird sicher nicht mehr lange das einzige Hotel sein (www.hotelkomovi.com).

15 Kilometer südlich von Andrijecica zweigt in Murino die M9 Richtung Osten ab, es folgt eine kurven-, aber auch sehr aussichtsreiche Bergstraße über den 1.849 Meter hohen Čakor-Pass. Bis zum Kosovo-Krieg reichte die Verbindung bis nach Peć, aktuell endet die Straße an der Grenzlinie. Die Strecke ist Teil der sogenannten Katun-Road, die über 160 Kilometer 30 traditionelle Berghütten nahe der kosovarischen Grenze verbindet. In etlichen von ihnen bekommt man Verpflegung und man kann übernachten (www.katunroads.me).

Prokletije-Nationalpark (Highlight)

2009 wurde der fünfte (oder sechste, wenn man den Orjen-NP mitzählt) und damit jüngste Nationalpark Montenegros gegründet und das Schutzgebiet mit insgesamt 16.630 Hektar schließt fast den gesamten montenegrinischen Teil des gleichnamigen Gebirges ein. Er erstreckt sich südlich des Talbeckens von Plav und Gusinje und dem Fluss Lim bis hin zur albanischen Grenzlinie und kann wohl als eines der unberührtesten, aber auch aufstrebensten Gebiete Europas bezeichnet werden. Große Teile davon sind noch immer unerforscht, auf vielen Wanderwegen ist der Andrang aber schon recht groß. Der berühmte Fernwanderweg „Peaks of the Balkans" führt mitten hindurch und sorgt für einen steten Besucherzuwachs.

Diese spektakuläre Gebirgswelt, wie sie so auf dem Balkan wohl einzigartig ist, beherbergt eine wahre ökologische Schatzkammer und knapp 10% der Fläche gelten als besondere Schutzzone. Hierzu zählt beispielsweise der 0,5 km² große Hridsko jezero auf 1.960 Meter Höhe, ein Gletschersee ganz im Osten des Nationalparks und auch die Karanfil-Gruppe und das Gebiet um den 1.879 Meter hohen Gipfel der Volušnica im äußersten Südwesten, beides fantastische Wanderziele. Das gewaltige Prokletije ist reich an großen und kleinen Gebirgsbächen und Quellen, die Wasser in Trinkqualität liefern, zahlreichen Gletscherseen, tiefen Tälern und Schluchten, steilen Hängen, Hochalmen und Wäldern in einem alpinen Meer von schroffen, extrem zerklüfteten Karstgestein. Die schier unzählbaren Gipfel sind oft über 2.000 Meter hoch.

Neben dem Durmitor-Gebiet befinden sich hier die höchsten Berge des Landes, der Zla kolata, ein Grenzberg zu Albanien, überragt mit seinen 2.534 Metern Höhe den Bobotov kuk sogar um 12 Meter. Weitere 2.000er sind der Karanfili (2.490 m) im Westteil des Nationalparks, der Rosni vrh (2.528 m), ebenfalls ein Grenzberg, sowie der Veliki krš (2.374 m) ganz im Osten des Prokletijes, was übrigens soviel wie "Verwunschene Berge" bedeutet.

Das Klima ist kontinental bzw. subalpin geprägt, mit langen, schneereichen Wintern und kurzen, angenehm temperierten Sommern. Diese wunderbaren „Alpen des Südens" beherbergen eine endlos reiche Flora und Fauna mit einer Vielzahl an endemischen Arten. 1.700 Pflanzensorten gedeihen hier, das entspricht 1/5 der gesamten Balkanflora. Viele davon sind bedeutende Heil-pflanzen, die in der Medizin Anwendung finden.

Ebenso zeichnet sich die Tierwelt hier durch eine enorme Artenvielfalt aus. Es existieren 130 Schmetterlings- und 160 Vogelarten, unzählige Reptilien, Amphibien, Insekten und eine große Zahl von Kleinsäugetieren. Die Gewässer sind sehr fischreich. Die Nadel- und gemischten Laubwälder, welche bis in hohe Regionen vorhanden sind, beherbergen Hasen, Wildschweine, Luchse, Gämsen, Rehe und Bären.

Besiedelt und bewirtschaftet sind nur wenige Talabschnitte und Hochebenen. Die Menschen hier leben vom Obst- und Gemüseanbau und ein wenig Viehzucht. Das Prokletije ist ein ideales Gebiet für Bergwanderer und Freunde des Alpinsportes (Klettern). Beidem kann man hier noch in relativer Abgeschiedenheit nachgehen. Der prominente Fernwanderweg "Peaks of the Balkans" führt durch die Region. Gute Infos, auch im Zusammenhang mit Grenzüberschreitungen, unter www.peaksofthebalkans.com. Auch leichte bis anpruchsvolle Kurzwanderungen und Fahrrad-touren, Mountainbiken und Wassersport sind hier im Prokletije sehr gut möglich. Beste Reisezeit sind die Monate von Juni bis September. An manchen Hängen halten sich zwar noch Schnee-felder, doch Kälteeinbrüche gibt es kaum.

Plav und Gusinje sind gute Ausgangspunkte für die Aktivitäten, man kann sich prima mit Lebensmitteln versorgen, es gibt ein vielfältiges Unterkunftsangebot und Campingplätze.

Die Nationalparkgebühr beträgt € 1,-- pro Person, Campen € 3,-- pro Zelt.

Plav (Karte freytag & berndt 1:150 000 G 10)

Die beschauliche Kleinstadt liegt recht malerisch auf 950 Metern Höhe zwischen dem Ostufer des idyllischen Plavsko jezero und dem Flüsschen Durička rijeka auf einer Endmoräne eines Eiszeitgletschers. Plav mit seinen 3.600 Einwohnern wird eingerahmt von der einmaligen Kulisse des gewaltigen Prokletije-Gebirges im Süden, dem 2.211 Meter hohen, 12 Kilometer langen Massiv des Visitors und seinen Ausläufern im Nordenwesten und des Mokra-Gebirges im Nordosten.

Eine erste Besiedelung kann man für das 13. Jhd. nachweisen, das damalige Pulav lag an einer bedeutenden Handelsroute nach Konstantinopel. Eine richtige Stadtgründung erfolgte aber erst im 16. Jhd. durch die Osmanen. Erste nordalbanische Stämme kamen im 17. Jhd. hierher. 1913, nach dem Ersten Balkankrieg, wurde die Gegend montenegrinisch. Die meisten der Bewohner, vorwiegend bosnischer oder albanischer Abstammung, sind aber dennoch Muslime.

Somit ist das Stadtbild aufgrund seiner Vergangenheit immer noch sehr muslimisch geprägt, etliche alte Moscheen und Wehrhäuser zeugen von der Zugehörigkeit zum Sandschak Novi Pazar. Dazu gehört in erster Linie die **Redžepagić Kula** aus dem Jahr 1671, ein Wohn- und Wehrhaus aus Natursteinen und einem Schindeldach, mitten im Zentrum. Das dritte Stockwerk wurde erst später aufgesetzt. Im Laufe der Zeit hat die Familie eine beachtliche und sehr sehenswerte Sammlung ausgefallener Waffen und ethnografischer Objekte zusammengetragen (keine festen Öffnungszeiten), das Wohnhaus beherbergt inzwischen ein empfehlenswertes Guesthouse. Die **gleichnamige**, fast ebenso alte **Moschee** mit einem 14 Meter hohen Holzminarett und dem hölzernen Eingangsbereich ist kürzlich erst renoviert worden und kann ebenso besichtigt werden. Von osmanischer Baukunst zeugt auch die schöne **Kaisermoschee Careva džamija** aus dem 18. Jhd. mit ihrem hölzernen Minarett. Es ist das älteste osmanische Gebetshaus in Plav und wird daher auch „**Alte Moschee**" genannt. Sie stammt aus dem Jahr 1471 und man nimmt an, dass sie die älteste auf heute montenegrinischem Territorium ist. Ihr aktuelles Erscheinungsbild mit dem hölzernen Minarett erhielt sie im 18. Jhd., sie ist in ihrem Stil der Redžepagić Moschee sehr ähnlich und liegt nur wenige Meter westlich davon hinter der Post. Mit ihren reichen Verzierungen und Arabesken ist sie ein wahres Schmuckstück. Etwas erhöht südlich davon liegt die ebenso recht sehenswerte **Šabovića-Moschee** aus dem Jahr 1880, gleichfalls mit einem charakteristischen hölzernen Minarett. Dann wäre da noch die recht neue, weithin sichtbare **Sultans-Moschee** aus geschliffenem Stein und dem schlanken, 41 Meter hohen Betonminarett sowie Bleikuppeln. Sie stammt aus dem Jahr 1909 und ist vermutlich die letzte ihrer Art im Osmanischen Reich erbaute. 1924 hat man den Bau der Islamgemeinschaft entzogen und

der See und das Prokletije

als Militärlager, Schule und Polizeiwache genutzt, dabei wurden wertvolle Inschriften ruiniert. Erst 2005 erhielt die Glaubensgemeinschaft die Moschee zurück. Doch die meisten Gebäude sind neu und die ganz typische, dörfliche Balkanarchitektur findet man nur noch in den winzigen Dörfern der Umgebung.

Während der Kosovo-Krise spielte Plav international eine wichtige Rolle, als man dort zahlreich Flüchtlinge aufnahm, die über Peć und den Čakor-Pass (s. S. 153) ins Land kamen.

Außerhalb der Hochsommersaison wirkt Plav nicht sonderlich belebt. Viele Einwohner sind vor allem nach Amerika und in die Schweiz ausgewandert und kehren einmal im Jahr während ihres Urlaubs für kurze Zeit in ihre neuen Häuser zurück.

sehr altes Wohnhaus - mittendrin

im Hintergrund das Prokletije

So kann man Plav durchaus für einen längeren Aufenthalt einplanen. Es gibt viel zu erleben und zu entdecken. Der fischreiche Plavsko jezero, aus dem der Fluss Lim hervorgeht, eignet sich im Sommer zum Schwimmen, ansonsten kann man Angeln und Ruderboote ausleihen. Im Winter eignet sich das knapp 2,5 km² kleine, nur 9 Meter tiefe Gewässer zum Schlittschuhlaufen und Eisstockschießen. Nach der Schneeschmelze wirkt die Landschaft hier besonders pittoresk. Lange Zeit ist man davon ausgegangen, dass der artenreiche, farbintensive See glazialen Ursprungs ist, allerdings ist kein Gletscher jemals so weit vorgedrungen. Auf jeden Fall soll er seinen Namen seiner einst tiefblauen Farbe verdanken, plav heißt auf serbisch blau.

Und was gibt es außer den obligatorischen Wanderungen zu Naturwundern, Bergsteigen und Mountainbiken noch zu unternehmen? Neben all den muslimischen Zeitzeugen existiert in der Gegend auch ein wichtiges christliches Dokument. In einer Schleife des Lim, nahe des kleinen Vorortes Brezojevica, von der Hauptstraße nach Andrijevica nach Osten ausgeschildert, befindet sich das **Kloster Brezojevica** mit dem Kirchlein Sveti Trojca aus dem Jahr 1567. Die Kapelle wurde mehrmals zerstört und wieder aufgebaut, so sind von den wertvollen Fresken nur noch Teile vorhanden. Ebenfalls in Brezojevica befindet sich der **botanische Garten Velemun**, ein kleiner Geheimtipp und wirklich wunderbar friedlicher Ort. In der schönen und liebevoll gestalteten, dschungelartigen Anlage gedeiht eine Vielzahl an heimischen Pflanzen. Vor Plav gegenüber vom markant roten Geschäftsgebäude abbiegen, dann rechts, 8.00-18.00 h.

In Plav gibt es eine kleine **Touristeninformation** neben dem Kulturhaus in der Hauptstraße Racina bb. Eine gute Wanderkarte ist hier erhältlich. Direkt am Ostufer des Sees existiert ein Campingplatz mit gutem Restaurant: Lake Views (www.facebook.com/camplakeviewsplav, 42°36'20.8"N 19°55'48.8"E). Bei vielen der Unterkünfte und Restaurants rund um den Plavsko jezero handelt es sich um Ökobetriebe, empfehlenswert ist z.B. das rustikale Hotel Kula Damjanova am Südufer mit tollem Blick auf den Visitor, DZ ab € 55,--, www.kuladamjanova.com.

Gusinje (Top-Tipp) (Karte freytag & berndt 1:150 000 G 10)

Der kleine, westlich gelegene Nachbarort von Plav liegt 925 Meter hoch und zählt nur etwa 1.700 Einwohner, allzu auffällig ist auch hier der große Anteil der Wahlamerikaner und auch der Albanisch sprechende Bevölkerungsanteil. Bis zur albanischen Grenze und dem Vermosh-Tal sind es lediglich 7 Kilometer (der kleine Grenzübergang hat von 7.00-19.00 h geöffnet).

Seit 2014 ist Gusinje als Gemeinde von Plav unabhängig. Geschichtlich interessant ist, dass der zum Ende der osmanischen Zeit bedeutende und einwohnerstarke Ort von 1878 bis 1913 komplett autark war. Nachdem im Berliner Kongress von 1878 Montenegro über die Region Gebietsansprüche gestellt hatte, wollte der Stadtrat weder eine neue Herrschaft, noch die alte unter den Osmanen weiterhin anerkennen. Nach Besetzung durch Truppen der Liga von Prizren (albanischer Verbund) und unter dem ansässigen Herrscher Ali Paša Šabanagić konnte bis zum Rückzug der Türken eine Annektierung an Montenegro verhindert werden. 1913 wurde Gusinje endgültig Montenegro zugesprochen.

Touristisch hat Gusinje selbst recht wenig zu bieten. Erwähnenswert ist die alte **Vezirova Moschee** mit dem hölzernen Minarett aus dem Jahr 1765 (manche Quellen bezeichnen sie als noch älter), erbauen ließ sie der Wesir Kara Mahmud Bushatija. Sie wurde 1995 von Grund auf renoviert. Drei weitere alte Moscheen fielen Bränden zum Opfer.

Doch der Ort liegt landschaftlich mehr als privilegiert am Fuße der höchsten Berge des Prokletije und verfügt über eine Menge Naturbesonderheiten in der unmittelbaren Umgebung.

Zudem ist Gusinje ein vorzüglicher Ausgangspunkt für Wanderungen in das westliche Prokletije-Gebirge, welches praktisch vor der Tür des Ortes liegt. Empfehlenswert ist die Fahrt von Plav nach Gusinje über die zwar schlaglöchrige Südstrecke des Sees, jedoch liegen hier einige kleine Dörfer mit regional-typischen Details am Weg.

Besondere Naturphänomene der Gegend sind die zahlreichen Schlucklöcher, Ponore genannt. Gebirgsflüsse verschwinden urplötzlich im karstigen Gestein der Gebirgstäler und treten an anderer Stelle in Form von Karstquellen wieder nach oben. Eines der sehenswertesten Beispiele ist der Ponor Grlja in Vusanje (5 km südlich von Gusinje). Hier verschwindet der Fluß Vruja als ein spektakulärer Wasserfall im Nichts und taucht drei Kilometer weiter unten als die Ali-Pascha-Quellen wieder an die Oberfläche. Die Quellen sind ausgeschildert. Am Abzweig dort-hin (42°33'10.4"N 19°49'51.8"E) befindet sich ein Besucher-

Schluckloch - der Fluss verschwindet

zentrum. Hier kann man die Nationalparkgebühr entrichten, zudem bietet es eine kleine ethnografische Sammlung, gute Infos zur Region und einen Souvenirshop (tgl. 8.00 - 17.00 h).

Tipp: Unmittelbar an den Quellen liegt das „Krojet", ein urig-nostalgisches Restaurant mit leckeren, traditionellen Gerichten. Neben dem tollen Ausblick gibt es einfache Zimmer und eine Campingwiese. Die Besitzerin Halle spricht perfekt deutsch und kann viel über ihr Land erzählen (www.facebook.com/Krojet).

die Ali Pasha Quellen

Die schönsten Touren und Wanderungen im Prokletije-Nationalpark

Eines der attraktivsten Wanderziele des östlichen Prokletije ist der Hridsko jezero, ein idyllisch gelegener See glazialen Ursprungs auf 1.968 Metern Höhe, von dem behauptet wird, er sei von den Göttern als Badestelle für die Bergfeen erschaffen worden. Man nennt das glasklare Gebirgsgewässer auch "See des Glücks" und es ist das höchst gelegene seiner Art im Land, ein-gebettet in einer fantastischen Naturlandschaft, umgeben von duftenden Wäldern. Ein herrlicher Ort, um die Zeit zu vergessen.

Von Plav gelangt man über das Dorf Komarača und entlang der Temnjačka auf einer schlechten Asphaltstraße in 12 Kilometern nach Bebinjo Polje (in Gradina, 7 km ab Plav, liegt der Eingang zum Nationalpark). Man biegt nach rechts ab, 500 Meter vom Triangle Woodhouse zweigt ein Weg nach rechts oben ab, nach 1,8 Kilometern hält man sich wiederum rechts, nach 3,2 Kilometern kann man den Wagen am Samels Cottage abstellen, der Wanderweg beginnt unmittelbar südlich davon in einer U-Kurve zwischen ein paar Hütten hindurch nach oben. Der moderate Trail 541 ist ab hier 3,7 Kilometer lang und man benötigt etwa 1,5 Stunden, es muss ein Höhenunterschied von 253 Metern überwunden werden. Der See kann dann zusätzlich in etwa 30 Minuten auf einem Pfad umrundet werden.

Die 25 Kilometer lange Ringstrecke um den Gebirgsstock ist Bestandteil des Top Biking Trails No.3 und kann auch mit dem Geländewagen befahren werden, der höchste Punkt hierbei liegt bei 2.170 Metern. Entlang des Weges zweigt ein weiterer, nur 1,5 Kilometer langer Wanderweg zum See ab, hierzu am Samels Cottage vorbei 6,3 Kilometer nach oben fahren.

Vom Hridsko jezero besteht die Möglichkeit, die Gipfel Hridski krš und Bogićevlc krš zu ersteigen, auch diese Wege sind markiert. Trinkwasserquellen sind auf allen Etappen vorhanden.

-------- Wanderer und Biker haben selbstverständlich vor den Motorisierten Vorrang! -------

Gipfeltouren im und um das Prokletije

Folgt man dem Weg vom Ponor Grlja bei Vusanje noch weiter ins Tal, überschreitet man bald die Nationalparkgrenze (hier verkehren Ranger und kassieren freundlich die Gebühr). Nach 1,5 Kilometern errreicht man das "Auge von Skakavice", eine Art montenegrinischer Mini-Blautopf, eine tiefblaue Quelle in märchenhafter Umgebung. Nach weiteren 4,5 Kilometern mit mäßigem Anstieg durch das Ropojana-Tal, endet der befahrbare Teil des Trails an einer Waldlichtung mit einer Alm, hier befindet man sich bereits auf 1.900 Metern. Nach ca. 300 Metern beginnt am Waldrand der Aufstieg nach oben zum 2.524 Meter hohen Rosni vhr (alb. Maja Rosit), dem dritthöchsten Gipfel des Prokletijes. Von ganz oben hat man einen Blick über alle drei Länder des "Peaks of the Balkans", dessen Bestandteil dieser Trail ist. Auf der anderen Seite liegt das albanische Valbona-Tal. Ab Pistenende an der Alm dauert der Aufstieg über 4 Kilometer etwa 2,5 Stunden, dabei sind 625 Höhenmeter zu überwinden. Der nur mäßig markierte Trail hat den Schwierigkeitsgrad T4 (= Alpinwandern mit anspruchsvollen Passagen, Kletterkenntnisse nötig).

Auf die höchsten Gipfel des Nationalparks, den 2.528 Meter hohen Kolata und 2.534 Meter hohen Zla Kolata, gelangt man ab Vusanje in östliche Richtung, die letzte Häuseransammlung ist das Dorf Zarunica. Von dort geht es stetig hinauf, man passiert eine Almhütte und hat zwei Pässe zu überwinden. Kurz vor dem Doppelgipfel sind einige steile und exponierte, grasbewachsene Hänge zu überwinden. Ab Vusanje ist die Tour mit Grad T3 (= anspruchsvolles Bergwandern) 12 Kilometer lang und dauert etwa 6,5 Stunden, 1.474 Höhenmeter sind zu überwinden, entlang des Weges gibt es etliche Quellen.

Ein wunderbarer Ausgangspunkt für Wanderungen ist das westlichste Nebental Grebaja bei Gusinje, zu erreichen über das Dorf Dolja, es liegt in einem ehemaligen Gletscherflussbett. Das Tal gehört bereits zum Nationalpark, die Gebühr wird an einer Schranke entrichtet. In einer Waldlichtung befinden sich einige Eko-Katuns und kleine Restaurants, man kann auch campen und der Ort ist zudem mit kleinen Wohnmobilen erreichbar. Von dort zweigen sehr interessante, gut ausgeschilderte Trails in alle Richtungen ab. Nach Westen gelangt man auf den Gipfel des Volušnica, er ist nur 1.897 Meter hoch, bietet aber eine fantastische Rundumsicht auf die höheren Gipfel wie die Karanfil-Gruppe oder den Očnjak. Bis zum Gipfel sollte man es in ca. 2 Stunden schaffen, 720 Höhenmeter sind dabei zu überwinden. Da die Tour nicht lang ist, kann man sie um einen Rundkurs zu einem weiteren Gipfel erweitern, den 2.057 Meter hohen Popadija (auch Talijanka), ein Grenzberg zu Albanien. Dorthin gelangt man in etwa 1,5 Stunden, zusätzlicher Höhenunterschied: 178 Meter. Die gesamte Runde ist ca. 10 Kilometer lang und eine ideale "Einsteigertour" für das Prokletije. Der Weg durch das grüne Tal ist reich an Wasserquellen und dem aufmerksamen Wanderer werden sicher nicht die jungsteinzeitlichen "Malereien" an einer Felsgruppe entgehen. Folgt man den ausgeschiderten Wegweisern nach Osten, eröffnet sich eine weitere unzählige Wandervielfalt, unter anderem gelangt man hier zur sagenhaften, unbezwingbar erscheinenden Karanfil-Gruppe, die sich gleichsam einer blühenden Nelke (=albanisch Karanfil) gegen den Himmel streckt.

Viele der Wege finden auf albanischer Seite ihre Fortsetzung. Sollte man einen Grenzübertritt planen, hilft die Grenzpolizei in Plav weiter, sie befindet sich in der Ecke Skićka und Meteriz, nordöstlich vom Zentrum am Aqua Park Resort.

Auch das Visitor-Massiv nördlich von Plav und Gusinje mit dem malerischen Visitorsko jezero mit seiner natürlichen, schwimmenden Insel auf 1.820 Metern Höhe ist reizvoll. Etliche unbefestigte Fahrwege führen in die Nähe des Gewässers, die restlichen Meter muss man laufen. Der längste Anfahrtsweg und damit kürzester Fußmarsch zweigt 2 Kilometer nördlich von der Brücke über den Lim nach Plav ab, nach 11 Kilometern erreicht man den Abzweig zum See. Ein etwa 4 Kilometer langer Wanderweg beginnt am Botanischen Garten von Velemun. Und auch entlang der P9 zwischen Plav und Gusinje zweigen Fahrwege auf den Visitor ab.

Langeweile in Montenegro gibt es nicht. Wer der überwältigenden Landschaft überdrüssig ist und seine Energie in sportliche Aktivitäten stecken möchte, ist hier bestens aufgehoben. Fast nirgendwo sonst in Südeuropa sind die Möglichkeiten auf so kleinem Raum so vielfältig, es ist für jeden das Richtige dabei und fast alles ist möglich. Besonders die fünf Nationalparks sind ein perfektes Terrain für Aktivurlauber. Bei Interesse an einer Sportart wendet man sich in erster Linie an die örtliche Touristeninformation, das Hotel oder den Campingplatzbetreiber. Für alle Sportarten ist es ratsam, sich vorab im Internet über die aktuellen Anbieter zu informieren.

Eine sehr nützliche Broschüre gibt es von der Tourismusorganisation nach dem Motto „Abenteuer mal woanders": www.montenegro.travel/files/multimedija/31330235.pdf.

Abenteuerparks: Inzwischen gibt es im Land zwei dieser spannenden Areale für Jung und „Alt" mit Hochseilklettergarten, Hindernisparcours, Bogenschießen, Zip-Lines: im Lovćen-Nationalpark an der Ivanova Korita und im Durmitor bei Žabljak am Crno jezero. www.avanturistickipark.com.

Angeln: In Montenegro bieten sich beste Voraussetzungen, es gibt zahlreiche Flüsse, natürliche und künstliche Seen, allesamt recht fischreich - Forellen, Karpfen, Äschen, Ukeleien, Aale uvm. Auch die Küstengewässer eignen sich, jedoch braucht man hier etwas Erfahrung und Glück. Hochseefischerei steht inzwischen ebenfalls hoch im Kurs, Anbieter gibt es in den Häfen der Orte. In den Nationalparks muss man sich bei der zuständigen Behörde/Nationalparkverwaltung einen Angelschein ausstellen lassen (www.nparkovi.me/en/active-vacation/), ansonsten hilft der Angelsportverein weiter (www.ssrm-cg.com).

Canyoning: Mut und körperliche Fitness vorausgesetzt, kann man eine der aufregendsten Schluchten Europas erkunden, den Nevidio-Canyon. Er ist 400 Meter tief, 4 Kilometer lang und an der engsten Stelle nur 50 cm breit. Das anspruchsvolle Abenteuer erfordert Abseilen, Sprünge und Tauchetappen, erfahrene Führer und Schutzausrüstung stehen hierbei zur Verfügung (z.B. www.rafting-montenegro.de oder www.nevidio-canyoning.com).

Kajak, Kanu: Sämtliche Gewässer eignen sich hervorragend für eine Tour mit dem eigenen Wasserfahrzeug, manche kleinere Flüsse haben jedoch im Sommer einen recht geringen Wasserstand. Sehr gut befahrbar sind die Morača und die Tara, bei letzterer gibt es offizielle Einstiegsstellen, hier ist vor Ort eine „Einsetz-Gebühr" zu entrichten, in den Nationalparks natürlich auch zusätzlich die Nationalpark-Gebühr.

Klettern, Freeclimbing: Als Bergland darf in Montenegro natürlich das Angebot an Klettermöglichkeiten nicht fehlen. Besonders im westlichen Prokletije sind die Möglichkeiten gut. Am besten wendet man sich über die Touristeninformationen an die örtlichen Vereine, diese führen auch Freeclimbing und Canyoning sowie Führungen zu etlichen Höhlensystemen durch. Eine Übersicht: www.montenegroclimbing.net/en

Offroad: Obwohl das Straßen- und Wegenetz sehr gut erschlossen und ausgebaut ist, gibt es immer noch zahlreiche Pisten, die sich vor allem über die Hochebenen und Bergregionen erstrecken. Allerdings muss man unbedingt Rücksicht auf die Mountainbiker nehmen, die diese Trails ebenfalls befahren. Der respektvolle Umgang mit der Natur ist zudem selbstverständlich. Im Komovi-Gebirge wird regelmäßig die „Montenegro Trophy Rally" durchgeführt. Diese wird organisiert vom Sport Recreation Center in Nikšić. Offroad-Touren auch im hobo-team Montenegro offroad-guide (ab 2020 lieferbar).

Paragliding: Die steilen Berghänge überall im Land bieten optimale Voraussetzungen. Bekannte Startplätze für Gleitschirmer liegen in: Brajici (760 m ü.M.) zwischen Cetinje und Budva, der Landeplatz liegt am Strand von Bečići. Weitere Möglichkeiten gibt es am Vrmac (550 m ü.M) oberhalb von Kotor und Dizdarice (850 m ü.M) nahe Herceg Novi, ebenso am Berg Lovćen (1.660 m ü.M). www.paraglidingmontenegro.com.

Radfahren/Mountainbiking: Für Radfahrer ergeben sich zahllose Möglichkeiten, die Landschaft auf guten Wegen zu erkunden. 3.000 Kilometer Radwege stehen zur Verfügung, es gibt 5 beschilderte Top-Trails, die Höhen von bis zu 2.160 Metern erreichen. Die Nationale Tourismusorganisation hat einen 248-seitigen MTB-Führer mit 17 Trails über 1.700 Kilometer herausgebracht (ISBN: 978-3-935806-16-9, € 26,80). Aus Mangel an Verleihmöglichkeiten sollte man sein eigenes Zweirad unbedingt mitnehmen.

Rafting: Die „Träne Europas", wie die Tara oft genannt wird, ist zweifelsohne eine der spektakulärsten Destinationen Europas für dieses Abenteuer. Der längste und mit 1.300 Metern tiefste Canyon des Kontinents gehört zum UNESCO-Weltnaturerbe. Die angebotenen Rafting-Touren dauern bis zu 4 Tage, die Kürzeste geht über ca. 3 Stunden und ist 15 Kilometer lang. Nichts für zarte Gemüter ist der Abschnitt zwischen Brštanovica und Sćepan Polje, hier müssen 21 Stromschnellen überwunden werden. Zur Verfügung stehen Holzflöße oder Schlauchboote. Ideale Ausgangspunkte sind Žabljak oder Kolašin, von hier werden die Touren optimal organisiert. Die Saison beginnt im Mai und dauert bis Ende September. www.durmitorraft.com.

Schwimmen: Die Badesaison geht von Mai bis Ende September mit Wassertemperaturen ab 20 °C (ab Juli sogar ca. 25 °C). An den Küstenabschnitten wird es in den Monaten Juli und August, bedingt durch Urlauber aus den benachbarten Ländern, recht voll. Wer einen erholsamen Urlaub bevorzugt, wählt zu dieser Zeit besser das Hinterland, Baden ist auch in den Seen möglich.

Segeln: Die Voraussetzungen zum Segeln sind dank des Jugo und Mistral sehr gut. In 7 Tagen kann man die knapp 300 Kilometer Küstenlinie entlangsegeln, Zentren des Segelsports mit geeigneten Häfen gibt es in Herzeg Novi, Kotor, Tivat, Budva und Bar. Jährlich finden etwa 15 Segelregatten statt. Die bekannteste Regatta des Landes ist der Montenegro Cup.

Ski-/Wintersport: In Montenegro gibt es ausgezeichnete Möglichkeiten zum Skifahren und optimale Schneeverhältnisse von November bis Mai. Inzwischen sind die Skigebiete auch sehr gut erschlossen mit Liften und jeglicher Infrastruktur die dazu gehört. Bekannte Wintersportzentren liegen im Durmitor-Gebirge (120 Schneetage im Jahr), Žabljak ist ein äußerst angenehmer Ort mit Unterkünften unterschiedlichen Standards. Es gibt Seilbahnen, Lifte, Langlaufloipen und eine Skischule, die Pisten sind für Profis und Anfänger ausgelegt. In der Gegend um Kolašin (1450 und 1600), Rožaje und rund um das Komovi-Massiv sind die Pisten bis in den Mai nutzbar. Geführte Schneewanderungen oder Schneemobiltouren werden vom Ort Kolašin aus organisiert.

Surfen/Kitesurfen: Die Winde an der Küste bieten ideale Voraussetzungen für Surfer. Für Geübte ist das Meer bei Ulcinj mit teils starkem Wind und hohen Wellen eine Herausforderung, ebenso die Ada Bojana. Kite-Clubs bieten Kurse mit Ausrüstung an. Anfänger üben besser in der äußeren Bucht von Kotor, geschützt durch den Fjord oder am Skutari-See.

Tauchen: Der Tauchsport ist eine weit verbreitete Sportart mit unterschiedlichen Bereichen und wird im Land schon seit dem Zweiten Weltkrieg ausgeübt, ursprünglich stand das Perlentauchen im Vordergrund. Heute locken Korallenriffs, Unterwasserhöhlen und versunkene Schiffe. Die 20 Tauchclubs in Bar, Ulcinj, Herceg Novi und Kotor bieten Kurse an mit Schwerpunkten in Unterwasser-Orientierung, -Photographie sowie Wracktauchen. Informationen erteilen die Tourismusbüros, die Tauchpässe der internationalen Verbände werden anerkannt.

Wandern/Trekking: Die Bergwelt des kleinen Balkanstaates ist ein Paradies für Wanderfreunde. Das landesweite Wanderwegenetz umfasst über 3.000 Kilometer, in den meisten Regionen sind sie bereits einheitlich markiert und ausgeschildert. An vielen Routen gibt es Übernachtungsmöglichkeiten und Campingwiesen. Die Nationalparkverwaltungen und Touristeninformationen geben Wanderkarten aus. Eine Download-Übersichtskarte hat die NTO www.montenegro.travel unter dem Multimedia-Link. Auch Wanderführer in Buchform gibt es inzwischen viele.
Im Gebirge ist unbedingt geeignete Kleidung und Ausrüstung erforderlich!

Nützliche Infos und Adressen von Anreise bis Zoll

Anreisemöglichkeiten (ohne Gewähr auf Vollständigkeit):
Ab D mit dem PKW/Wohnmobil: 1. _Variante_, vorzugsweise bei Start in West-/Süddeutschland: Über Österreich (Salzburg-Villach, Maut/Vignette), Slowenien (Maut/Vignette), Kroatien (Maut), im Endbereich kann man die Strecke über Bosnien gestalten, die Straßen sind hier stellenweise mal etwas enger. Gängige Grenzübergänge (Auswahl): Dubrovnik (HR)-Herceg Novi, Trebinje (BIH)-Herceg Novi, Trebinje (BIH)-Nikšić, Sarajevo (BIH)-Plužine. **2. _Variante_**, vorzugsweise bei Start in Nord-/Ostdeutschland: Vorwiegend mautfreie Autobahn über Tschechien, Ungarn, Serbien (bis Belgrad), ab hier kurvenreiche Landstraße bis zum GÜ Granični prelaz Dobrakovo/Bijelo Polje. Nach Fertigstellung der Autobahn durchgängig möglich.
Ab CH: 1. _Variante_ Über Deutschland (München), Österreich und weiter wie ab D. **2. _Variante_** Über Italien (Mailand, Triest, Autobahnmaut), dann Kroatien oder wahlweise Bosnien-Herzegowina.
Ab A: Via Graz, Maribor (SLO), Zagreb (HR), wahlweise kann hierbei die Variante über Ungarn und Serbien interessant sein, je nach Wohnort in Österreich.
Flug: Durchschnittlich dauert der Flug von anderen europäischen Städten nach Montenegro ca. 2 Stunden. Das Land verfügt über zwei internationale Flughäfen, in der Hauptstadt Podgorica (12 km vom Zentrum) und in Tivat (4 km vom Zentrum). Günstige Flüge bieten inzwischen viele Gesellschaften direkt (auch Billigflieger wie Wizz Air, Ryanair oder EasyJet) ab zahlreichen europäischen Flughäfen an, darunter auch kleine, günstig gelegene wie Memmingen, Leipzig oder Salzburg. Interessant auch sind die Angebote von Montenegro Airlines. Es empfiehlt sich jedoch eine frühzeitige Buchung oder Flexibilität. Linienflüge mit größeren Gesellschaften sind oft mit Umsteigen verbunden. Während der Sommerzeit wird das Angebot durch Charterflüge ergänzt, die vorwiegend in Tivat enden. Generell muss man mit etwa 250,-- Euro rechnen.
Eine gute Möglichkeit ist die Anreise nach Dubrovnik/Flughafen Čilipi (15 km zur Grenze) und weiter mit dem dort übernommenen Mietwagen.
Bus: Mehrmals die Woche fahren Fernbusse ab großen europäischen Städten nach Dubrovnik (HR) oder Belgrad (SRB), (z.B. www.flixbus.de, www.eurolines.de, www.touring.de). Von dort weiter nach Bijelo Polje, Kolašin, Nikšić und Podgorica oder an die Küste mehrmals täglich (je nach Abfahrtsort 20-30 Stunden ab D).
Bahn: Montenegro ist mit dem Zug über Belgrad (meist ohne Umsteigen, auch Nachtzüge, Tickets in den Reisecentern der DB/ÖBB/SBB oder online) zu erreichen. Der montenegrinische Teil der Strecke führt durch spektakuläre Landschaftsabschnitte, siehe auch Seite 144 (Dauer ab München mind. 27 Stunden), (www.zcg-prevoz.me).
Fähre: Montenegros einziger Fährhafen ist Bar. Dorthin gelangt man ab Ancona oder Bari mehrmals wöchentlich mit www.montenegrolines.com.

Autofahren in Montenegro: Mitzuführen sind KFZ-Schein, Führerschein (**kein** internationaler) sowie, ganz wichtig, die internationale Grüne Versicherungskarte (alternativ kann an den Grenzen eine Haftpflichtversicherung für 15 Tage abgeschlossen werden). Montenegros Verkehrsnetz (ca. 5.280 km) ist inzwischen außerordentlich gut verzweigt und fast! jeder Ort auf asphaltierter „Straße" zu erreichen. Nur für wirklich abgelegene Dörfer und Destinationen in den Bergen benötigt man zumindest ein SUV. Jedoch nur an der Küste, in unmittelbarer Nähe der großen Städte bzw. dazwischen und zu den Haupt-Grenzübergängen sind die Strecken wirklich gut ausgebaut. Ansonsten muss man sich meist auf enge und kurvige Straßen einstellen, Nachtfahrten sollte man unbedingt vermeiden. Die erste Autobahn des Landes entsteht zwischen Bar und Boljare, an der Grenze zu Serbien und soll die E65 entlasten, sie wird mautpflichtig sein. Straßenbenutzungsgebühr fällt ebenso für den Sozina-Tunnel zwischen Sutomore und Virpazar an, sowie für die Strecke Herceg Novi-Trebinje (BIH), (PKW je € 2,50). Es herrscht Anschnall-, Tagesfahrlicht- und **Mitführpflicht von Ersatzbirnen** sowie die 0,3-Promille-Grenze. Verkehrswidrigkeiten werden sehr streng geahndet, vor allem bei den wirklich sinnvollen Überholverboten. Die Polizeipräsenz ist groß und die Beamten sind sehr streng! Bei Unfällen muss unbedingt die Polizei verständigt werden, ohne deren Schadensbestätigung eine Ausreise schwierig wird. Bei Pannen hilft die AMSCG/ADAC (Notruf (+382) 19807, mobil: +382 63 239 987). Werkstätten gibt es in jeder Ortschaft, in den Städten auch Vertragswerkstätten der Autohersteller. An den Tankstellen herrschen im ganzen Land Einheitspreise, Diesel ist etwas günstiger, vereinzelt existieren bereits LPG-Tankstellen. Geschwindigkeitsbegrenzungen: 40 km/h innerorts, 80 km/h auf den Landstraßen und lediglich auf der Schnellstraße zwischen Podgorica und Nikšić sind 100 km/h erlaubt.
Sehr informativ rund ums Autofahren in Montenegro: www.auto-travel.me (Bußgeldkatalog, Grenzübergänge, Entfernungen, Mietwagenvergleich, diverse wichtige und unsinnige Gesetze...).

Camping: Das Campingnetz ist lediglich an der Küste (hier besonders an den Sandständen bei Ulcinj) und im Durmitor-Gebirge brauchbar. Montenegro hat in diesem Bereich noch etwas Aufholbedarf, denn ansonsten sind die Plätze teilweise schon etwas in die Jahre gekommen und der sanitäre Standard lässt zu wünschen übrig. Erst nach und nach erfahren auch ältere Plätze eine Renovierung, doch bis das Land kroatischen Level erreicht, wird noch eine Weile vergehen. Langsam entstehen auch in anderen Landesteilen Plätze, wie in Berane oder Bijelo Polje. In den Nationalparks ist „Wildes Campen" nicht verboten, offizielle Ranger werden jedoch eine entsprechende Gebühr kassieren (Preisliste: www.nparkovi.me). Ansonsten ist es, gerade in der Hoch-saison und für Wohnmobile, sehr schwierig, einen geeigneten und schönen wilden Stellplatz zu finden. Lektüre: hobo-team.de Campingführer Albanien + Montenegro, € 10,90.

Diplomatische Vertretungen:
Deutsche Botschaft: Hercegovačka 10, 81000 Podgorica, Tel.: +382 (0) 20 441 000,
Fax: +382 (0) 20 441 018, info@podgorica.diplo.de, www.podgorica.diplo.de,
Mo-Do 8.00–17.00 h + Fr 8.00–14.00 h.
Österreichische Botschaft: Svetlane Kane Radević br. 3, 81000 Podgorica, Tel.: +382 (0) 20 201 135,
Fax: +382 (0) 20 243 544, podgorica-ob@bmeia.gv.at, www.bmeia.gv.at/botschaft/podgorica,
Mo-Fr 8.00–16.00 h.
Generalkonsulat der Schweiz: Džordža Vašingtona 108/A36, 2. Stock, 81000 Podgorica,
Tel.: +382 (0) 20 620 312, Fax: +382 (0) 20 620 313, podorica@honrep.ch, www.eda.admin.ch, Termine n. V.

Einreise: Bei einem Aufenthalt bis zu 30 Tagen ist die Einreise mit einem gültigen Personalausweis möglich. Bei einem Aufenthalt bis zu 90 Tagen muss ein noch 6 Monate gültiger Reisepass vorgelegt werden. Wer darüber hinaus bleiben möchte, muss bei der örtlichen Polizei eine Aufenthaltsgenehmigung beantragen. Oder kurzfristig ausreisen. Meldepflicht – siehe dort. Kinder benötigen einen eigenen Ausweis mit Lichtbild. Generell ist die Mitnahme eines Reisepasses, z.B. für die Registrierung von mobilem Internet, sinnvoll.

Gesundheit (Ärztliche Versorgung und Apotheken): Hauptsächlich ist die reguläre gesundheitliche Versorgung für „jedermann" immer noch staatlich organisiert und somit sind in den normalen städtischen Krankenhäusern und Gesundheitszentren nicht immer modernste Behandlungsmethoden zu erwarten, ob-wohl das Personal und die Ärzte gut ausgebildet sind. Auf dem Land und in kleinen Orten gibt es meist nur eine Krankenstation mit einem behandelnden Arzt/Ärztin. In den größeren Städten existieren inzwischen Privatkliniken mit modernsten Behandlungsmethoden und Top-Ausstattung, welche sich die meisten Monte-negriner jedoch nicht leisten können. Das Ausbildungsniveau der Ärzte entspricht auf jeden Fall westeuro-päischem Standard, meist spricht man englisch oder deutsch. Hier wird man generell gegen Barzahlung behandelt. Für Urlauber wird der Betrag hinterher von der Krankenkasse erstattet. Ein Auslandskrankenschein der gesetzlichen Krankenkassen wird in Montenegro anerkannt, dennoch lohnt sich im Vorfeld der Abschluss einer speziellen Auslandskrankenversicherung für den Fall eines Rücktransportes bzw. bei Unfällen im Zusam-menhang mit einigen Sportarten. Apotheken gibt es in jeder Ortschaft, in größeren zahlreich. Das Angebot ist nur in den Städten gut sortiert und hier das Personal auch geschult. Sonst ist die Auswahl nicht immer um-fangreich, doch meist sind die Medikamente billiger und bis auf wenige Ausnahmen sogar rezeptfrei erhältlich.

Haustiere: Für den Vierbeiner (Hund und Katze) wird ein tierärztliches Gesundheitszeugnis, nicht älter als 6 Monate, benötigt. Die meisten Unterkünfte (vor Buchung unbedingt nachfragen) und viele Restaurants akzeptieren keine Tiere. Im Land fallen immer wieder streunende Hunde auf, von denen man den eigenen fernhalten sollte. Wer sich engagieren möchte: www.tierhilfe-montenegro.com.

Informationen: Jeder größere Ort verfügt über eine gute Touristeninformation. Das Personal ist meist sehr zuvorkommend und man erhält in der Regel gute Infos und Übersichtskarten der Stadt und Umgebung. Sie vermitteln auch Unterkünfte und organisieren Ausflüge. Außerhalb der Saison und in kleineren Orten sind sie nur sporadisch besetzt. Die nationale Tourismusorganisation verfügt über eine informative und hilfreiche Website in deutsch: www.montenegro.travel/de, inkl. nützlicher Multimediabroschüren. Die Nationalparks sind unter www.nparkovi.me organisiert, hier gibt es alle Infos zu Bestimmungen, Preisen, Öffnungszeiten uvm.

Internet: Mobiles Internet der Telekom, von m:tel und Telenor gibt es ab € 15,--/Monat mit ganzen 10 GB!!! Die Angebote wechseln ständig, in der Hochsaison können günstige Pakete oft ausverkauft sein, da sie limi-tiert ausgegeben werden. Für die Registrierung ist der Reisepass notwendig. An der Küste ist in den Hotels,

Bars, Restaurants und auf Campingplätzen freies W-Lan/WIFI Standard, in abgelegeneren Regionen und Privatunterkünften fehlt dieser Service meist noch. Größere Städte verfügen oft über ein eigenes, kostenfreies W-Lan, welches von allen Plätzen aus zugänglich ist, wenn auch langsam.
Eine Übersicht der freien WIFI-Plätze: www.mid.gov.me/rubrike/free_WIFI

Kinder: Wie alle Südländer sind die Montenegriner sehr kinderfreundlich. Rabatte in den Hotels bis zu 50% gibt es für unter 14-jährige. Die ganz Kleinen bis zu 2 Jahren kommen meist umsonst unter. Kinderplanschbecken gibt es nur ganz selten. Die Strände sind nur im Süden am langen Sandstrand bei Ulcinj mit flachen Schwimmzonen kleinkindtauglich. Ansonsten fällt das Meer an den Felsküsten meist schnell steil ab. Wer das Hinterland bereist, sollte sich über die Ausdauer und Kurventauglichkeit seiner Kinder bewusst sein.

Klima und Reisezeit: (Klima siehe Seite 10) Den Urlaub im Hochsommer ausschließlich an der Küste verbringen zu wollen, stellt eine organisatorische und nervliche Herausforderung dar. Es ist voll, laut und teuer. Dafür kann man in dieser Zeit abseits der Touristenorte im Hinterland wunderschöne Wanderungen in ruhiger und idyllischer Umgebung unternehmen. Die schönsten und abwechslungsreichsten Reisemonate sind sicher der Juni und September. Der große Ansturm und die große Hitze kommen erst bzw. sind vorüber und an den Stränden findet man ein Fleckchen für sich. In den Bergen ist es nicht mehr oder bis Mitte September noch nicht zu kalt für Wanderaktivitäten, jedoch haben ab Ende September bis zur Skisaison bereits die meisten der Unterkünfte wieder geschlossen. Schon mit einer Reisedauer von 10-14 Tagen erhält man übrigens einen umfassenden Einblick in das Land.

Klöster/Kirchen: Filmen und Fotografieren ist grundsätzlich verboten, um die heikle Farbenpracht der Fresken nicht unnötig zu strapazieren. Kleinere Religionsstätten sind zu ihrem Schutz oft verschlossen, meist jedoch ist ein Verantwortlicher mit Schlüssel in der Nähe. Auf angemessene Kleidung ist aus Respekt zu achten: keine kurzen Hosen und Röcke sowie bedeckte Schultern/Ärmel sind für das Betreten Voraussetzung (zumindest wenn Geistliche in der Nähe sind). Orthodoxe Gotteshäuser verlässt man rückwärts.

Lektüre: Für Wanderfreunde gibt es einschlägige Lektüre über die montenegrinische Bergregionen, z.B. „Die 50 schönsten Küsten- und Bergwanderungen in Montenegro", „Rother-Wanderführer mit GPS-Daten"; „Peaks of the Balkans" - der Fernwanderweg durch Montenegro, Kosovo und Albanien, ebenfalls vom Rother-Verlag mit GPS-Daten. „Der Bergkranz" - das berühmte Werk des Dichterfürsten Petar II. Petrović-Njegoš gibt es in verschiedenen Ausführungen. Für intensiveren Sprachaustausch: „Kauderwelsch Serbisch Wort für Wort" aus dem ReiseKnowHow-Verlag. Generell ist auch die Internetseite der Nationalen Tourismusorganisation „www.montenegro.travel" eine gute Anlaufstelle für reisetechnische Informationen.

Meldepflicht: Offiziell gibt es sie noch, eine Kontrolle findet jedoch kaum statt. Wer sich in ein Hotel eingebucht hat, braucht sich um nichts zu kümmern, hier übernimmt das Hotel die Formalitäten. Alle anderen, die sichergehen möchten, wenden sich am besten innerhalb von 24 Stunden an eine Reiseagentur, welche gegen eine geringe Gebühr die Meldung erledigt. Selbst kann man das auch bei der Polizei tun, Vordrucke gibt es in den größeren Städten. Wo genau, erfragt man am besten bei der örtlichen Touristeninformation. Der Bogen muss persönlich abgegeben werden, Serbisch-Kenntnisse sind absolut notwendig. Bei der Ausreise wird man jedoch nie nach diesem Dokument gefragt.

Mietwagen: Autos aller Klassen von internationalen (Sixt, Avis, Hertz, Europcar) und nationalen (Delta-Car, Meridian, etc.) Firmen gibt es in Podgorica und Tivat und in allen größeren Küstenorten sowie in Kotor. Die Fahrzeuge können vorab selbstverständlich über das Internet reserviert und gebucht werden, hilfreich hierbei ist das Vergleichsportal www.mietwagencheck.de. Kleinwägen gibt es bereits ab € 10,--/Tag. Das Mindestalter des Fahrers beträgt bei allen Vermietern meist 21 Jahre. Bei Übernahme auf Mängel prüfen und dokumentieren.

Moscheen: Im Gegensatz zu den Kirchen ist hier oftmals das Fotografieren erlaubt. Zu den Gebetszeiten haben Touristen im Inneren nichts zu suchen, ansonsten die Schuhe ausziehen und, wie in den Kirchen auch, auf nicht allzu freizügige Kleidung achten.

Nationalparks: Grundsätzlich ist der Besuch der fünf geschützten Naturgebiete gebührenpflichtig. Das dient natürlich auch dem Erhalt der einzigartigen Ökosysteme. Campen ist ebenfalls gegen Gebühr möglich. Eine Preisübersicht, Karten und allgemeine Informationen sowie eine Explorer-App unter: www.nparkovi.me/en.

Öffentliche Verkehrsmittel: Mit **Bussen** erreicht man so gut wie jedes Ziel im Land und meist nicht langsamer als mit dem eigenen Auto und außerdem stressfreier. Zudem sind sie ausgesprochen günstig, wenngleich auch nicht sonderlich komfortabel. Größere Gepäckstücke können extra kosten. Jede größere Stadt hat eine zentrale Busstation. Die festen Abfahrtszeiten erfrägt man am besten direkt dort oder in der Touristeninformation. Von Podgorica fahren die Busse mehrmals täglich in andere Städte sowie auch in alle angrenzenden Länder. Hilfreich bzgl. Zeiten, Preisen und Adressen: www.busticket4.me.

Mit der **Bahn** erreicht man lediglich die Orte entlang der Linie zwischen Bar und Bijelo Polje sowie Nikšić. Fahrpläne und Preise: www.zcg-prevoz.me.

Taxis sind im Vergleich zu Deutschland um ein Vielfaches billiger, trotzdem unbedingt vorher den Preis erfragen und festlegen. Es gibt Taxiunternehmen und private Fahrer, letztere sind teurer und verhandelbar, die Unternehmen verfügen über Zähler (€ 0,45 bis € 1,-- pro Kilometer).

Nähere Infos und Transferpreise: www.auto-travel.me/en/taxi-airport

Öffnungszeiten: Es gibt keine geregelten Zeiten. Die meisten Geschäfte sperren in der Regel spätestens gegen 8.30 Uhr auf und machen erst in den späteren Abendstunden wieder zu. Auch samstags und sonntags. In der Hochsaison haben sie oft zwischen 14.00 h und 16.00/17.00 h geschlossen, der Hitze wegen. Museen haben zwar feste Öffnungszeiten (meist ab 9.00 h mit Mittagspause), die jedoch manchmal nicht eingehalten werden. Kirchen und Klöster öffnen spätestens um 8.00 h und sperren, jahreszeitlich abhängig, ab 16.00 h wieder. Banken haben Montag bis Freitag von 9.00-17.00 h geöffnet, in großen Städten manche auch am Samstag bis 12.00 Uhr.

Parken: Besonders in den großen Städten und den Ortschaften an der Küste ist ein kostenfreier Parkplatz nur außerhalb der Saison zu bekommen oder der Anmarsch zur Sehenswürdigkeit ist entsprechend lang. Kostenpflichtige Parkplätze gibt es bewacht mit Schranke, hier ist das Bezahlen einfach beim Wärter möglich. Ansonsten gibt es unterschiedliche Zonen und Staffelpreise (ab € 0,50/Stunde). Hierbei holt man sich entweder an einem nahe gelegenen Kiosk einen Parkschein oder man bezahlt per SMS (nur mit einer lokalen Rufnummer möglich) mittels Eingabe der Autonummer, eine Anleitung findet man am Parkschild. Praktisch hierbei: Man wird erinnert, wenn die Parkzeit abläuft. Weitere Infos: www.auto-travel.me/en/parking.

Post: findet man auch in kleineren Ortschaften. Meist haben sie nur vormittags geöffnet Mo-Sa, 08.00-13.00 h, in der Saison, in den Touristenorten auch nachmittags bis 17.00 Uhr. Für alle, die wirklich noch schreiben: eine Postkarte und auch ein Brief kosten € 0,80 - Zustellungsdauer etwa eine Woche.

Preise: Montenegro war ein wirklich günstiges Land - bis zur €-Einführung 2002. Wie in anderen €-Ländern auch, wurde nur die Währung geändert, der Preis blieb der gleiche. Inzwischen hat sich das Extrem wieder etwas reguliert, doch trotzdem gehört Montenegro nicht gerade zu den billigen Reiseländern im Balkanraum, vor allem entlang der Küste. Dennoch kann man auch hierzulande, abseits der Touristenpfade und Ulcinj (aufgrund der vielen Besucher aus dem Kosovo), recht günstigen Urlaub verbringen. Privatunterkünfte sind relativ erschwinglich und bieten dem Besucher mehr Einblick in das Leben der Menschen als Hotels. In einfachen Restaurants mit wenig Touristenverkehr orientieren sich die Preise an den Löhnen der Montenegriner und es wird meist authentischer gekocht und es schmeckt besser. Für Selbstversorger sind die einheimischen Produkte auf den lokalen Märkten die bessere Wahl, als das Frischwarenangebot im Supermarkt. Der Ursprung ist derselbe, doch das Personal muss mitbezahlt werden. Wer Wert auf Gewohntes aus dem Heimatland legt, muss in der Regel für die Importware mehr bezahlen als daheim. Dienstleistungen (z.B. Friseur, Autowerkstätten) sind für europäische Verhältnisse aufgrund der geringen Tageslöhne immer noch unschlagbar günstig.

Sicherheit/Kriminalität: Montenegro gilt als ein ausgesprochen sicheres Reiseland in Europa. Überfälle auf Touristen kommen nicht vor und selbst Diebstähle sind ausgesprochen selten. Kriminalität beschränkt sich auf interne Angelegenheiten. Anders als beispielsweise in Bosnien und Herzegowina gibt es keine Minengebiete. Die Grenzlinie zum Kosovo wird stellenweise vom Militär kontrolliert.

Strand-Knigge: In der Hochsaison sind die öffentlichen Strandabschnitte Mangelware, denn fast jedes Hotel beansprucht ein Areal für seine Gäste. Zudem kann man aufgrund von Unmengen an Liegen und Sonnenschirmen - gebührenpflichtig selbstverständlich - kaum mehr ein freies Fleckchen ergattern. Wer es schafft, hat hoffentlich eine feste Unterlage und Strandschuhe dabei, der Untergrund ist meist grob, nur ganz im Süden gibt es reine Sandstrände. Oben ohne ist nicht ratsam und FKK nur in den dafür ausgewiesenen Zonen

an der Ada Bojana erlaubt bzw. sogar vorgeschrieben. An fast jedem Strand gibt es inzwischen Stranddduschen, an manchen sogar kleine Umkleidezellen. Es existieren an fast allen Stränden ausgeschilderte Verhaltensregeln, die unbedingt zu beachten sind.

Strom: 220V/50 Hz, mitteleuropäische Buchsen, Stromausfälle sind besonders in den Bergregionen nicht selten und somit eine Taschenlampe oder App sehr hilfreich.

Telefonieren: Zwar existiert ein gut ausgebautes Festnetz (Landesvorwahl 00382), doch wie in den meisten anderen Balkanstaaten kommuniziert man vorwiegend über das Mobiltelefon. Die Netze von drei Gesellschaften sind sehr gut ausgebaut, sogar bis in den letzten Winkel. Durch die hohen Roaming-Gebühren lohnen sich Pre-Paid-Karten. Am besten wählt man die der montenegrinischen Telekom, damit sind Verbindungen außerhalb des Landes am günstigsten. Weitere Anbieter sind m:tel und Telenor, alle drei sind auf den Flughäfen und landesweit in allen größeren Ortschaften vertreten. Es gibt Karten ab € 5,-- in entsprechenden Shops und auch an Kiosken am Straßenrand. Pannenhilfe (AMSCG): 19807, +382 (0)20 234999, www.ascg.org; Servicehotline für Touristen (Infos, Beschwerden, Feedback): 080001300

Wichtige Nummern: Notruf allgemein: 112 - Polizei: 122 - Feuerwehr: 123 - Notarzt: 124

Trinkgeld: In kleinen Cafés, einfachen Restaurants und Konobas rechnet die Bedienung nicht unbedingt mit einem kleinen Extra-Lohn. In Touristenorten, den exklusiven Restaurants und Hotels sind jedoch 5–10% bei Zufriedenheit des Kunden durchaus schon üblich. Bei Taxifahrten wird lediglich aufgerundet. Zimmermädchen kann man mit einem Extra-€ belohnen. Andere Dienstleistungen sind davon ausgenommen, das erhöht langfristig nur die zukünftigen Grundpreise.

Trinkwasser: Das Leitungswasser in Montenegro kann bedenkenlos getrunken werden, in den Küstenregionen wird es jedoch oft stark gechlort. In den Sommermonaten kann es öfter, bedingt auch durch Stromausfälle, zu Wasserknappheit kommen. Wer auf Nummer sicher gehen möchte, greift auf das ausgezeichnete Trinkwasser der landeseigenen Mineralwasserproduzenten zurück. Quellwasser kann bedenkenlos konsumiert werden.

Umweltschutz: Um den Titel „Ökologischer Staat" mit Würde tragen zu können, hat Montenegro noch einen weiten Weg vor sich. Doch kommt aber hinzu, dass der im Land verursachte Müll oft nicht von den eigenen Leuten stammt, gewisse Nachbarn nehmen es während ihrer Urlaubszeit hiermit nicht sehr genau. Doch es gibt auch vielversprechende Ansätze im Tourismusbereich. Mit www.lowcarbonmne.me haben Aktivisten im Land mit internationaler Unterstützung (u.a. die UN) eine Umweltkampagne auf den Weg gebracht, die den Weg zum klimaneutralen Tourismus ebnen soll.

Unterkünfte: In Montenegro gibt es Unterkünfte in allen Kategorien und Preisklassen, von übermäßig luxuriösen Ressorts und Hotels, bis hin zu familiären Privatunterkünften. Vor allem entlang der nördlichen Küstenhälfte ist das Angebot der gehobenen Klasse reichlich, die Anlagen bieten internationalen Standard der Extraklasse. Das ist auch der Trend, den das Land allgemein unterstützt, Billigtourismus will man vermeiden. Sogar alte Komplexe aus der Jugoslawien-Ära wurden inzwischen schick renoviert (z.B. Dukley Gardens bei Budva) und ziehen finanzkräftige Urlauber an.

Meist etwas schlichter sind die Unterkünfte an der südlichen Küste ab Sutomore bis zur Ada Bojana, hier dominieren die Appartments und Ferienwohnungen. Ganz einfach ausgestattete sind bereits ab € 15,-- zu bekommen. Zwischen Neben- und Hauptsaison gibt es beachtliche Preisschwankungen. Eine prima Alternative sind die zahlreichen Privatunterkünfte (sobe, apartmanis), vor allem in der Hochsaison, wenn man nicht schon vorab gebucht hat. Doch auch hier gibt es eine breite Preis- und Ausstattungsspanne. Die meisten verfügen über eine eigene Küche, sehr saubere Sanitärausstattung und die Vermieter sprechen Deutsch oder Englisch. Wer in den Hotels länger als 2 Nächte bleibt, spart oft bis zu 40%. Sternfahrten in die Umgebung sind aufgrund der geringen Landesgröße gut möglich.

Im Hinterland weit verbreitet sind die Eco/Etno Selos. Das sind zweckmäßige bis wirklich gemütliche und stilechte Holzhütten (manchmal ganze Dörfer) auf ökologischer Basis, versorgt wird man mit saisonalen Produkten und landestypischen Gerichten. Ideale Unterkünfte für Wanderer.

Vorab einen guten Überblick über das Gesamtangebot verschaffen und buchen kann man im Internet über die Portale www.booking.com oder www.agoda.com, auch über www.airbnb.de sind inzwischen zahlreich gute Unterkünfte zu bekommen.

Vor Ort gibt es Verzeichnisse und Vermittlung bei den Touristeninformationen der größeren Ortschaften.

Verkehr und Verkehrsteilnehmer: Montenegros Straßen sind meist eng und sehr kurvenreich, die Einheimischen typisch südländische Fahrer: Hauptsache schnell. Als besonders gefährlich gilt die Strecke von Pogdorica nach Kolašin, sie ist eng und führt durch zahlreiche unbeleuchtete Tunnel. Hier findet auch, bis zur Fertigstellung der Autobahn, der Transitverkehr der großen LKWs von Serbien zum Hafen nach Bar statt. Viele der Bergstraßen und Nebenverbindungen sind für große Wohnmobile absolut nicht geeignet. Besonders in den Sommermonaten ist an der Küste die Magistrale dem Verkehrsaufkommen mit Urlaubern nicht gewachsen. Es bilden sich regelmäßig lästige Stauabschnitte, da die Strände nur über eine begrenzte Parkplatzkapazität verfügen. Die durchschnittliche Reisegeschwindigkeit pro Kilometer sollte man aufgrund der schmalen, kurvenreichen Strecken mit extremen Höhenunterschieden deutlich niedriger als normal ansetzen. So wird man auf Nebenstraßen im Hinterland kaum mehr als 20-30 km/h schaffen. Gerade in ländlichen Regionen muss man auch mit Tieren aller Größen als plötzliche Verkehrsteilnehmer rechnen. Die küstennahen Grenzübergänge sind von Mitte Juni bis Mitte September grenzenlos überlastet, hier muss man mit sehr langen Wartezeiten rechnen. Dann besser die An- oder Abreise über das nicht so stark befahrene Hinterland (z.B. über den Piva-Stausee nach Bosnien) planen.

Währung, Geld, Kreditkarten: Noch im Staatenbund mit Serbien entschloss man sich zu einer von diesem Land unabhängigen Währung und wählte wohldurchdacht Europas solidestes und stärkstes Geld - die D-Mark. Natürlich in der Hoffnung, diese Entscheidung könnte einen wirtschaftlichen Aufschwung und Stabilität mit sich bringen. 2002 wurde dann selbstverständlich auch in Montenegro der Euro eingeführt. Das Land verfügt somit bei der EZB über einen Sonderstatus, da eine einseitige Nutzung des Euro ohne Mitgliedschaft normalerweise nicht vorgesehen ist. Geduldet wird diese Praxis nur, weil Montenegro in baldiger Zukunft vollwertiges Mitglied der EU werden soll. Doch bis dahin werden die Bargeldmengen knapp gehalten, vor allem Kleingeld. Münzen im Wert von 1 und 2 Cent sind ohnehin nicht im Umlauf. Zudem sollte man darauf achten, immer genügend kleinere Scheine (max. € 50,--) parat zu haben. Achtung: Bei Abhebungen an den überall im Land zahlreichen Automaten mit der EC-Karte fallen Gebühren an, besser sind kostenfreie Kreditkarten. Diese werden landesweit auch in den größeren Hotels, Restaurants und Nobelboutiqen akzeptiert, in der Regel auch an Tankstellen, hier jedoch besser vorher fragen.

Zoll: Die Einfuhr- und Ausfuhr von Bargeld ist bis zu einem Betrag von € 10.000,-- nicht meldepflichtig. Persönliche Gegenstände von höherem Wert (Laptop, Kamera, Sportausrüstung, etc.) sollten angemeldet werden und müssen wieder ausgeführt werden. Lebensmittel in größeren Mengen dürfen weder ein- noch ausgeführt werden (max. 1 kg/Person). Besonders streng ist die Einfuhr von Fleisch, Wurst und Käse geregelt, geschlossene Verpackungen oder tagesunübliche Verzehrmengen sind verboten. Weiterhin gilt für eine zollfreie Einfuhr: maximal 2 l Wein oder 1 l Spirituosen über 22%, 200 Zigaretten oder 50 Zigarren. Das gilt auch für die Ausfuhr. Fälschungen von Markenwaren und Raubkopien sind ein einträgliches Schwarzgeschäft, darunter fallen auch Filme und Software. Der Zoll greift mit Strafen aber erst bei Verdacht auf gewerblichen Handel ein. Montenegro ist ein junges Reiseland, Bestimmungen können sich kurzfristig ändern. Die aktuellen Regelungen findet man auf der Internetseite des Auswärtigen Amts. **Wer über Serbien ein- oder ausreist, sollte sich vorab unbedingt nach neuen Bestimmungen erkundigen.**

Strand Mitte Mai

Da li govore crnagorski - Sprichst Du Montenegrinisch?

Mit der Staatsgründung 2006 hat man als Amtssprache Montenegrinisch eingeführt. Zwar gilt die Sprache als offiziell anerkannt, doch ist dies allenfalls nur ein dem Serbisch entspringender Dialekt und somit eine slawische Sprache. Ab Ulcinj sprechen die Bewohner auch Albanisch. Englisch versteht man lediglich an der Küste und in den Touristengebieten und kann es dort anwenden. Ansonsten kommt man damit nicht recht weit. Oft trifft man auf Bewohner, die Deutsch sprechen, besonders bei der Generation der über 40-jährigen. Das montenegrinische Alphabet verfügt über 30 Buchstaben, die mit wenigen Ausnahmen phonetisch gesprochen werden. Immer noch finden, wenn auch schwindend (daher verzichten wir hier auf diese Ausführung), die kyrillischen Zeichen Anwendung, jedoch mehr und mehr setzt sich die lateinische Schrift durch.

Ausnahmen - Aussprache: č = tsch, ć = tschj (schwer zu unterscheiden); dž = dschj; đ = dsch ; š + ž = sch;

Not-/Basiswortschatz für den Urlaub:

ja/nein/vielleicht	da/ne/možda
bitte (wie bitte)/danke	molim/hvala
Entschuldigung!	oprostite oder pardon
Bitte sehr!	Izvolite!
Guten Morgen/Guten Tag	Dobro jutro/Dobar dan
Guten Abend/Gute Nacht	Dobro večer/Lako noć
hallo/tschüss/Auf Wiedersehen!	Halo/Zdravo/Doviđenja
ich/du	ja/ti
Wie heißt Du/heißen Sie?	Kako se zoveš?/Kako se zovete?
Mein Name ist.../Ich heiße...	Moje ime je.../Zovem se...
Wie geht es Ihnen/Dir?	Kako ste/si?
Ich verstehe Sie/dich nicht.	Ne razumijem Vas/te.
Können Sie mir bitte helfen?	Vas možete li mi pomoći molim?
Wie spät ist es?	Koliko je sati?
Wann?/wo?	Kada?/gde?
Wieviel kostet das?	Koliko košta?
Was ist das?	Šta je to?
Ein Stück hiervon bitte!	Vas dajte mi komad molim!
0/1/2/3/4/5	nula/jedan/dva/tri/četiri/pet
6/7/8/9	šest/sedam/osam/devet
10/11/12	deset/jedanaest/dvanaest
20/50/100/1000	dvadeset/pedeset/sto/hiljadu
heute/morgen/gestern/jeden Tag	danas/sutra/juče/dnevno
morgens/mittags/abends/nachts	u jutru/u podne/u veče/noću
wann?/jetzt/später/nie	kada?/sada/kasnije/nikad
Montag/Dienstag/Mittwoch	ponedjelak/utorak/srijeda
Donnerstag/Freitag/Samstag/Sonntag	ćetvrtak/petak/subota/nedjelja
Woche/Monat/Jahr	sedmice/mjesec/godina
Guten Appetit!/Prost!	Prijatno!/Živeli!
Die Speisekarte bitte!	Molim jelovnik (meni)!
Vorspeise/Hauptspeise/Nachspeise	predjelo/glavno jelo/desert
Die Rechnung bitte/zahlen!	Račun molim!/za platiti
Es stimmt so.	U redu.
Salz/Pfeffer/Zucker	so/biber/šećer
Messer/Gabel/Löffel	noz/viljuška/kašika
Wasser/Kaffee/Tee/Milch	voda/kafa/čaj/mlijeko
Essig/Öl/Butter	sirće/ulje/maslac
gegrillt/gekocht/gebraten	sa roštilja/kuvano, lešo/pečeno

scharf/sauer	ljut/kiseo
kalt/warm/heiß	hladna/topla/vruć
Bier/Rotwein/Weißwein	pivo/crno vino/bijelo vino
Frühstück/Mittag-/Abendessen	doručak/ručak/večera
Ich habe ein Zimmer reserviert.	Rezervisao sam kod Vas sobu.
Einzelzimmer	ednokrevetnu sobu
Doppelzimmer	dvokrevetnu sobu
Halbpension	polu pansionom
Vollpension	punim pansionom
Toilette/Bad/Dusche	toalet/kupatilo/tuš
Hilfe!	U pomoć!
Können sie mir bitte helfen?	Molim vas mozete li mi pomoći?
Ist das die Straße nach…?	Je li ovo ulica za…?
Wie komme ich nach…?	Kako da dodem do?
links/rechts/geradeaus/zurück	lijevo/desno/pravo/nasad
offen/geschlossen	otvoreno/zatvoreno
Eingang/Ausgang	ulaz/izlaz
Straße/Brücke/Platz	ulica/most/trg
Reifen/Öl/Licht	guma/ulje/svjetlo
gut/schlecht	dobro/loše
groß/klein	veliko/malo
viel/wenig	mnogo/malo
alt/neu	staro/novo
billig/teuer/genug	jeftino/skupo/dosta
langsam/schnell	spor/brzo

Wir beide, **Martina Kaspar** (geb. 1968) und **Günther Holzmann** (geb. 1965) haben 2011, nach vielen Reisen in der ganzen Welt (leider erst seit 2008 gemeinsam) unsere Liebe zu Montenegro und Albanien entdeckt und lebten 6 Jahre auf dem Westbalkan. Aus den Eindrücken und Erfahrungen in dieser großartigen Region sind seit 2013 inzwischen 7 erfolgreiche Reiseführer hervorgegangen. Im Zuge unserer Recherchearbeiten und autorengeführten Touren bereisen und erforschen wir mehrmals im Jahr die wunderschönen Länder auf dem Westbalkan sehr intensiv. Aus etlichen ausgedehnten Besuchen in Montenegro haben wir die vorliegenden Informationen und viele Bilder zusammengetragen, woraus unser 4. Reiseführer-Band, dieses Reisehandbuch, entstanden ist.

Reisen mit den Autoren - Unsere geführten Rundreisen durch Montenegro und Albanien sind etwas ganz Besonderes. Wir bringen Euch zu den schönsten Plätzen und zeigen Euch die spannendsten Geheimtipps. Wir reisen im Einklang mit der Natur und respektieren den persönlichen Lebensraum der Bevölkerung. Kleine Gruppen schaffen eine vertraute Atmosphäre und unsere Touren sind abgestimmt auf die individuellen Bedürfnisse unserer Reiseteilnehmer. - Wir freuen uns auf Eure Anfrage!

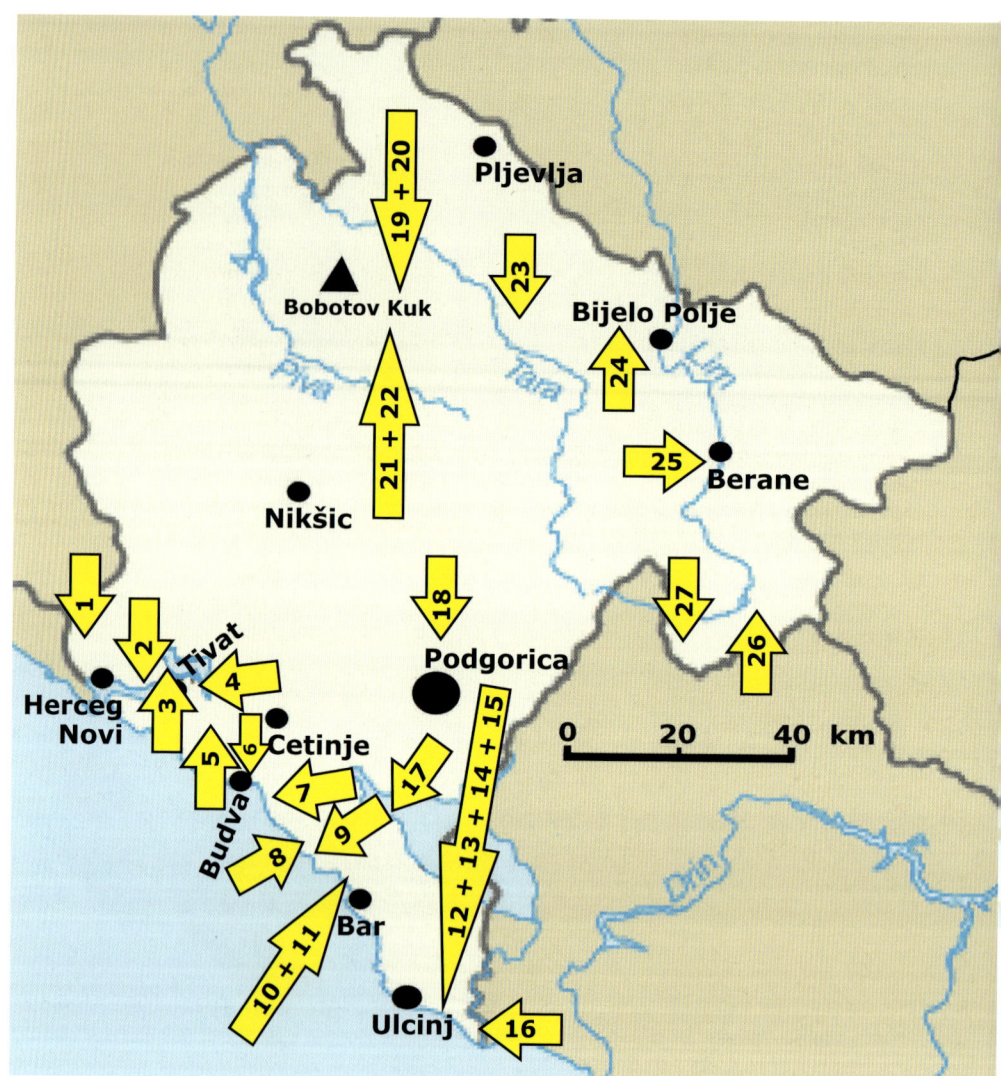

1 - Camp Full Monte - Herceg Novi - +382 (0)67 899 208 - **GPS:** 42°29'42.1"N 18°27'02.0"E - € 12,-/Pers. holidays@full-monte.com - **www.full-monte.com** - 01. Mai - 30. Sep. - **Kategorie:** **; nur Zelte, Mietzelte

2 - Camping Zlokovic - Bijela - +382 31 681 890 - **GPS:** 42°27'26.3"N 18°39'48.9"E - ab € 20,-- uroszlo@t-com.me - **www.campingzlokovic.com** - ganzjährig - **Kategorie:** **; alle Fahrzeuge

3 - Autocamp Naluka - Morinj - +382 69 346 346 - **GPS:** 42°29'12.1"N 18°39'06.9"E - ab € 19,-- dusan.milinovic@gmail.com - **www.naluka.montenegro.com** - 1. 5. - 30. 9. - **Kategorie:** **; alle Fahrz.

4 - Camping Mimoza - Donji Stoliv - +382 67 339 915 - **GPS:** 42°28'19.1"N 18°42'27.2"E - ab € 15-- **keine Internetpräsenz** - ganzjährig - **Kategorie:** **; kleine Wohnmobile

5 - Agape Farm-Camp - Ljesevici/Tivat - +382 67 373 163 - **GPS:** 42°22'15.8"N 18°43'31.5"E - ab € 16,-- **facebook.com/agapefarmcamp** - theoret. ganzjährig, offiziell 01.06. - 31.08. - **Kategorie:** *; kleine WoMo

6 - Autocamp Budva - Budva - +382 67 27 87 47 - **GPS:** 42°17'29.1"N 18°50'41.6"E - ab € 15,-- vrucovic@yahoo.com - **www.montenegro-camps-budva-autokamp.com** - ganzjährig - **Kategorie:** **; alle F.

7 - Camp Crvena Glavica - Sveti Stefan - +382 33 468 070 - **GPS:** 42°15'02.8"N 18°53'57.2"E - ab € 16,-- facebook.com/camp-crvena-glavica-122384361116519 - 0. 6. – 30. 9. - **Kategorie:** *; alle Fahrzeuge

8 - Camping Maslina - Buljarica - +382 68 60 20 40 - **GPS:** 42°11'53.7"N 18°57'56.9"E - ab € 15,-- camping.mne@gmail.com - **www.campingmaslina.com** - ganzjährig - **Kategorie:** ****; alle Fahrzeuge

9 - Camping Sutomore - Sutomore - +382 68 501 923 - **GPS:** 42°08'19.0"N 19°02'51.8"E - ab € 16,-- **www.facebook.com/sutomoreapartmani.sobe** - ganzjährig - **Kategorie:** **; alle Fahrzeuge

10 - Camping Oliva - Utjeha - +382 (0) 69/331-150 - **GPS:** 42°00'37.0"N 19°09'04.3"E - ab €13,--/15,-- oliva-utjeha@t-com.me - **www.oliva.co.me** - 01. April - 30. Nov. - **Kategorie:** ****; alle Fahrzeuge

11 - Camp Utjeha - Utjeha - +382 69 622 774 - **GPS:** 42°00'36.0"N 19°09'03.4"E - ab € 17,-- fikozudjelovic@t-com.me - **www.campingutjeha.com** - 1. 4. - 30. 11. - **Kategorie:** ****; alle Fahrzeuge

12 - Miami Eco-Camp - Ulcinj - +382 67 567 901 - **GPS:** 41°54'30.2"N 19°15'02.4"E - ab € 19,-- info@miami-ulcinj.me - **www.miami-ulcinj.me** - 01. April - 31. Okt. - **Kategorie:** ****; alle Fahrzeuge

13 - Safari Beach Camping - Ulcinj - +382 69 744-644 - **GPS:** 41°54'12.5"N 19°16'01.4"E - ab € 14,-- info@safaribeach.me - **www.safaribeach.me** - ganzjährig - **Kategorie:** ****; alle Fahrzeuge

14 - Tropicana Beach - Ulcinj - +382 690 364 75 - **GPS:** 41°54'11.5"N 19°16'11.2"E - ab € 15,-- **www.facebook.com/TropicanaUlcinj1** - 01. Juni – 31. Oktober - **Kategorie:** **; alle Fahrzeuge

15 - MCM Camping - Ulcinj - +382 30 680 680 - **GPS:** 41°54'03.5"N 19°16'32.7"E - ab € 22,50 info@mcmcamping.me - **www.mcmcamping.me** - ganzjährig - **Kategorie:** *****; alle Fahrzeuge

16 - Ada Bojana Camping - Ulcinj - +38269 451 039 - **GPS:** 41°51'56.2"N 19°20'38.4"E - ab € 17,-- ulrivijera@t-com.me - **www.ulcinjska-rivijera.com** - 1. April - 31. Okt. - **Kategorie:** ***; alle Fahrzeuge

17 - Nikolais Petranovic - Virpazar - +382 68 055252 - **GPS:** 42°14'05.4"N 19°05'33.7"E - ab € 16,-- info@campvirpazar.com - **www.campvirpazar.com** - 1. März – 30. Nov. - **Kategorie:** **; alle Fahrzeuge

18 - Camping Izvor - Podgoriza - +382 67 364 760 - **GPS:** 42°29'00.9"N 19°18'22.6"E - ab € 15,-- info@hostelizvor.me - **www.hostelizvor.me** - ganzjährig - **Kategorie:** **; alle Fahrzeuge

19 - Autocamp Mlinski Potok - Pitomine - +382 69 821 730 - **GPS:** 43°09'19.7"N 19°06'01.1"E - ab € 12,-- **www.facebook.com/camp.durmitor.mlinskipotok** - 01. Mai – 15. Nov. - **Kategorie:** **; alle Fahrzeuge

20 - Autocamp Ivan Do - Pitomine/Žabljak - +382 69 041749 - **GPS:** 43°09'10.7"N 19°05'52.0"E - ab € 13,-- info@autocamp-ivando.com - **www.autocamp-ivando.com** - ganzjährig - **Kategorie:** *; alle Fahrzeuge

21 - Camp Razvrsje - Žabljak - +382 67 4444 77 - **GPS:** 43°08'40.7"N 19°06'47.0"E - ab € 12,-- mdurmitor@gmail.com - **www.durmitor-adventures.com** - ganzjährig - **Kategorie:** **; alle Fahrzeuge

22 - Autocamp Kod Boce - Žabljak - +382 69 223218 - **GPS:** 43°08'37.4"N 19°06'55.8"E - ab € 8,-- novak.vojinovic@t-com.me - **www.kampkodboce.me** - ganzjährig - **Kategorie:** **; alle Fahrzeuge

23 - Eko-Oaza Tear of Europe - Dobrilovina - +382 69 444 590 - **GPS:** 43°01'03.1"N 19°24'36.1"E ekooazatara@gmail.com - **www.eko-oaza.me** - 1. 4. - 31. 10. - **Kategorie:** ***; alle Fahrzeuge - ab € 14,--

24 - Camping Etno Selo Vukovic - Tomaševo - +382 67 515685 - **GPS:** 43°02'42.6"N 19°39'17.9"E - ab €15,-- facebook.com/Etno-selo-VUKOVIĆ-240811689264096 - 15. 4. - 31. 10. - **Kategorie:** ****; alle Fahrz.

25 - Auto Camp VIAGGIO - Berane - +382 69 341 444 - **GPS:** 42°49'35.3"N 19°51'27.4"E - ab € 10,-- viaggio.ba@gmail.com - **www.viaggio-camping.me** - ganzjährig - **Kategorie:** ***; alle Fahrzeuge

26 - Camping Lake Views - Plav - +382 67 672 683 - **GPS:** 42°36'21.0"N 19°55'48.3"E - ab € 12,-- **www.facebook.com/camplakeviewsplav** - ganzjährig - **Kategorie:** **; alle Fahrzeuge

27 - Camping Krojet - Gusinje - +382 69 467 656 - **GPS:** 42°33'01.8"N 19°49'31.0"E - ab € 12,-- **www.facebook.com/Krojet** - 01. April – 15. Oktober - **Kategorie:** **; alle Fahrzeuge

weitere, im Verlag erschienene Bücher, die auf Reisen in den Balkan die beste Unterstützung bieten: